365 TAGE MAKRAMEE

Accessoires und Deko
für jede Jahreszeit

Liesa König

365 TAGE MAKRAMEE

Accessoires und Deko
für jede Jahreszeit

Inhalt

Vorwort 10

Das Makramematerial kennenlernen 12

Makrameegarn 12
Garnarten 13
Garnstärken 14
Wichtige Werkzeuge und Hilfsmittel 14
Weiteres Material 15
Tipp: Perlen auffädeln 15
Arbeitsplatzgestaltung 16

Hinweise vor dem Start 17

Garnlängen 17
Schwierigkeitsgrade 17

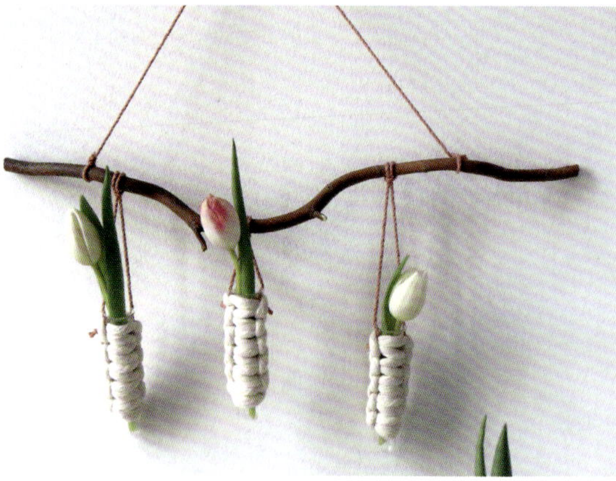

Frühling 21

Blumenkranz 22
Schlüsselanhänger 26
Hängevasen 30
Herz-Wandbehang 34
Ostereier zum Aufhängen 38
Osternest 42

Sommer 47

Makrameespiegel 48
(Sonnen-)Brillenkette 52
Makrameetasche 56
Halskette 62
Kameragurt 66
Muschel-Wandbehang 70

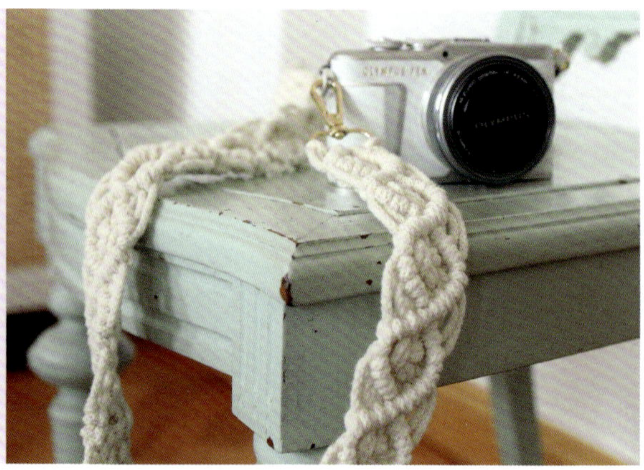

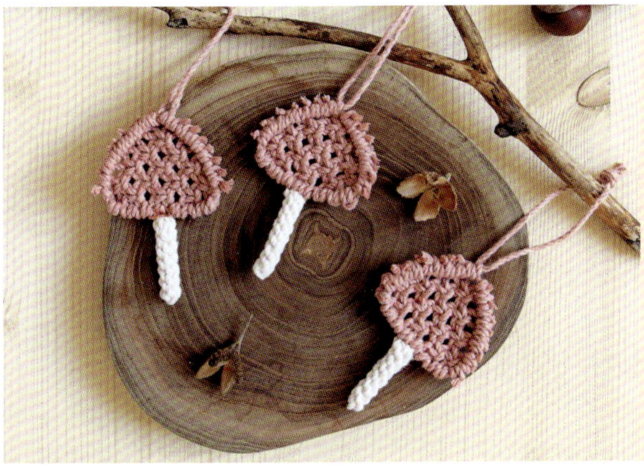

Herbst 75

Windlicht 76
Pilzanhänger 80
Untersetzer 84
Hängeleuchtlicht 88
Lesezeichen 92
Wimpelkette 96

Winter 101

Adventskalender 102
Adventskranz 106
(Leucht-)Stern 110
Weihnachtsanhänger 114
Schleifen-Serviettenringe 122

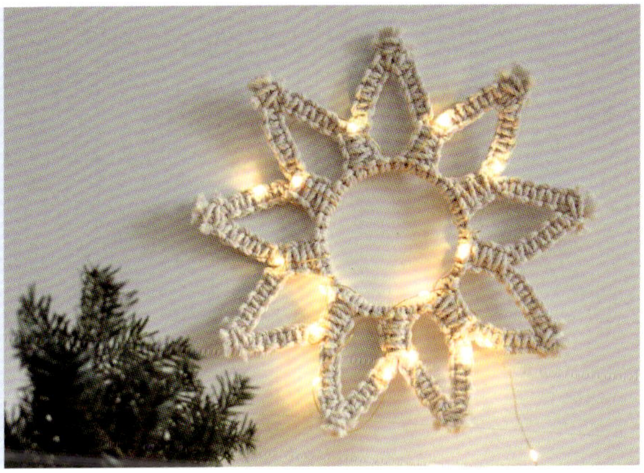

Knotenkunde 127

Über die Autorin 138
Dankeschön 139
Impressum 140

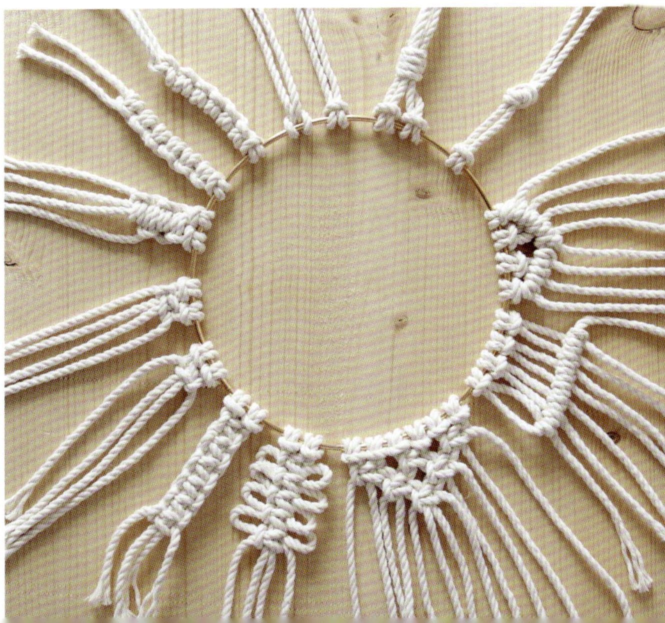

Vorwort

Im Sommer 2018 habe ich mich zum ersten Mal mit Makramee beschäftigt. Denn genau dafür stand Makramee für mich: für Sommer-, Hippie- und Boho-Vibes. Schließlich habe ich mein erstes Projekt geknotet: eine Makrameetasche. Ich muss sagen, das war nicht das einfachste Anfängerprojekt. Aber ich konnte mich dabei gut in den wichtigsten Knoten üben, denn man brauchte viiiiiele Anker- und Kreuzknoten für mein Modell. Das Knoten hat mir so viel Spaß gemacht, das ich unbedingt weitermachen wollte. Ich habe mir deswegen viel zur Technik angelesen (damals noch mit englischsprachigen Büchern) und habe vor allem eins: ausprobiert. Dabei sind zunächst viele eher unkonventionellere Projekte, wie Brilleneetuis, Flaschenhalter oder ein Zuckerstangen-Adventskalender, entstanden. Die Klassiker Blumenampel, Wandbehang und Co. kamen erst später dazu. Inzwischen ist Makramee zu einem Schwerpunkt auf meinem DIY-Blog »frau friemel« geworden, da die Knotentechnik meine Leser*innen genauso begeistert wie mich.

Und das Ganze sollte natürlich keine Sommerliebe bleiben. Die Makrameetechnik passt nämlich zu jeder Jahreszeit, weil sie sehr wandelbar ist und zum Beispiel alleine durch den Einsatz einer anderen Garnfarbe eine andere Wirkung erzielt werden kann. So entstand auch die Idee für dieses Buch. Danke, dass du dich dafür entschieden hast! Ich zeige dir, was du beim Material und dem Knoten allgemein beachten solltest und auch ausführlich die Grundknoten, damit du entspannt in die Projekte starten kannst. Diese reichen von einfach bis anspruchsvoll, sodass auch alte Makramee-Hasen hoffentlich Inspiration für ihr nächstes Meisterwerk finden.

Makramee ist für mich vor allem eins: eine entspannende Kreativtechnik (sobald man die Basics verinnerlicht hat ☺), mit der sich unendlich vielfältige DIYs umsetzen lassen, egal, ob Deko, Schmuck, Taschen oder Praktisches. Deswegen freue ich mich besonders, wenn ich Menschen mit meiner Makramee-Begeisterung anstecken kann und hoffe, dass dieses Buch bei dir seinen Teil dazu beitragen wird.

Lass uns gleich loslegen!

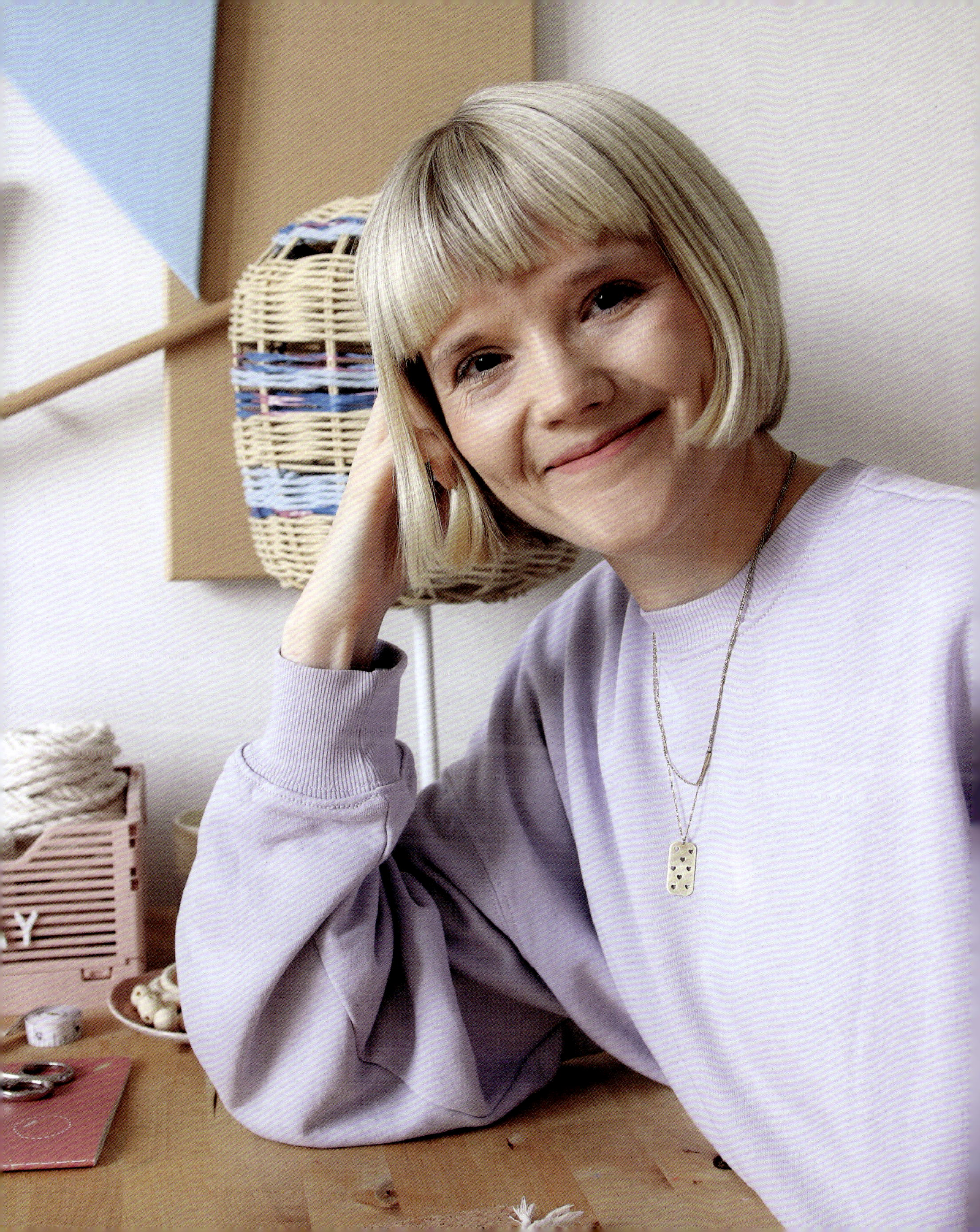

Das Makrameematerial kennenlernen

Bevor wir richtig loslegen, dürfen wir uns erst mal mit dem passenden Makrameematerial beschäftigen. Am Anfang mag die Auswahl vielleicht etwas überfordernd sein. Aber von Projekt zu Projekt wirst du deine ganz eigenen Vorlieben entwickeln und eventuell auch Hersteller finden, die dir qualitativ so gut gefallen, dass du einfach bei ihnen bleibst. Bei mir war das so. Für deine ersten Versuche benötigst du eigentlich nur eine Rolle Garn. Ich würde dir hier eine Rolle 3 mm dickes naturweißes 3ply gezwirntes Makrameegarn empfehlen. Schon mit diesem lassen sich zahlreiche Projekte umsetzen. Das ist doch der perfekte Zeitpunkt, um Makrameegarn etwas genauer unter die Lupe zu nehmen.

MAKRAMEEGARN

Es gibt verschiedene Garnarten, die jeweils Vor- und Nachteile haben. Diese möchte ich dir im Folgenden kurz darstellen. Vorab möchte ich dir aber gleich sagen, dass du für jedes Projekt eigentlich jedes Garn verwenden kannst. Du musst dann nur die Längen anpassen. Das Garn kann aus Baumwolle, Kunstfasern oder Gemischen bestehen. Inzwischen findest du in Shops meistens 100%iges Baumwollgarn. Ich habe in diesem Buch ganz bewusst verschiedene Garnarten in unterschiedlichen Stärken verwendet, damit du eine gute Inspiration für deine eigenen Projekte bekommst.

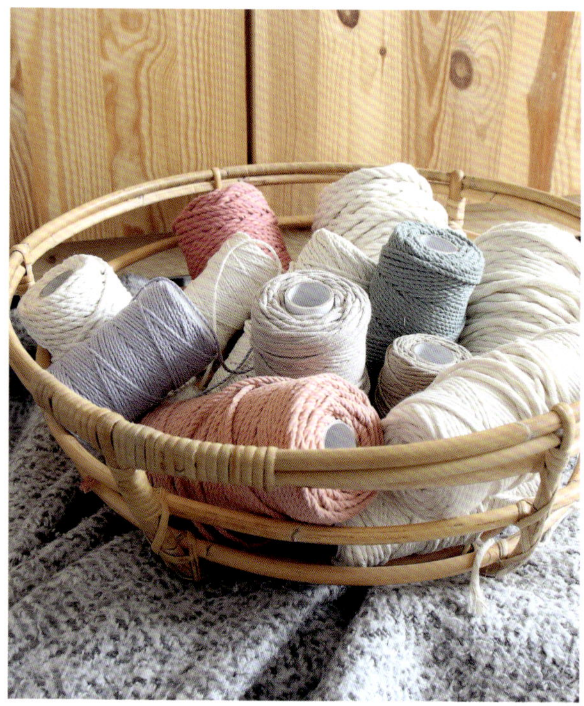

GARNARTEN

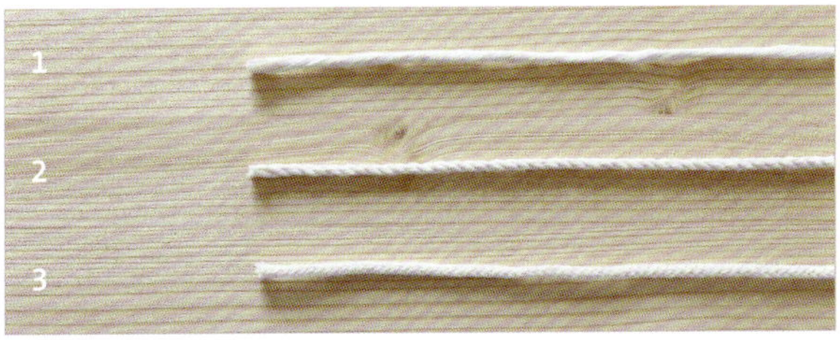

1 Gezwirntes Makrameegarn besteht aus Einzelfäden, die ineinander verdreht sind. Diese Garnart hat den Vorteil, dass du die Enden einfach auskämmen kannst. Außerdem schmiegt sich die Schnur gut an, was ich bei Wickelknoten sehr schön finde. Ein Nachteil ist, dass sich die Schnur auch mal aufzwirbeln kann, wenn du aus Versehen an einzelnen Fäden ziehst. Das macht es eher ungeeignet für Accessoires, die häufig getragen werden.

2 Auch mehrfach gezwirntes Garn besteht aus Einzelfäden. Aus diesen werden allerdings zunächst Einzelstränge gebildet, die dann ineinander verdreht werden. Häufig handelt es sich dabei um drei Einzelstränge, weshalb du häufig die Bezeichnung »3ply« lesen wirst. Auch dieses Garn kann du gut auskämmen. Das ist gleichzeitig auch ein Nachteil, da sich die Stränge am Ende gerne mal aufdrehen, was das saubere Knoten erschweren kann. Sollte das bei deinem Garn passieren, kann du die Enden mit etwas Tape fixieren.

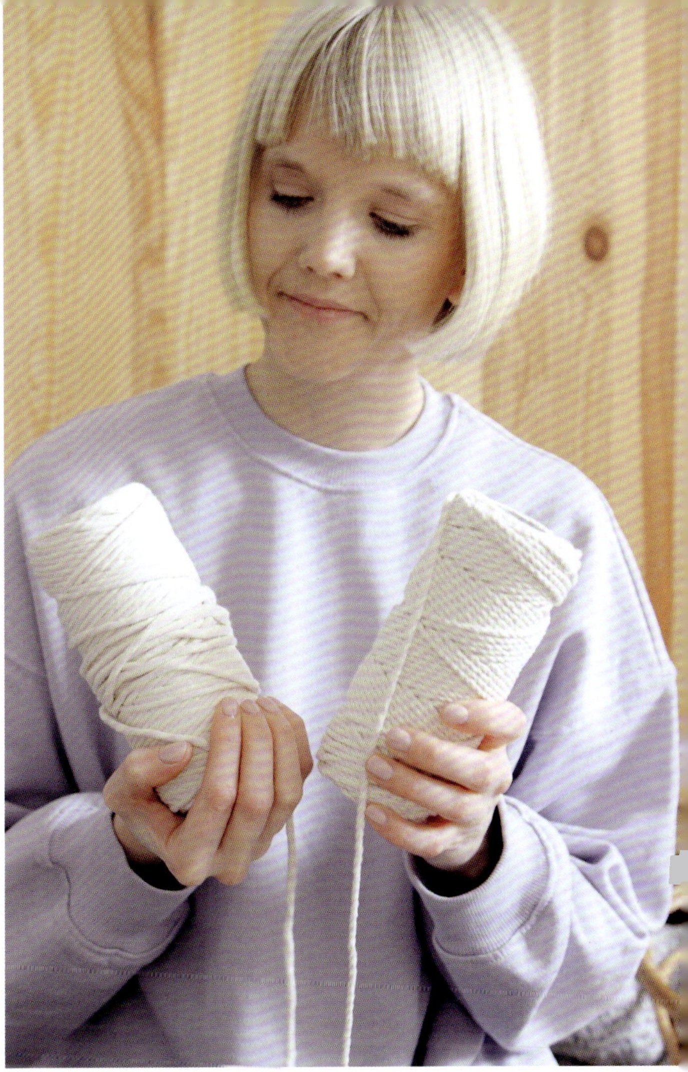

3 Bei geflochtenem Makrameegarn sind einzelne Fäden, wie der Name schon sagt, miteinander verflochten, wodurch das Garn sehr formstabil ist. Das ist ein großer Vorteil dieser Garnart und macht sie besonders geeignet für Anfänger. Geflochtenes Garn weist außerdem eine gewisse Elastizität auf. Ein Nachteil ist, dass die Garnenden nur sehr schwer aufgedröselt werden können, was dieses Garn ungeeignet für Tasseln und Co. macht.

Beide Garnarten, das gezwirnte und das geflochtene Garn, haben eine unterschiedliche Wirkung für mich. Für einen natürlichen Boho-Look würde ich immer eine gezwirnte Garnart wählen, für ein cleaneres, modernes Aussehen finde ich die geflochtene Version passender. Aber das ist nur meine persönliche Einschätzung und du wirst deine eigenen Lieblinge entdecken.

Weitere Garnarten, die sich besonders gut für Makrameeprojekte eignen sind Jerseyschnur, Juteschnur, gewachste Baumwolle, Paracord und vieles mehr.

GARNSTÄRKEN

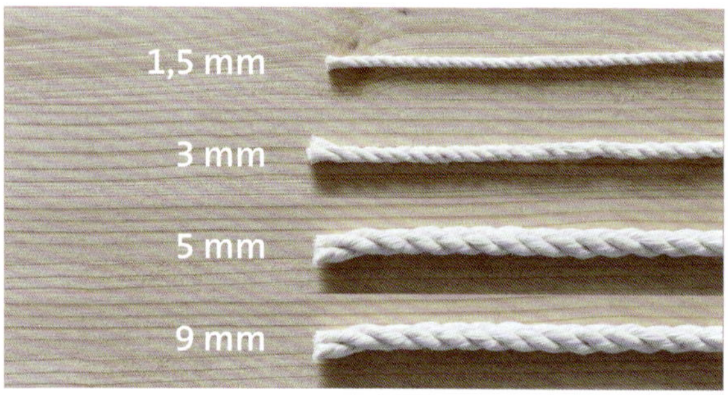

Üblicherweise reichen die Garnstärken von 1,5 mm bis 9 mm. Welche Stärke die passende ist, hängt natürlich vom Projekt und der gewünschten Wirkung ab. Umso dicker das Garn ist, desto gröber wirkt ein Projekt. Ich verwende am häufigsten 3 mm starkes Garn.

WICHTIGE WERKZEUGE UND HILFSMITTEL

Am wichtigsten ist, neben dem Garn, eine (Stoff-)Schere. Vor allem wenn du Geschmack am Knoten findest, lohnt sich die Investition in eine hochwertigere Schere. Zudem ist ein Maßband unentbehrlich, und auch eine Bürste zum Auskämmen wird für viele Projekte benötigt. Hier reicht am Anfang ein einfacher Kamm. Aber auf lange Sicht würde ich dir eine breite Tierfellbürste mit Metallborsten empfehlen. Das war ein echter Game-Changer für mich. Ebenfalls wichtig finde ich ein kleines Notizbuch, wo du die Maße deiner eigenen Projekte sammeln kannst.

Info: In den Materiallisten der einzelnen Projekte gehe ich davon aus, dass du die eben genannten Hilfsmittel zur Hand hast. Sie werden nicht noch mal extra aufgeführt. Werkzeug, das eher selten benötigt wird, nenne ich beim jeweiligen Projekt noch mal.

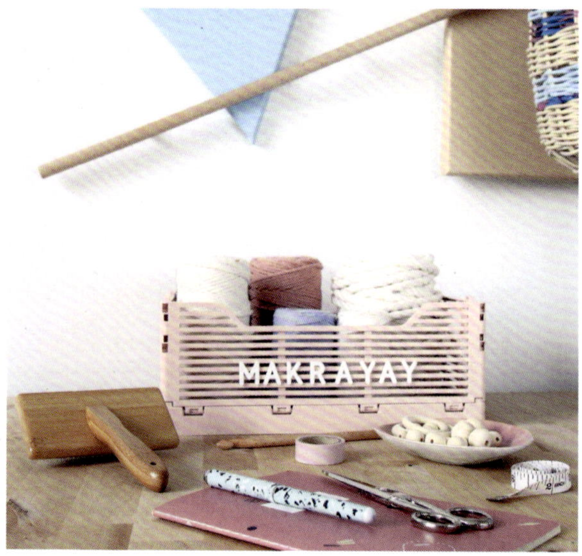

WEITERES MATERIAL

Auch ein gewisser Grundstock an weiteren Materialien lohnt es, sich zuzulegen, wenn du erst mal auf den Makramee-Geschmack gekommen bist. Hierzu zählen für mich (Holz-) Ringe, Holzperlen, Karabiner, Draht, Rundhölzer oder auch Äste aus der Natur. Außerdem sind Tape, Textilkleber, eine Häkelnadel, (Woll-) Nadeln, Nähgarn und hin und wieder auch Heißkleber nützliche Helfer. Welche Zusatzmaterialien du für die Projekte in diesem Buch benötigst, kannst du den Materiallisten entnehmen.

Was ich noch mal betonen möchte: Die aufgeführten Materialien sind nur Empfehlungen. Benutze gerne das Material, das du schon zu Hause hast, und entwickle so deine ganz eigenen Lieblingsstücke.

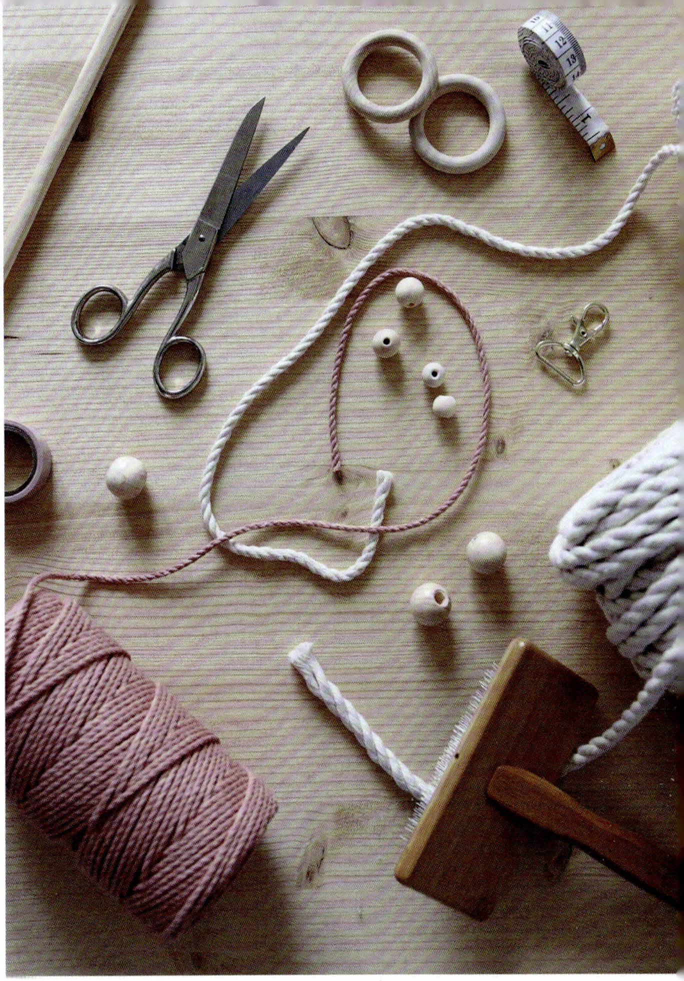

TIPP: PERLEN AUFFÄDELN

Inzwischen gibt es sogar Perlen mit extra großen Löchern speziell für Makrameearbeiten. Diese sind allerdings erst ab einer bestimmten Größe erhältlich. Ich möchte dir gerne einen kleinen Trick zeigen, wie du dir das Einfädeln von Perlen erleichterst: Perlen werden i. d. R. über zwei Schnüre, die Leitschnüre, gezogen. Diese mit etwas Tape ganz eng zusammenkleben und am Ende eine Spitze bilden. Das Garn mit etwas Krafteinsatz durch das Perlenloch ziehen. Eine Zange kann hier hilfreich sein.

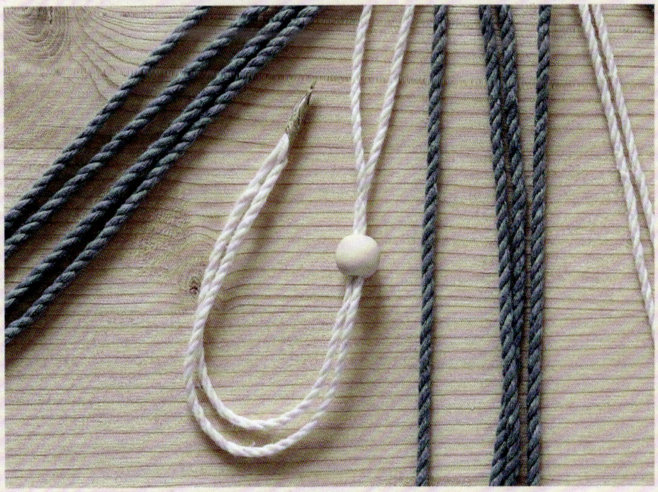

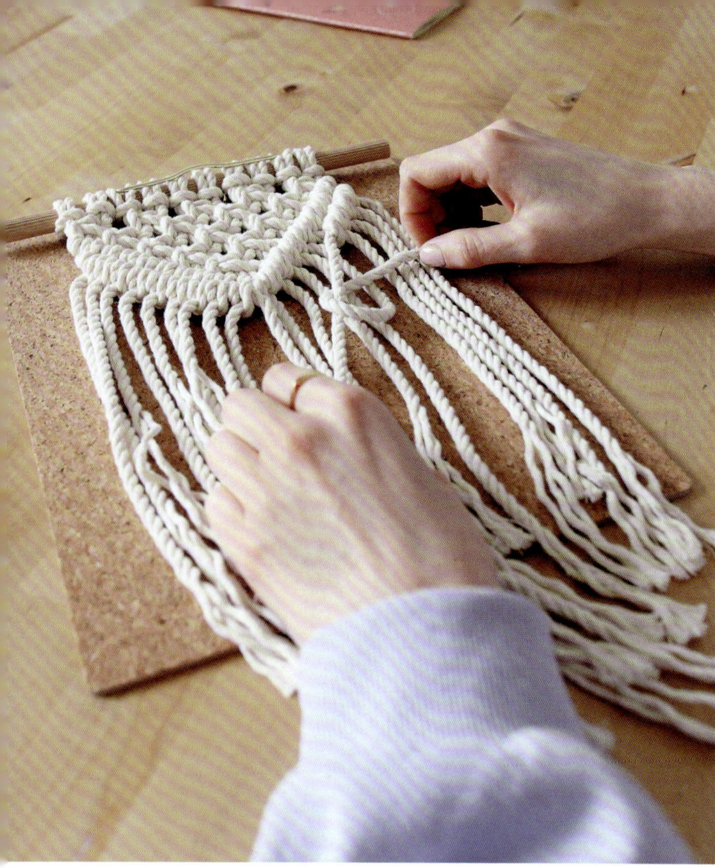

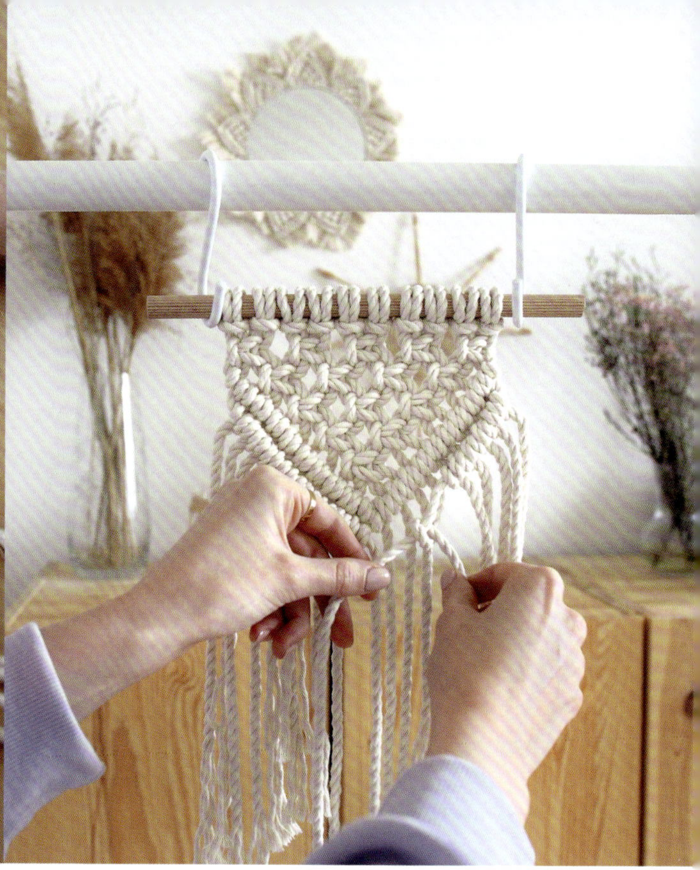

ARBEITSPLATZGESTALTUNG

Für saubere Knoten ist eine gewisse Spannung der Schnüre unabdinglich. Deswegen möchte ich ein paar Worte zur Arbeitsplatzgestaltung für deine Makrameearbeiten sagen. Ich persönlich bin hier schon sehr erfinderisch geworden, mit Holzringen am großen Zeh oder angebundenen Makrameestücken an einer Strandliege ☺. Aber nicht alle Arbeitsmethoden sind rückenfreundlich und auch hier empfehlen sich je nach Projekt unterschiedliche Vorgehensweisen:

Zur Fixierung von kleineren Makrameearbeiten eignen sich prima Korkbretter mit Stecknadeln und Foldbackklammern. Auch ein Klemmbrett kann sehr hilfreich sein. Die Investition in ein spezielles Makrameeboard lohnt sich meiner Meinung nach, sobald du merkst, dass du dem Makrameeknoten verfallen bist. Mit diesen Hilfsmitteln kannst du deinen Arbeitsplatz frei wählen.

Für größere Projekte kannst du ein schweres Brett nehmen (ich kann Reste von Küchenarbeitsplatten empfehlen) und Haken hineinschrauben, mit denen du deine Projekte fixieren kannst. Das Brett ist vor allem für die Arbeit an einem Tisch praktisch. Wenn du gerne im Stehen arbeitest, ist eine Kleiderstange mit S-Haken perfekt für dich. Gerade für große Wandbehänge oder Taschen mit vielen Schnüren ist die Kleiderstange gut geeignet. Es ist außerdem rückenfreundlich, wenn die Kleiderstange höhenverstellbar ist.

Hinweise vor dem Start

GARNLÄNGEN

Die Angaben zu den Garnlängen in den beschriebenen Projekten sind erst mal großzügig angegeben, da nicht jede*r gleich fest knotet und es beim Material, trotz gleicher Garnstärken, zu Abweichungen kommen kann. Die abgeschnittenen Reste kannst du sammeln, wenn sie nicht allzu kurz sind. Auch hierfür lassen sich passende Projekte finden.

SCHWIERIGKEITSGRADE

Du findest in jedem Kapitel Projekte für Einsteiger*innen und für Fortgeschrittene, sodass du je nach Wissensstand das passende Makramee-Projekt für dich findest. Es kann nicht schaden, einmal zum Grundkurs ab Seite 127 vorzublättern und dir die Erklärungen durchzulesen. Wenn du Anfänger*in bist, kann ich dir empfehlen, die Knoten auch einfach mal auszuprobieren, ganz ohne Projekt.

Ich habe bei den Makramee-Projekten unterschieden in:

Einsteiger*innen ★

Diese Projekte zeichnen sich dadurch aus, dass sie mit ein bis drei Grundknotenarten auskommen. Die Knoten werden dabei in ihrer Ausführung wenig variiert. Ich erkläre ausführlich die einzelnen Knotenarten, sodass du nicht ständig zum Grundkurs umblättern musst. So kannst du entspannt Makramee erlernen.

Fortgeschrittene ★★

Bei diesen Projekten brauchst du mehr als drei verschiedene Knoten und/oder bei der Ausführung kommt es zu Richtungswechseln. Hier gehe ich davon aus, dass du mit den einzelnen Knotenarten schon vertraut bist. Ich werde deshalb nicht mehr jede einzelne Knotenart im Detail erklären. Aber du kannst natürlich zu jederzeit auf den Grundkurs zurückgreifen.

Jetzt lass uns aber wirklich loslegen!

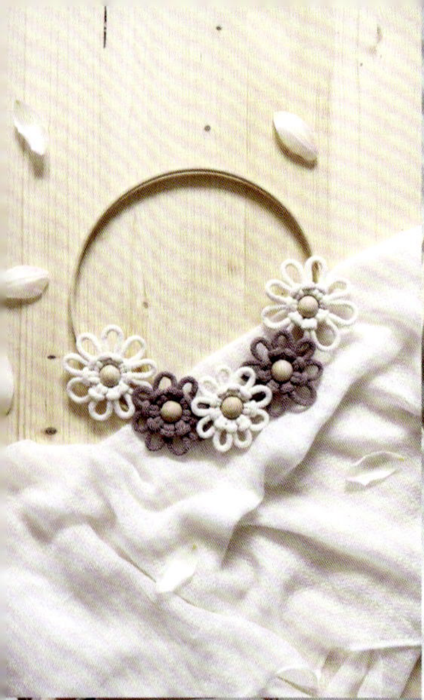
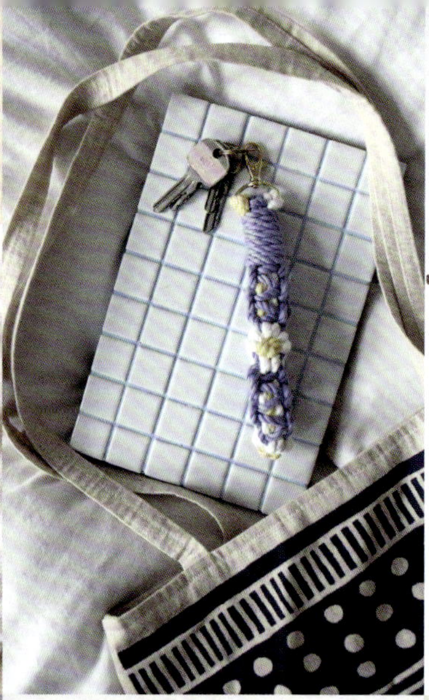
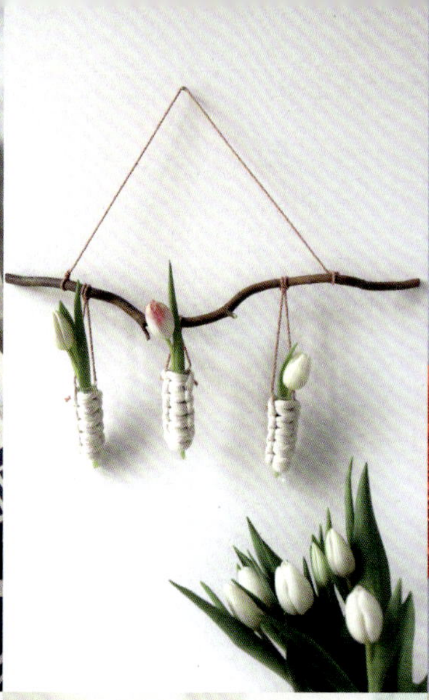
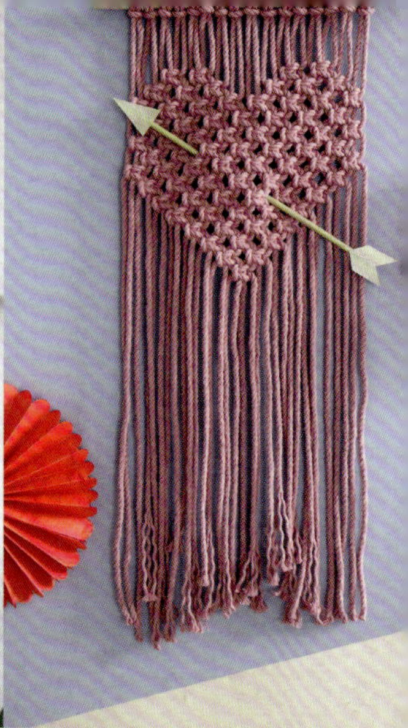
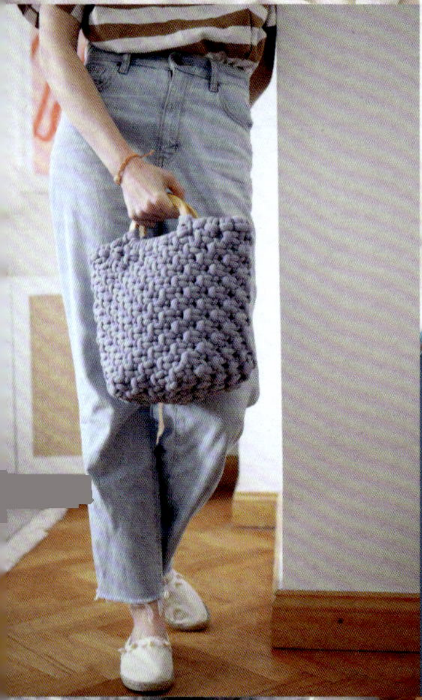
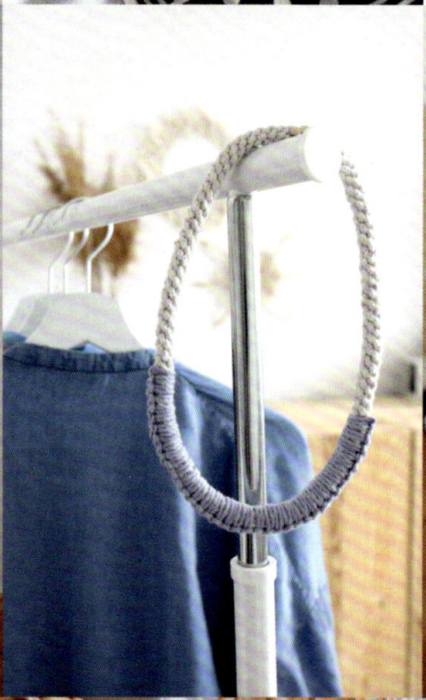
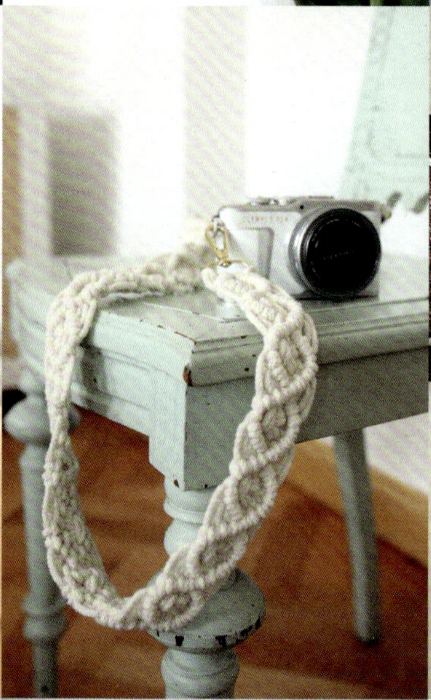
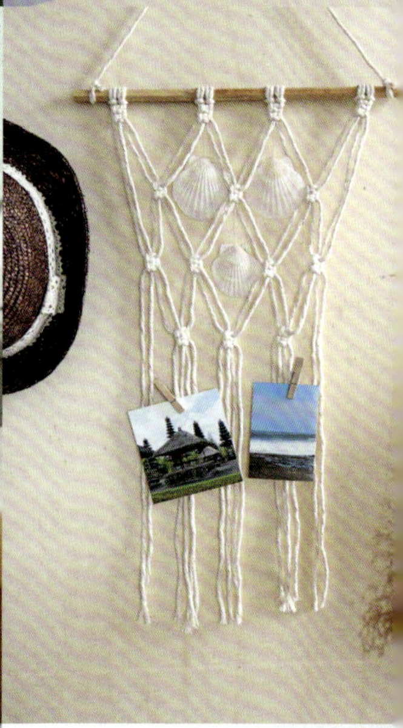
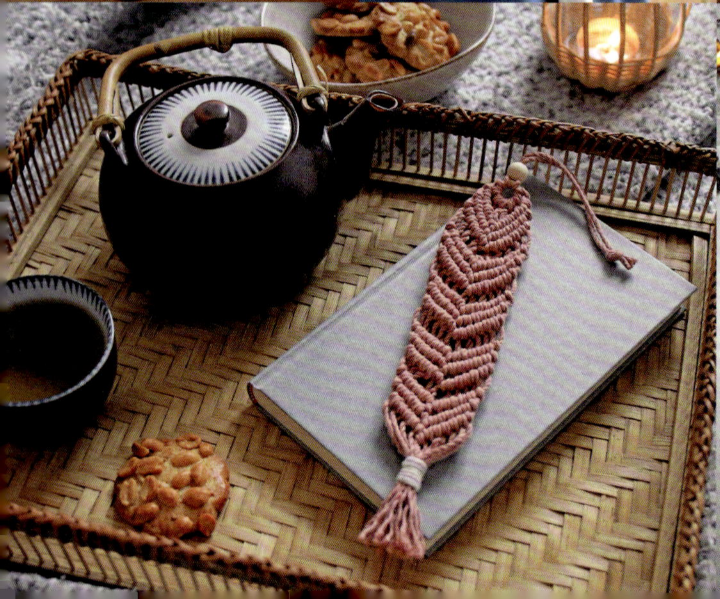
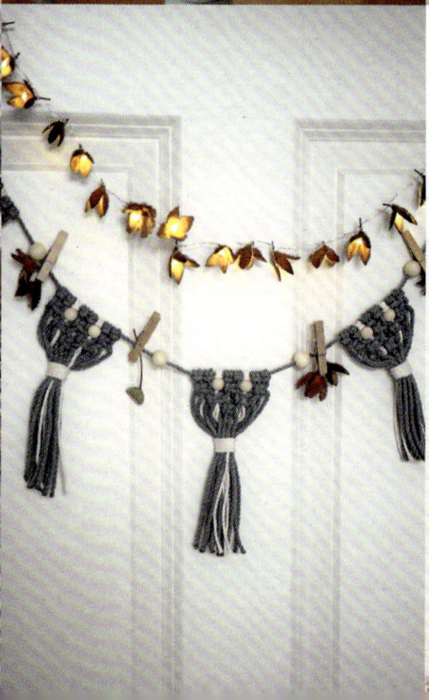
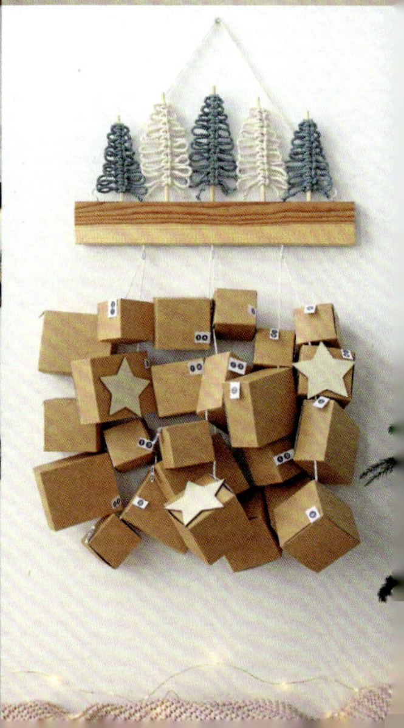

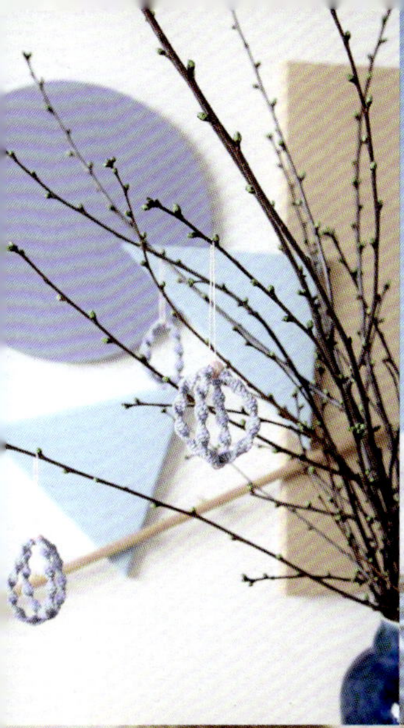
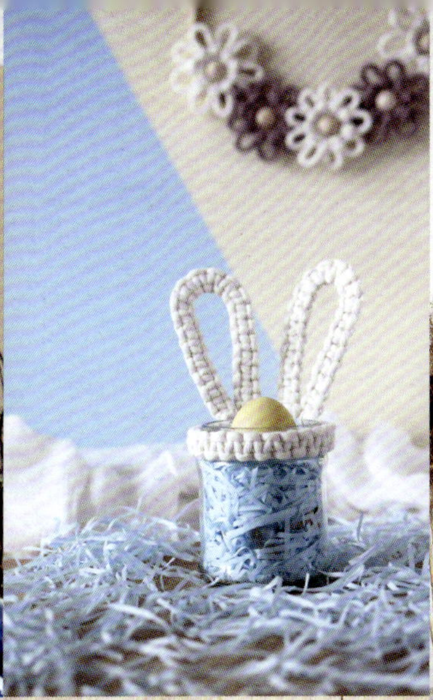
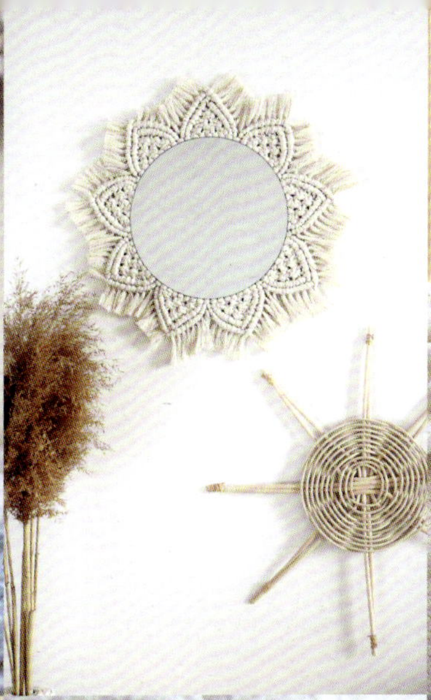
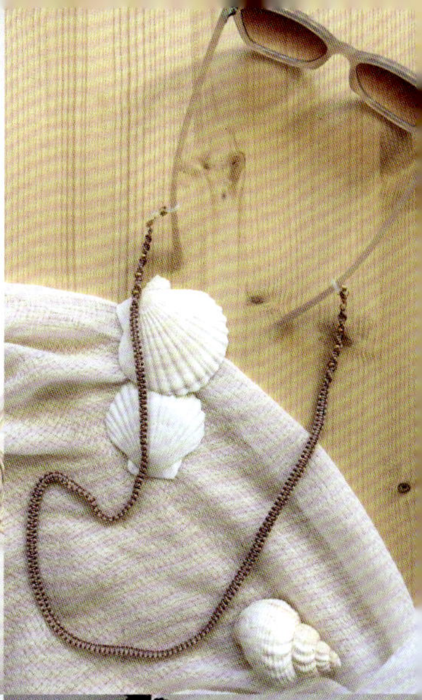
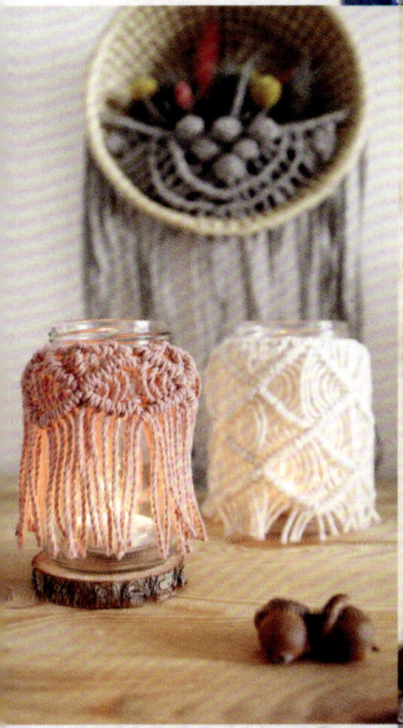
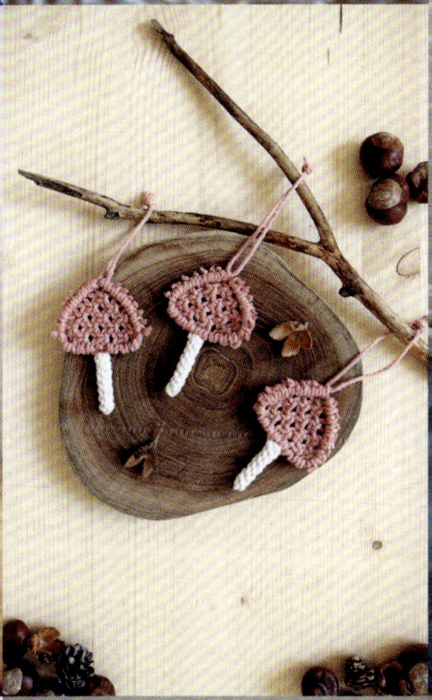
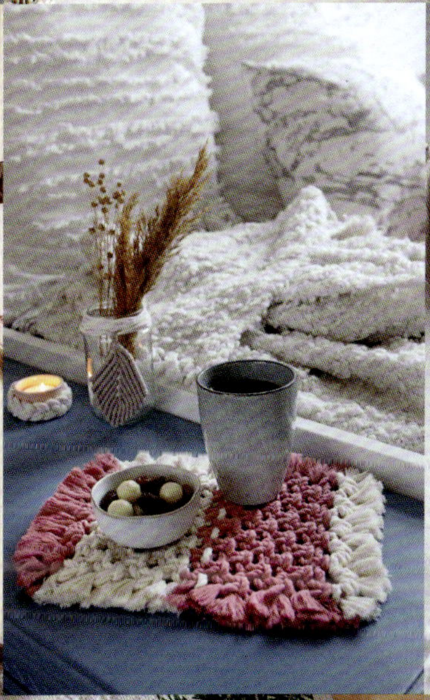
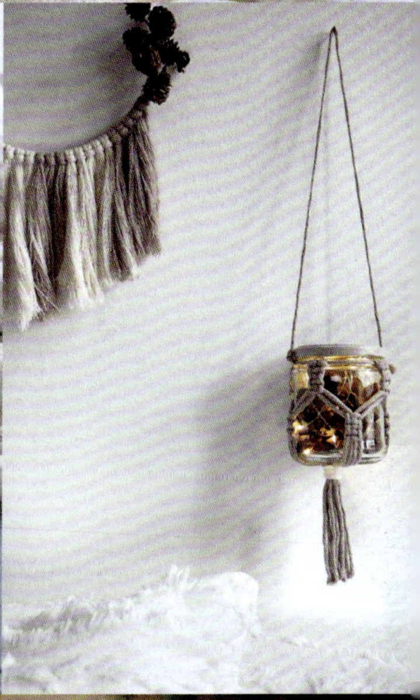
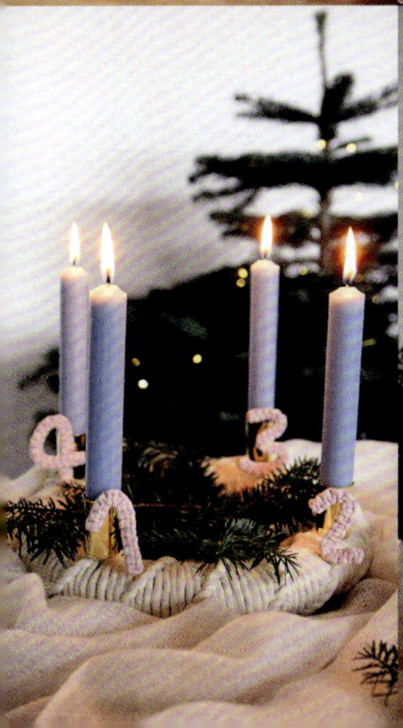
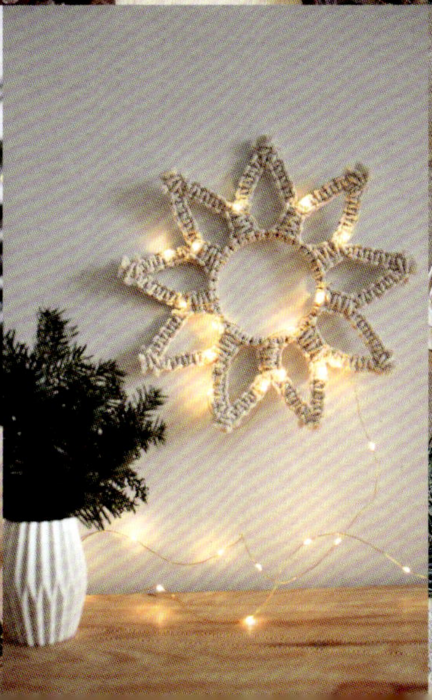
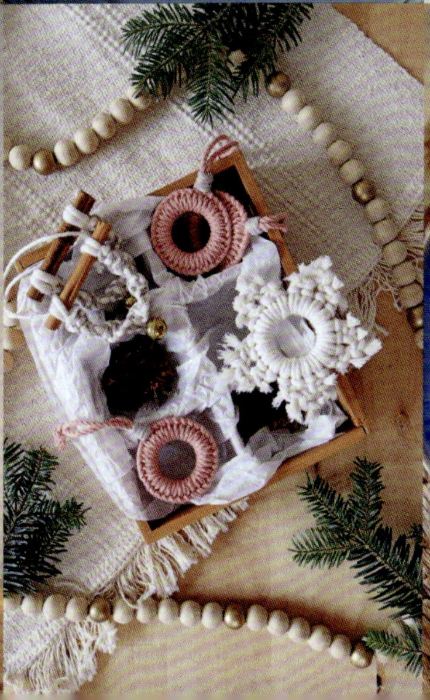
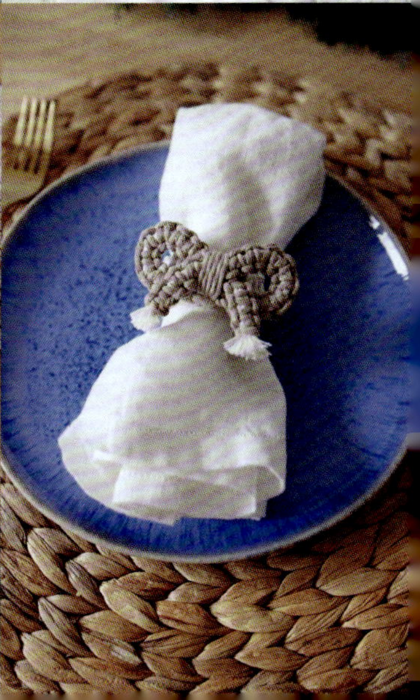

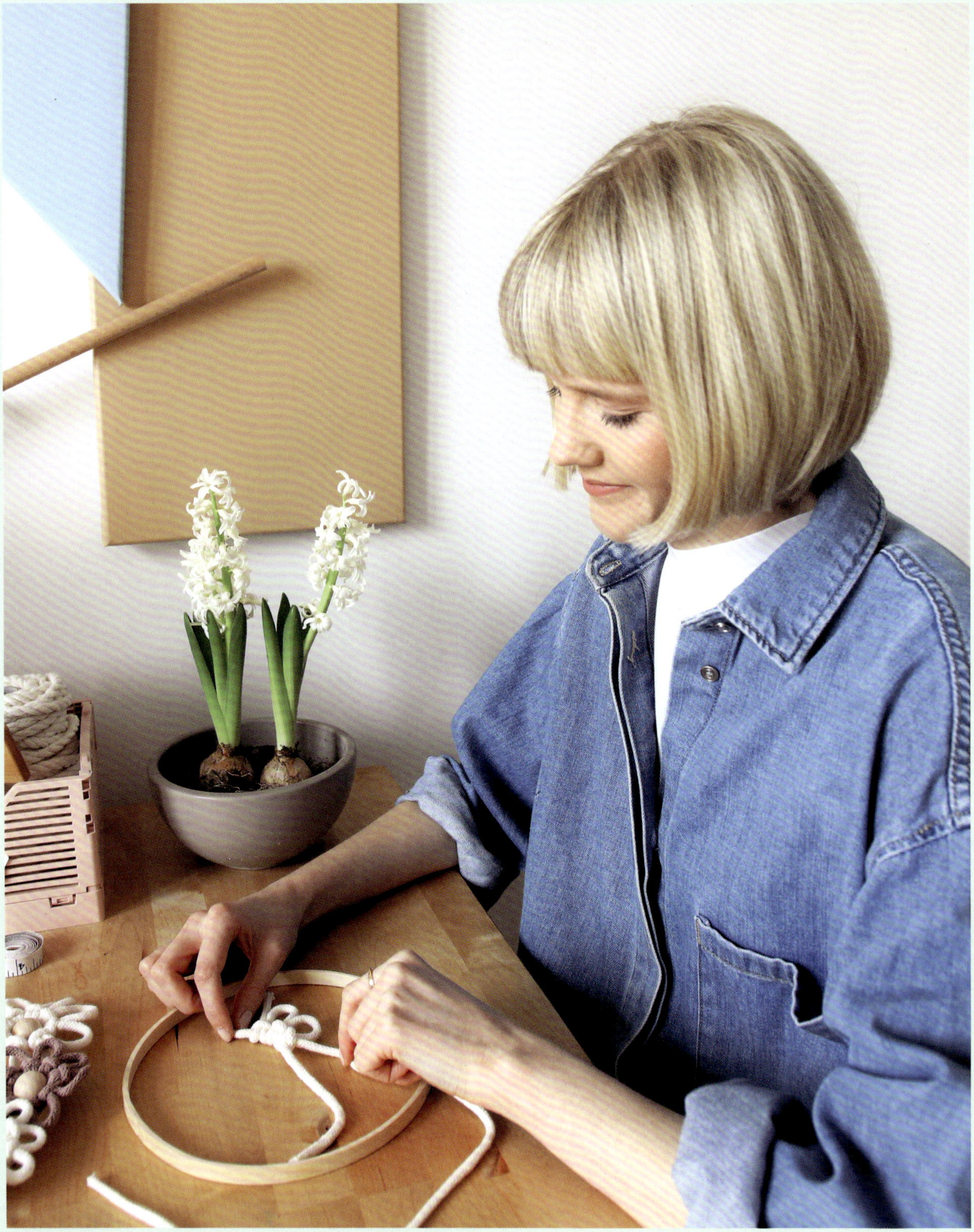

Frühling

Der Frühling ist einer meiner Lieblingsjahreszeiten. Sobald die ersten Sonnenstrahlen das graue Wetter durchbrechen, die Vögel zwitschern und sich die ersten Frühblüher am Wegesrand zeigen, kommt die Motivation für neue Bastelprojekte bei mir von ganz alleine. Ich hoffe, dir geht es genauso. Blumen und helle Farben sind ein zentrales Thema dieses Kapitels. Wir knoten schöne Deko, die den Frühling in deine vier Wände holt. Nicht zuletzt startet das Jahr auch mit den ersten feierlichen Anlässen wie Ostern und Valentinstag. Auch hierfür darfst du dich auf passende DIYs freuen.

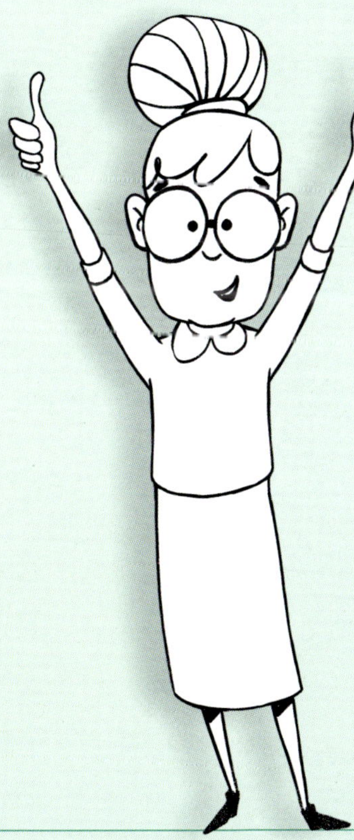

Blumenkranz

Wir beginnen mit einem Blumen-DIY. Es gibt verschiedene Methoden, um Blumen mit Makramee zu knoten. Ich zeige dir eine der einfacheren und schnelleren Möglichkeiten. Für die Makramee-Blumen nutzen wir eine Variante des Ankerknotens, die du bestimmt schnell lernen wirst. Mit den geknoteten Blumen kannst du dir tolle Blumenkränze zusammenstellen, die nie verblühen. Du kannst aber auch einen Draht als Stängel an diesen befestigen und die Blumen in eine Vase stellen, oder sie auf eine Grußkarte kleben.

Material:

- geflochtenes Makrameegarn, Ø 5 mm
- Holzperle, Ø 1,5 mm
- Holzring, Ø 22 mm
- Bastelkleber

Fadenlängen pro Blüte:

- 1 x 20 cm
- 1 x 100 cm

Knoten:

- Ankerknoten

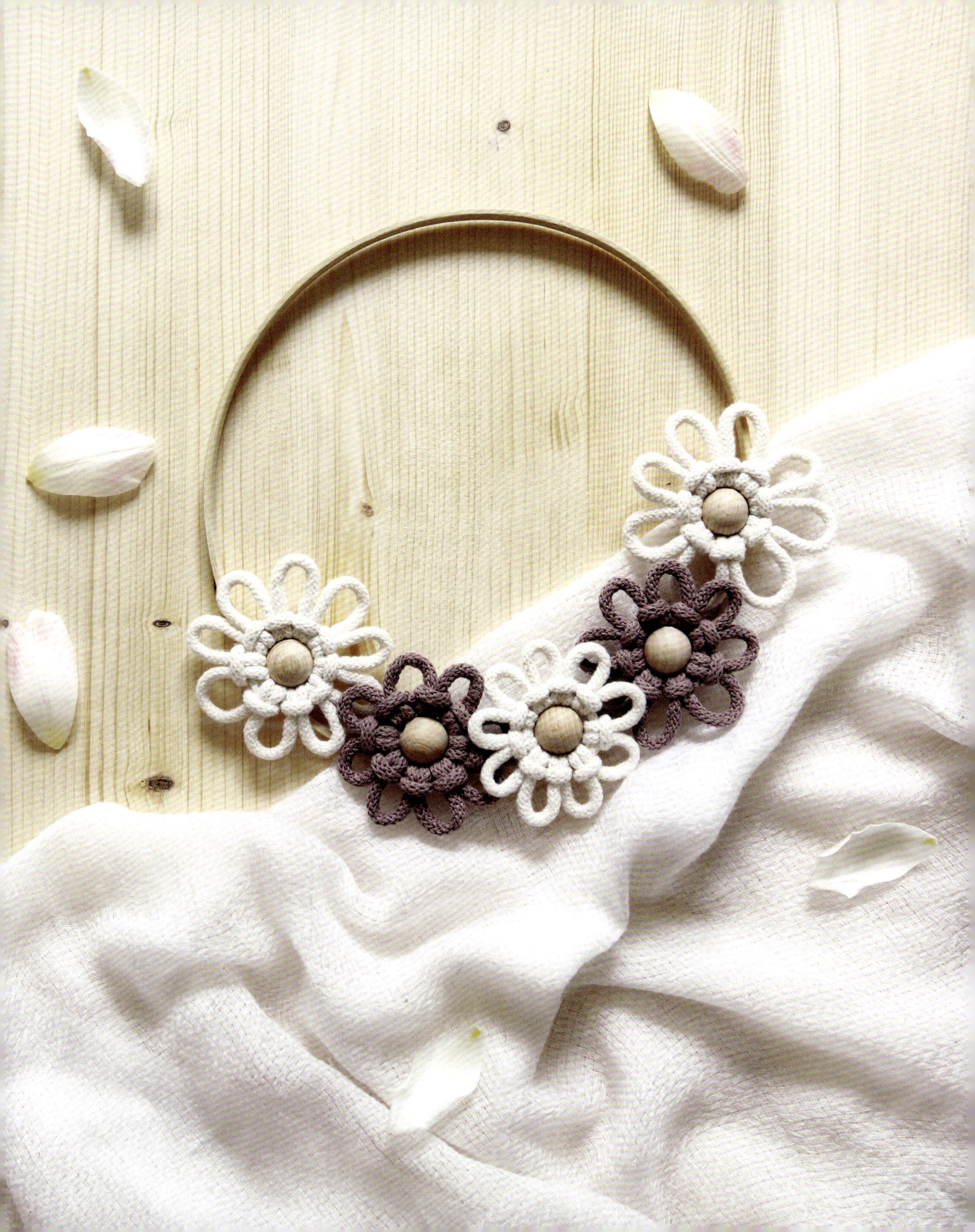

So wird's gemacht:

1 Für den ersten Teil vom Ankerknoten bilde mit dem langen Arbeitsfaden eine Schlaufe um den Leitfaden, indem du den Arbeitsfaden zuerst über den Leitfaden nach unten und dann hinter dem Leitfaden nach oben führst. Führe das lange Ende von links über das kurze Ende nach rechts. Das kurze Ende sollte ca. 1 cm lang sein und am linken Rand sollten ca. 4 cm Leitschnur überstehen.

2 Für den zweiten Teil führe das lange Ende hinter dem Leitfaden nach unten und dann über dem Leitfaden nach oben links durch die Schlaufe. Gut festziehen!

3 Knote den nächsten Ankerknoten direkt neben dem ersten, wie in Schritt 1 bis 2 beschrieben. So bildet sich das erste Blütenblatt, mit einer Länge von ca. 2,5 cm.

4 Nach sechs Blütenblättern lege die Enden des Leitfadens übereinander, sodass sie sich kreuzen. Bilde um diese Enden einen weiteren Ankerknoten, der an den vorherigen Ankerknoten anschließt.

5 Drehe die Blüte auf die Rückseite und ziehe vorsichtig an den Enden des Leitfadens, sodass sich der Kreis schließt. Kürze die Enden

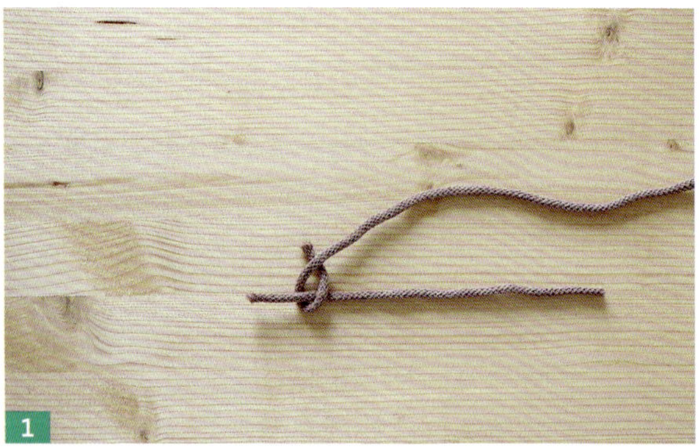

1

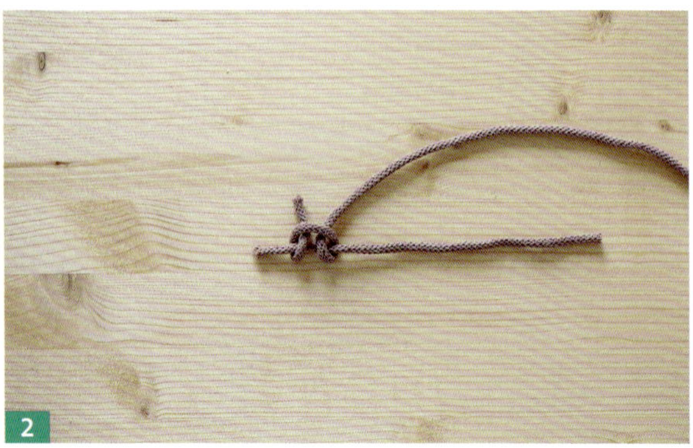

2

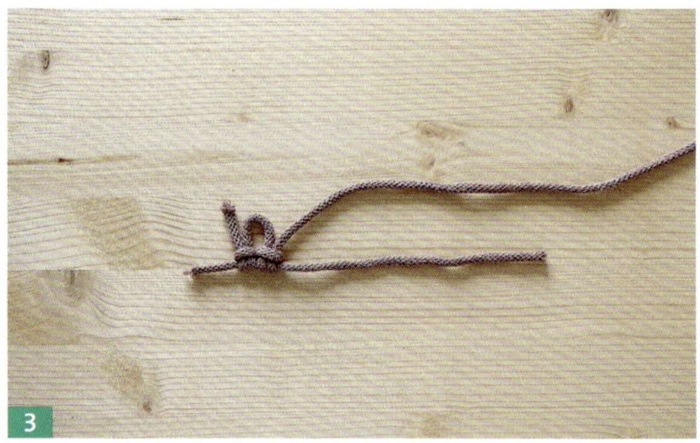

3

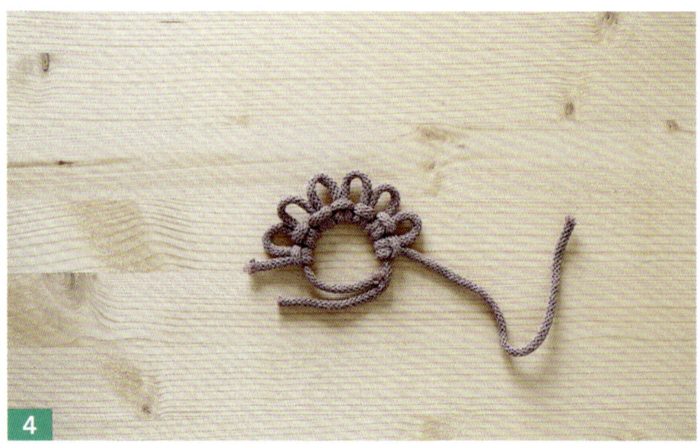

4

der Leitschnur ein und fixiere sie mit etwas Kleber. Alternativ vernähe die Enden mit ein paar einfachen Stichen.

Tipp: Vor dem Einkürzen die Holzkugel probehalber in das Innere der Blüte drücken, damit du weißt, wie fest du das Ganze ziehen musst.

6 Drehe die Blüte wieder auf die Vorderseite und kürze die offenen Enden so ein, dass sich die passende Größe für das letzte Blütenblatt ergibt. Schließe das Blütenblatt mit Kleber oder Nadel und Faden. Gut trocknen lassen.

7 Drehe die Blüte wieder auf die Rückseite und verteile Kleber auf der Holzkugel. Die Holzkugel dann ins Innere der Blütenblätter drücken. Wieder gut trocknen lassen.

8 Fertige für einen Türkranz mehrere Blüten an, die du mit Kleber am Holzring befestigst.

Tipp: Besonders hübsch sieht es aus, wenn du Blüten in mehreren Farben und mit unterschiedlich langen Blütenblättern knotest. Auch die Anzahl der Blütenblätter kannst du variieren. Du musst dann aber eventuell die Garnlänge anpassen.

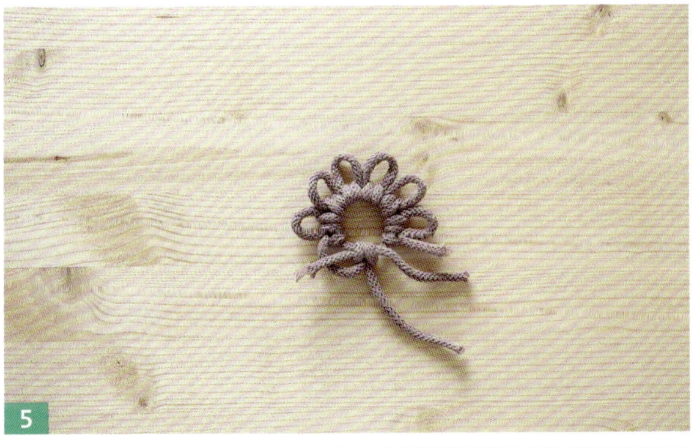

5

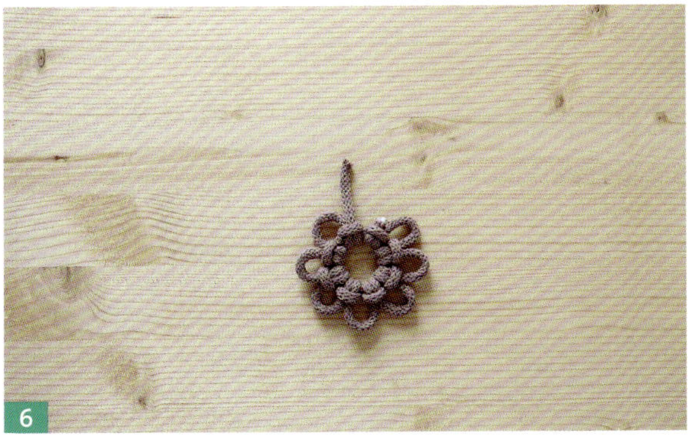

6

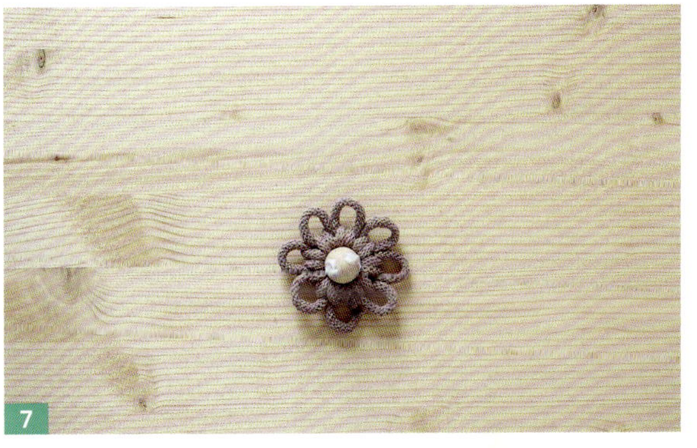

7

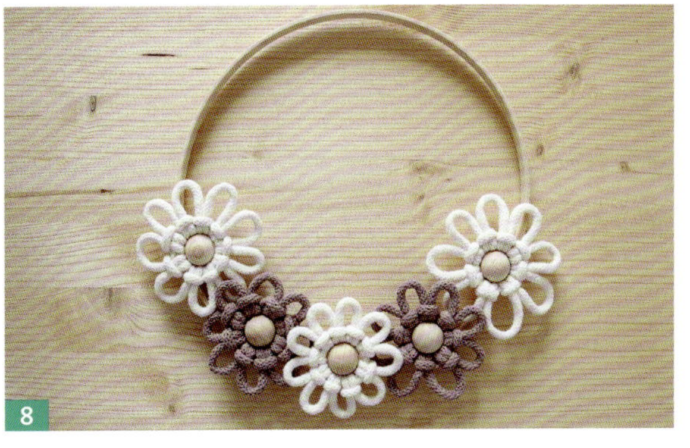

8

★★

Schlüsselanhänger

Ein paar Blümchen zum Mitnehmen? Das kann doch nur eine gute Idee sein ☺. So kommst du immer in Frühlingsstimmung, wenn du nach deinem Schlüssel suchst. Diese Suche wird dir durch die Größe des Schlüsselanhängers hoffentlich auch erleichtert. Außerdem sind Makramee-Schlüsselanhänger immer eine super Geschenkidee, da sie schnell gemacht sind und du sie prima an die Lieblingsfarben der oder des zu Beschenkenden anpassen kannst.

Material:

- 3ply gezwirntes Makrameegarn in 3 unterschiedlichen Farben, Ø 5 mm
- Karabiner
- Nadel und Faden

Zuschnitt:

- 1 x 2 m für Kreuzknoten (lila)
- 1 x 1,50 m für Blütenblätter (weiß)
- 1 x 1 m für Blütenstempel (gelb)
- 1 x 60 cm für Wickelknoten (lila)

Knoten:

- Ankerknoten
- Kreuzknoten
- Rippenknoten
- Wickelknoten

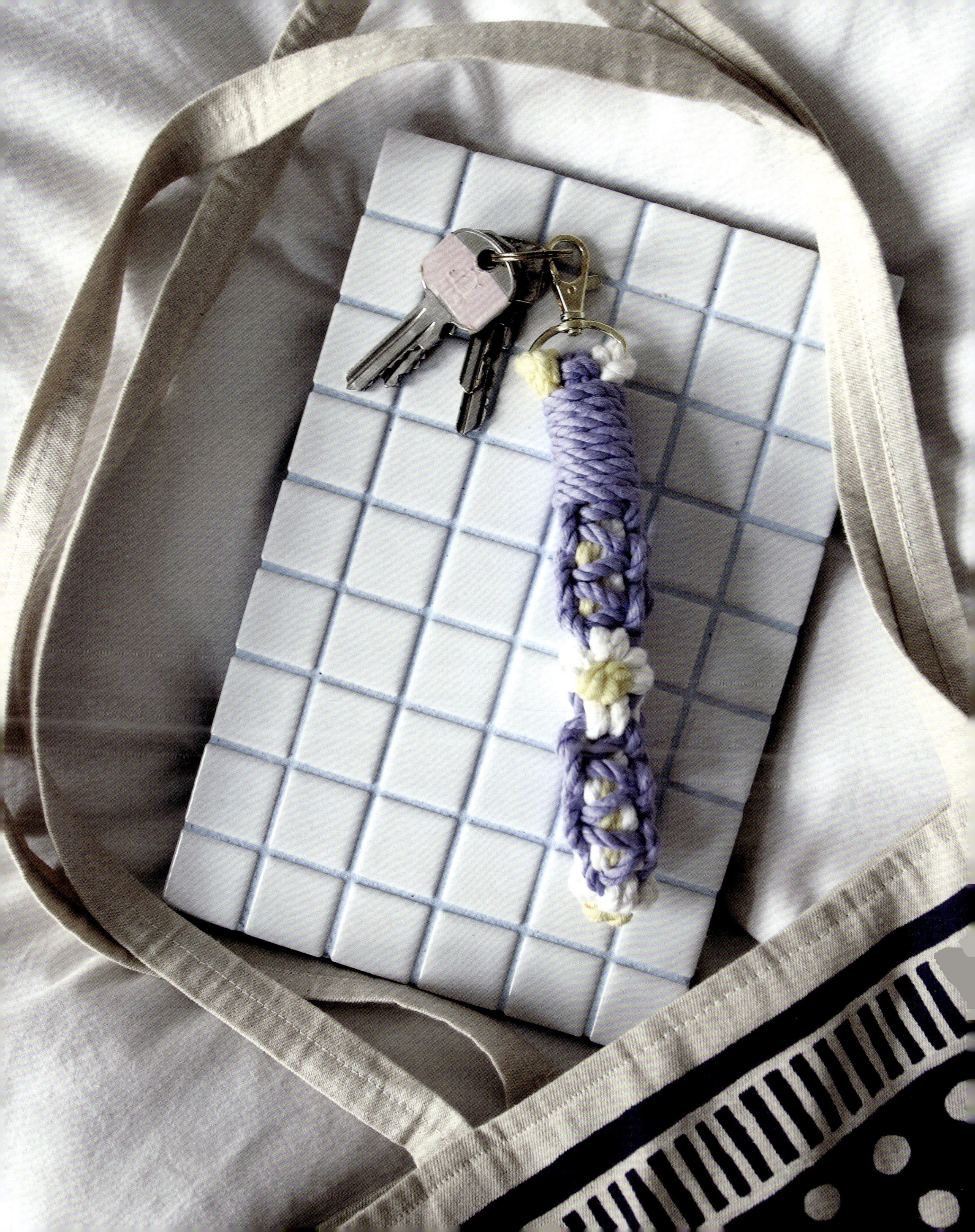

So wird's gemacht:

1 Befestige alle drei Schnüre mit dem Ankerknoten am Karabiner (Farbfolge von links nach rechts: gelb - lila - weiß), sodass alle gleich lang sind.

2 Knote den ersten Kreuzknoten mit den lila Arbeitsfäden ca. 4,5 cm unter dem Karabiner um die gelben und weißen Schnüre. Führe die lila Schnurenden hierfür nach außen.

3 Bilde einen Strang aus zwei linksgerichteten und zwei rechtsgerichteten Kreuzknoten.

4 Lege die lila Schnüre so hin, dass sie sich überkreuzen. Bilde mit der linken weißen Schnur von unten nach oben eine Schlaufe um die lila Schnüre, sodass diese links liegt. Mit der rechten weißen Schnur diesen Schritt wiederholen, sodass diese rechts liegt. Ziehe dann an beiden lila Schnüren, um die Schlaufen festzuziehen. Auch die weißen Schnüre straffziehen.

5 Bilde mit den weißen Schnüren links und rechts jeweils einen Rippenknoten.

6 Kreuze die lila Schnüre erneut und bilde mit den weißen Schnüren auf der linken und rechten Seite von unten nach oben wieder jeweils eine Schlaufe. Aber noch nicht festziehen.

7 Ziehe die mittleren gelben Schnüre ein gutes Stück nach oben heraus.

8 Ziehe an den lila Schnüren, damit sich die Blüte schließt. Du kannst den Blütenstempel noch zurechtziehen, bevor du

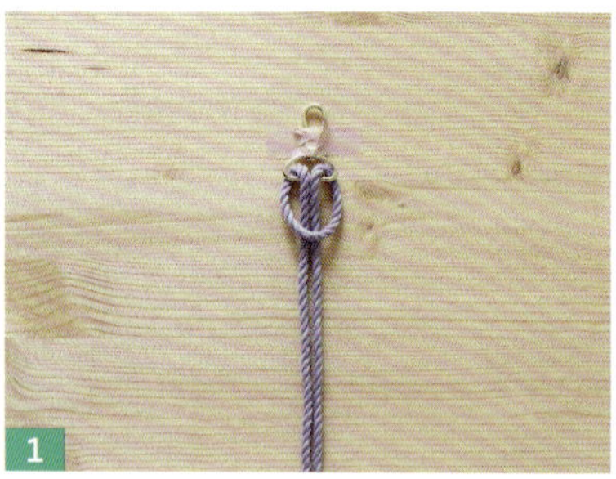
1

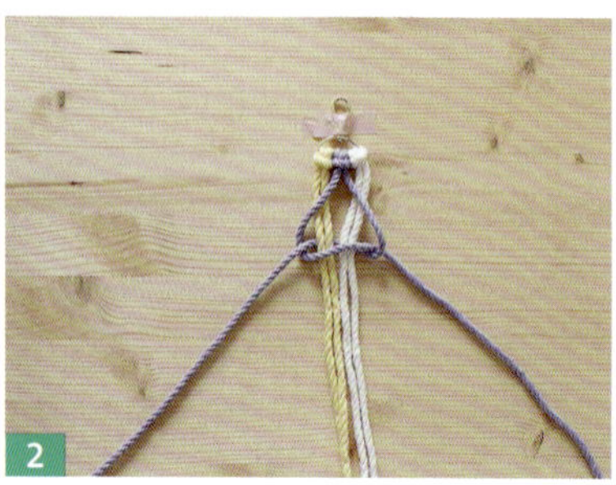
2

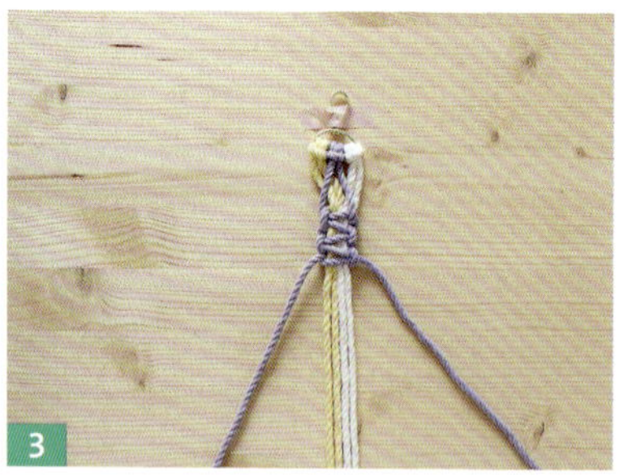
3

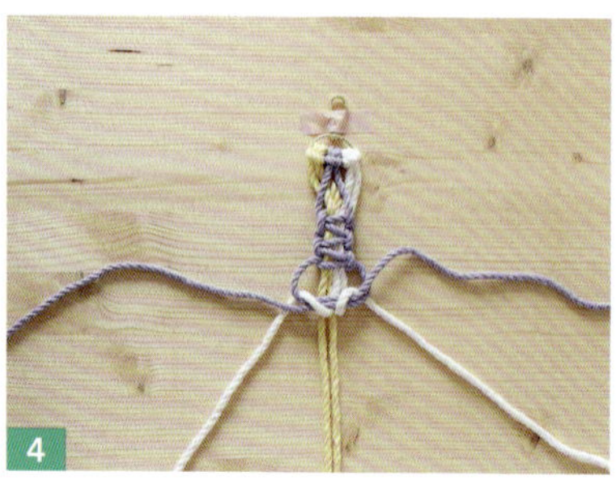
4

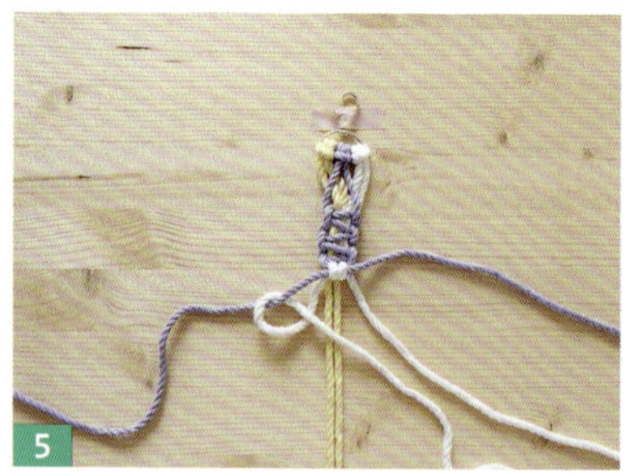
5

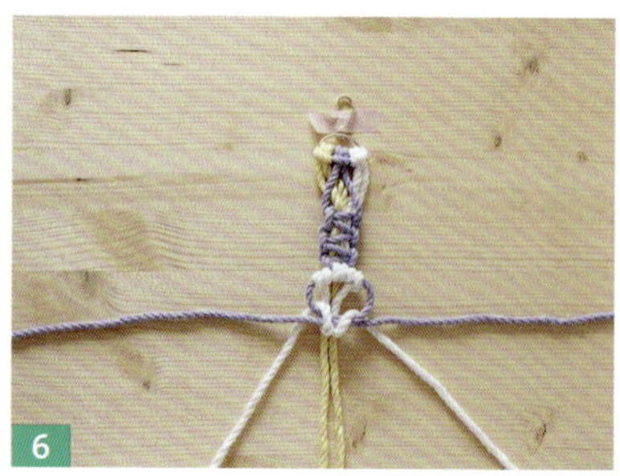
6

mit der lila Schnur wieder vier Kreuzknoten um die restlichen Schnüre bildest. Knote insgesamt drei Blüten und vier Kreuzknoten-Abschnitte.

9 Dann vernähe die Schnurenden auf der Rückseite mit ein paar einfachen Stichen (muss nicht schön sein). So schließt sich der Anhänger. Alternativ kannst du auch mit Textilkleber arbeiten.

10 Bilde einen Wickelknoten um die offene Stelle, sodass diese kaschiert wird.

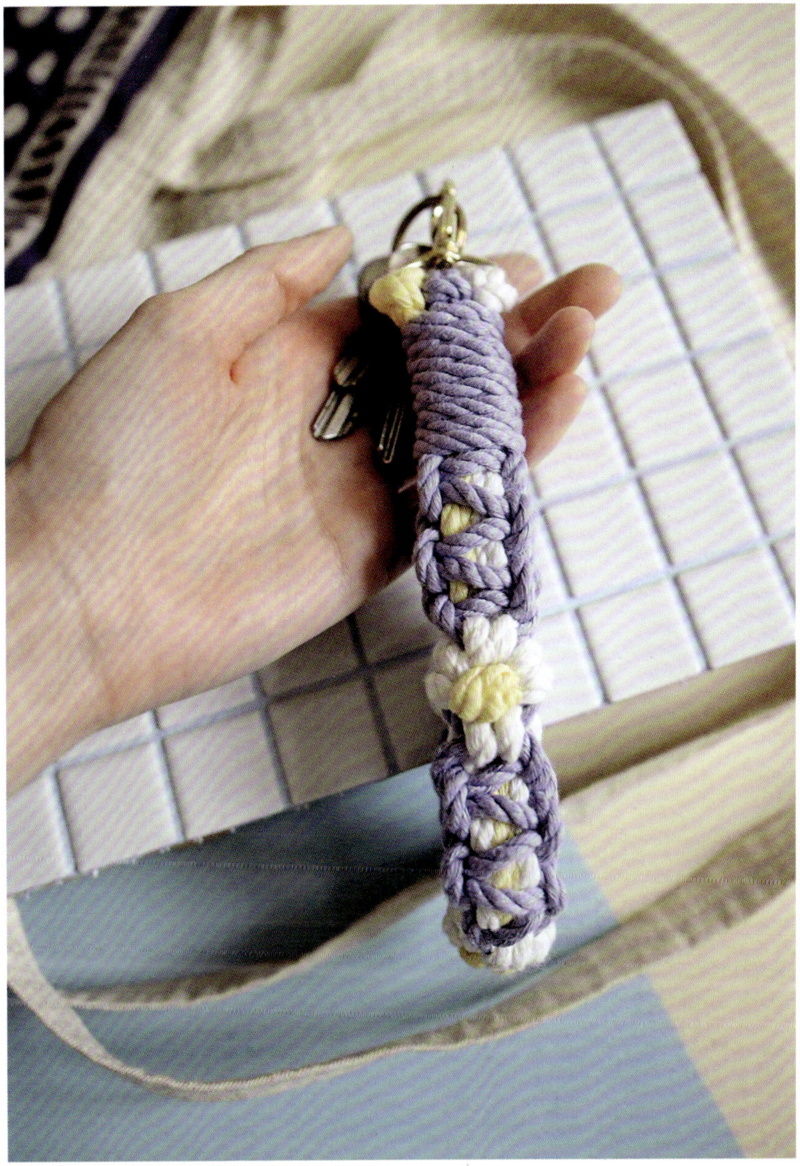

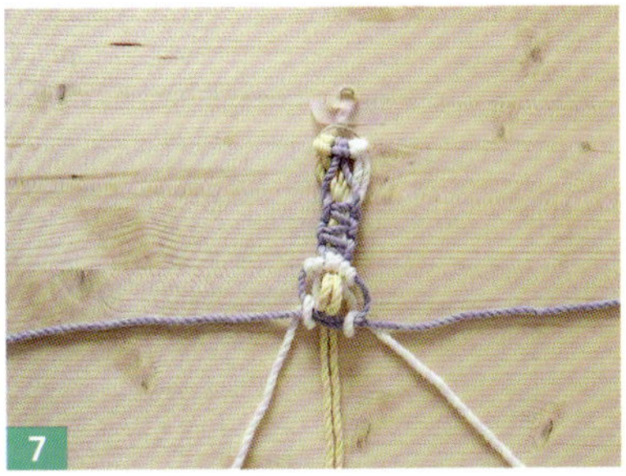
7

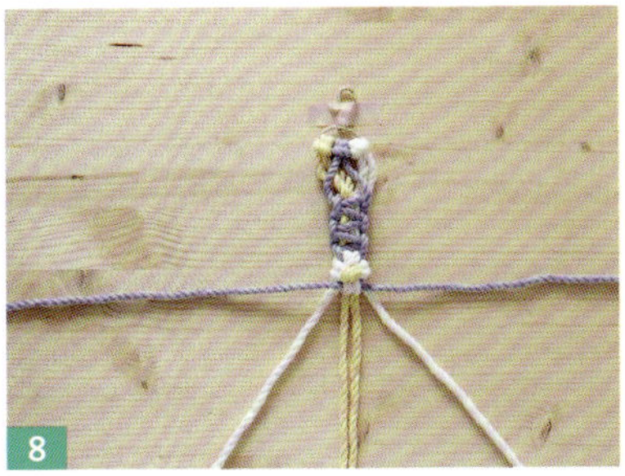
8

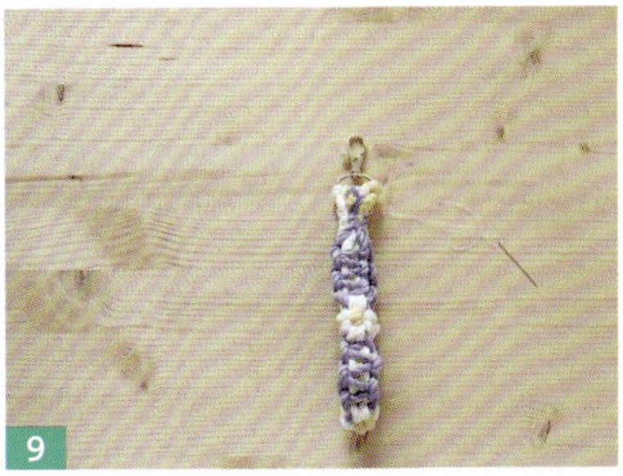
9

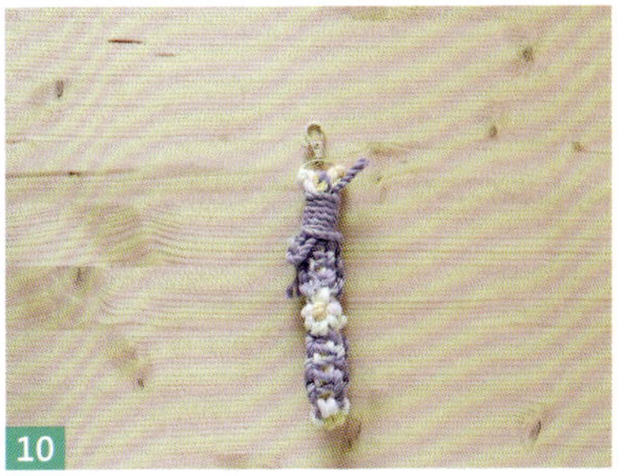
10

Hängevasen

Nun kommen wir noch zu echten Blumen. Auch hierfür habe ich mir eine schöne Dekomöglichkeit überlegt, die deinem Zuhause einen richtigen Frühlingskick gibt. Das Projekt ist schnell und einfach geknotet und kann eigentlich an jeden Wohnstil angepasst werden. So kannst du hier z. B. auch mit Jute arbeiten, um einen rustikalen Look zu erzielen. Mit geflochtenem Garn und einem Rundholzstab wird das Ganze moderner. Ich habe mich für eine zarte Version im Landhausstil entschieden.

Material:

- gezwirntes Makrameegarn, Ø 5 mm
- Reagenzglas, ca. 9 cm lang
- optional: 3ply gezwirntes Makrameegarn in Rosa, Ø 1,5 mm
- Nadel und Faden
- Wollnadel mit breitem Öhr
- Ast als Aufhängung

Zuschnitt:

Option 1 (ohne extra Aufhängung):

- 1 x 1,60 m

Option 2 mit extra Aufhängung:

- 1 x 1,10 m vom gezwirnten Garn pro Glas
- vom 3ply Garn je Länge der gewünschten Aufhängung

Knoten:

- Einfacher Knoten
- Kreuzknoten

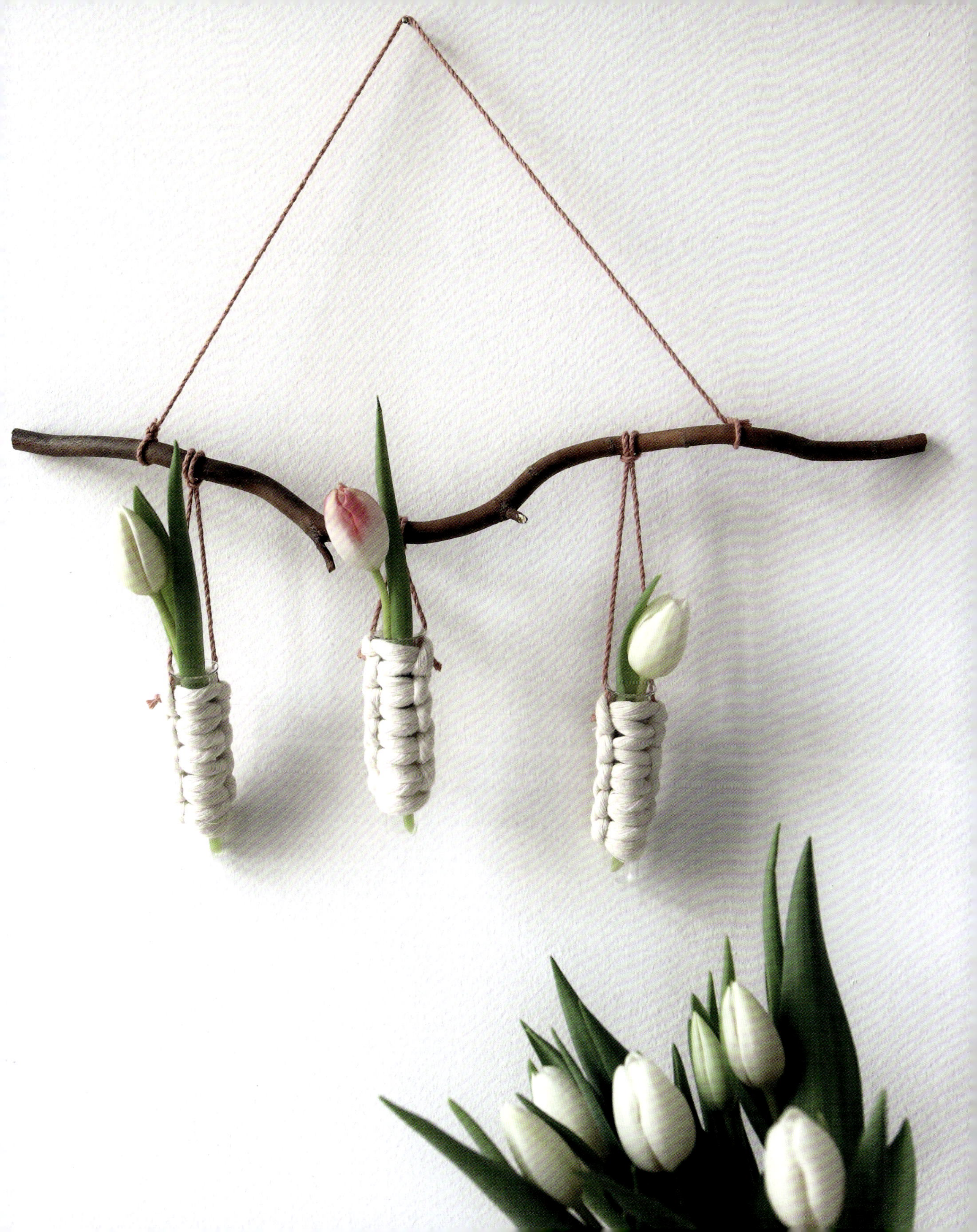

So wird's gemacht:

1 Lege das Reagenzglas mit der offenen Seite nach unten. Befestige die dickere Schnur mit einem einfachen Knoten am Reagenzglas, sodass an beiden Enden gleich viel Schnur übersteht.

2 Führe das linksliegende Schnurende über dem Reagenzglas nach rechts und das rechtsliegende Schnurende unter dem Glas nach links.

3 Führe dann das linksliegende Schnurende unter dem Reagenzglas nach rechts und das rechtsliegende Schnurende über dem Glas nach links.

4 Wiederhole Schritt 2 und 3, bis das Reagenzglas gut umschlossen ist.

Option 1: Nutze die Schnurenden direkt als Aufhängung und knote diese an den Ast.

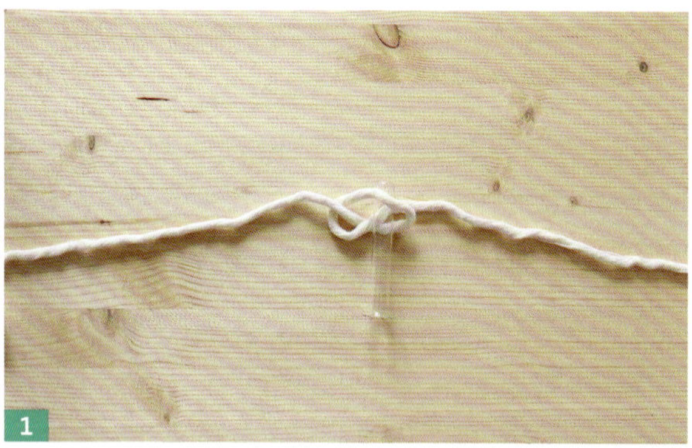
1

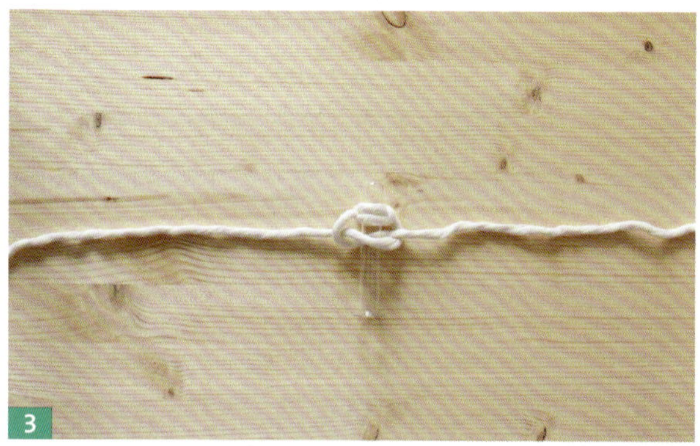
3

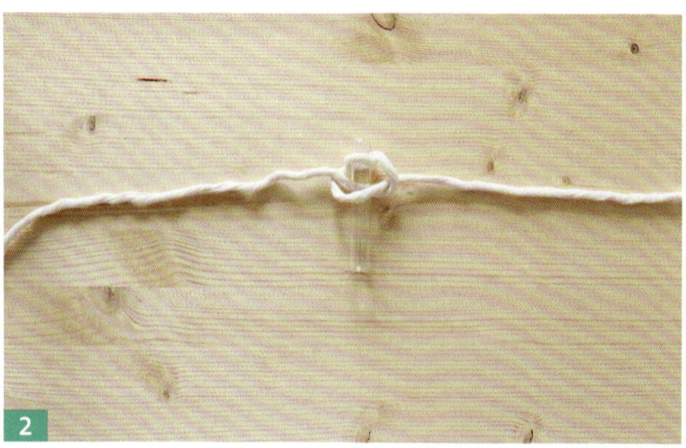
2

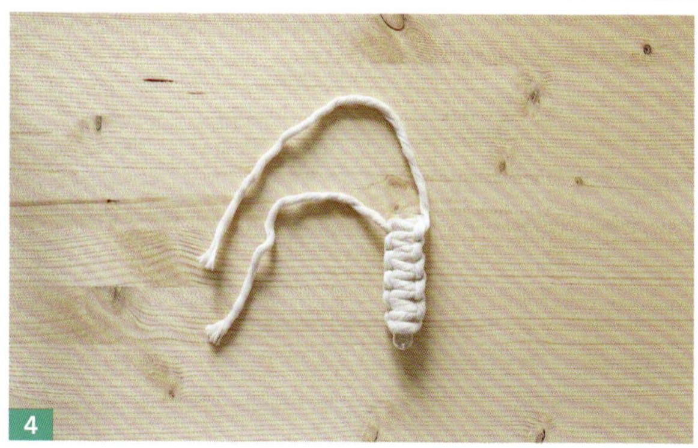
4

5 Option 2: Fixiere die Schnurenden auf der Rückseite des Reagenzglases mit einem einfachen Knoten, den du mit ein paar einfachen Stichen sicherst. Befestige die dünnere Schnur mit zwei einfachen Knoten am Reagenzglas, sodass eine Schlaufe entsteht. Für das Durchfädeln kann eine Wollnadel mit großem Öhr hilfreich sein.

6 Bringe das Reagenzglas mit dem Ankerknoten am Ast an und knote eine Aufhängung. Ergänze weitere Reagenzgläser in unterschiedlichen Höhen.

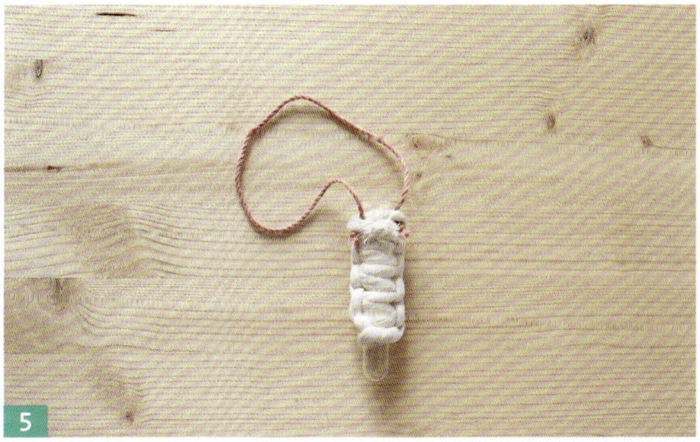

5

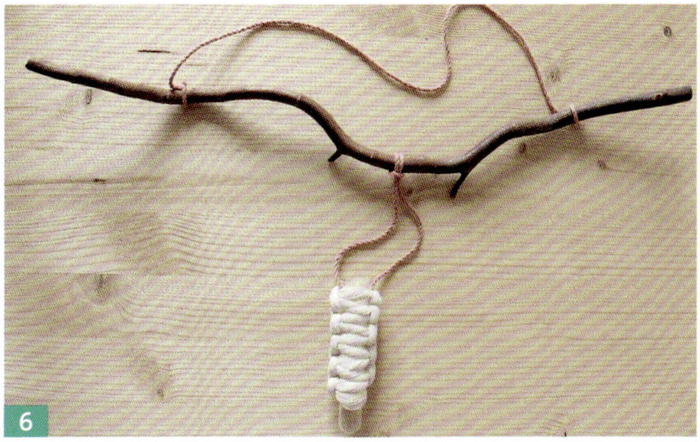

6

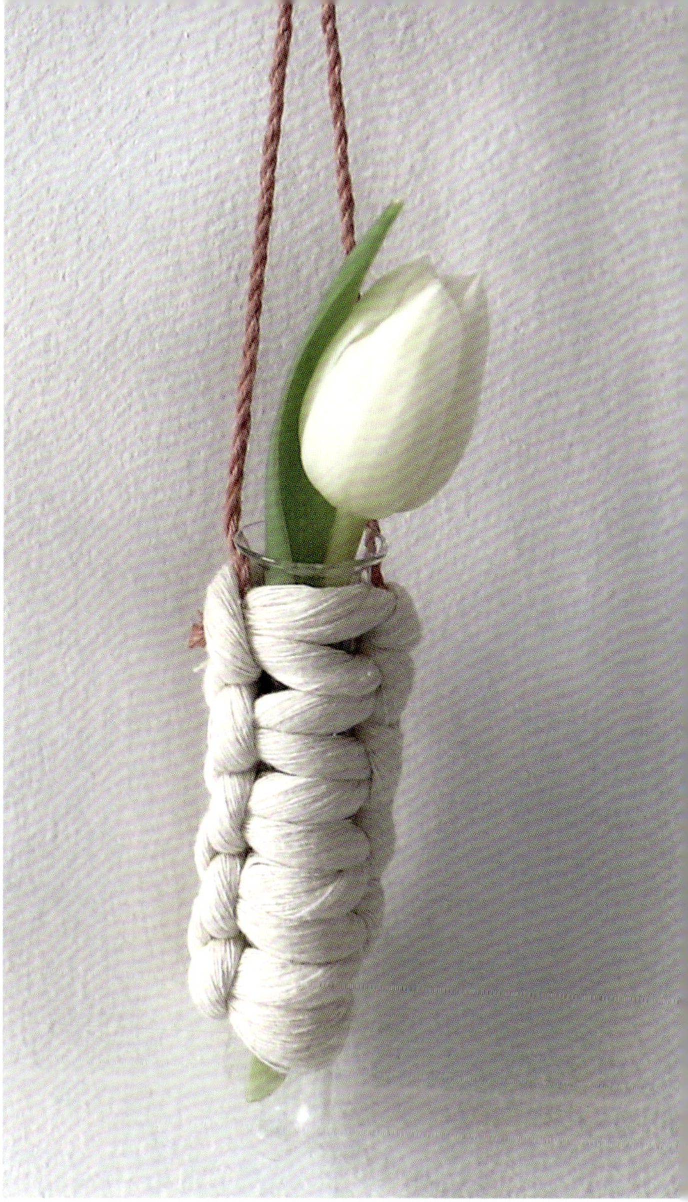

Tipp: Die Hängevasen sind echte Allrounder. Du kannst sie mit jahreszeittypischen Pflanzen schmücken. Zum Sommer passen Trockenblumen ganz wunderbar. Im Herbst kannst du die Gläschen mit getrockneten Blättern füllen und im Winter passen kleine Zapfenäste sowie Tanne.

Herz-Wandbehang

Ich bin ein großer Fan von der Herzform, sie macht mir einfach gute Laune. Deswegen musste das Herz auch unbedingt in einem Projekt verewigt werden. Und wann wäre dieses passender als zum Valentinstag oder Muttertag? Egal, ob du die Gute-Laune-Deko zum Verschenken oder einfach für dich selbst knotest, dieses Projekt macht richtig Spaß. Und es ist auch gar nicht so kompliziert, wie es auf den ersten Blick vielleicht erscheinen mag: Du benötigst nur zwei Knotenarten.

Material:

- 3ply gezwirntes Makrameegarn, Ø 5 mm
- Rundholz, Ø 1 cm

Zuschnitt:

- 16 x 2 m

Knoten:

- Ankerknoten
- Kreuzknoten

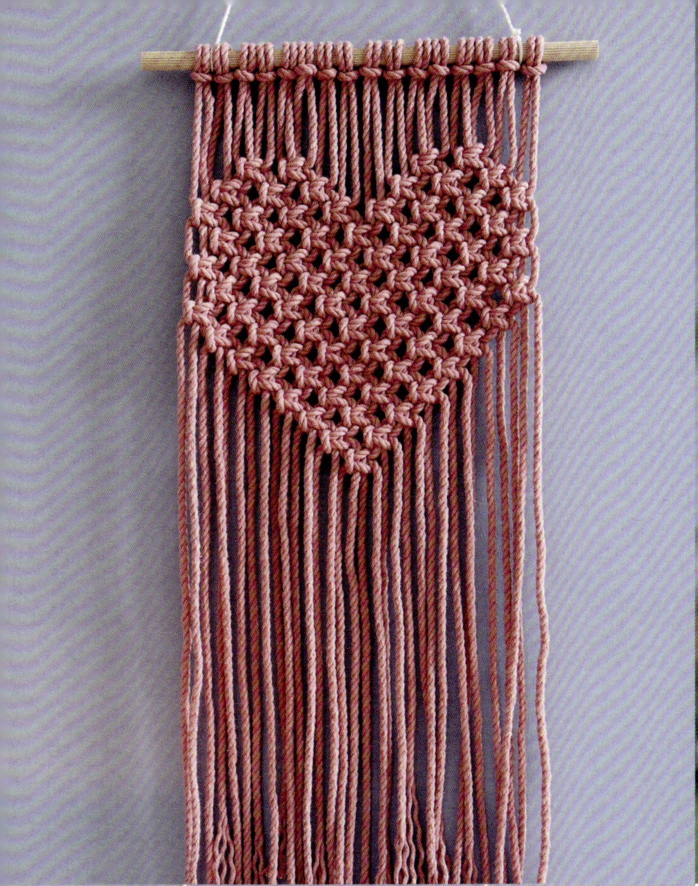

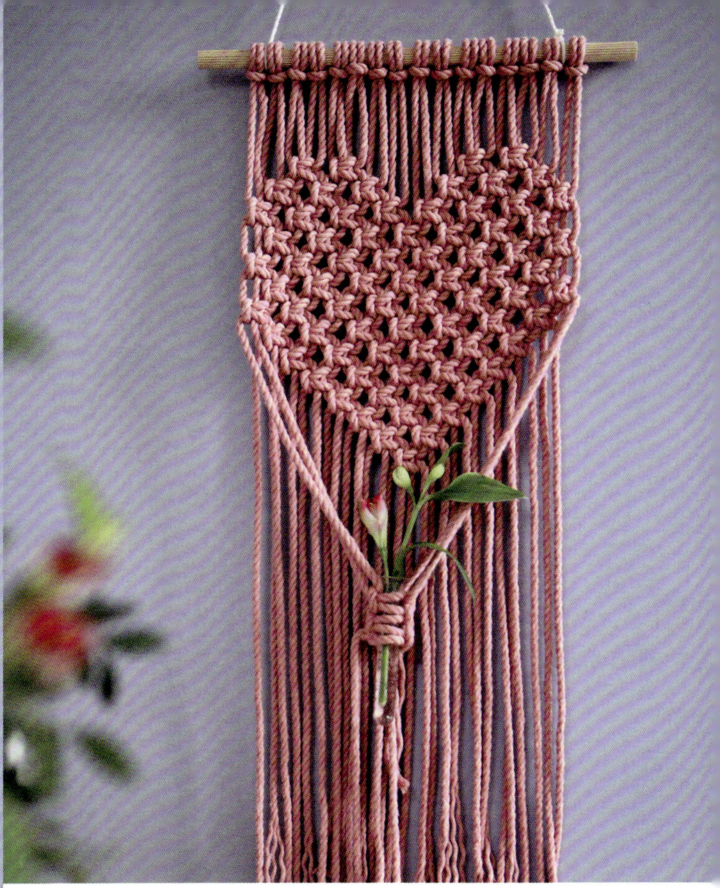

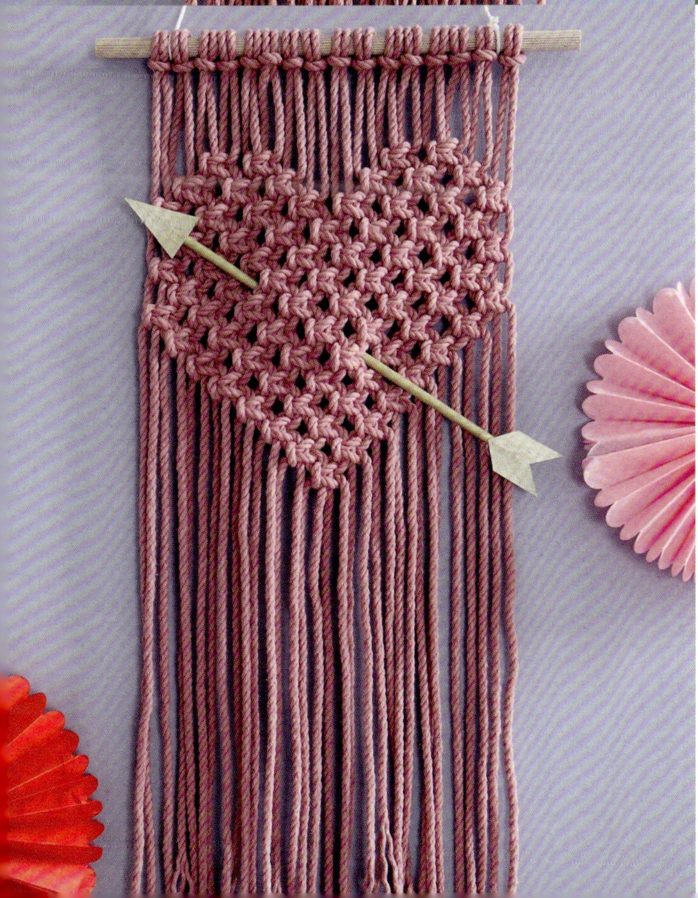

Gestaltungsmöglichkeiten:

Version 1: Du kannst das Herz naturlich einfach in seiner Reinform belassen, dann kannst du die Schnüre zum Schluss auf eine Länge zuschneiden.

Version 2: Nach dem Vorbild der Hängevasen (siehe Seite 30) kannst du ein Reagenzglas am Herz befestigen, das als Blumenvase dient. Bei dieser Version ist es sehr praktisch, dass die äußeren Schnüre länger sind.

Version 3: Aus Papier, einem dünnen Rundholz und goldener Farbe kannst du einen Pfeil anfertigen, um das Herz komplett zu machen. Ein wenig kitschig, aber für mich die gute Art von Kitsch ☺.

So wird's gemacht:

1 Befestige acht Schnüre mit dem Ankerknoten am Rundholz, sodass alle Schnüre gleich lang sind.

2 Fertige ca. 6 cm unter dem Rundholz den ersten Kreuzknoten an. Führe die Schnur ganz links über den mittleren Schnüren nach rechts und die vierte Schnur (von links) unter den mittleren Schnüren nach links außen.

3 Führe die Schnur ganz links unter den mittleren Schnüren nach rechts und die vierte Schnur über den mittleren Schnüren nach links. Gut festziehen!

4 Fertige so mit den verbleibenden Schnüren drei weitere Kreuzknoten auf gleicher Höhe an.

5 Arbeite jetzt erst mal nur an der linken Seite des Herzes weiter. Befestige eine weitere Schnur mit dem Ankerknoten ganz links am Rundholz und bilde mit dieser versetzt unter der ersten Reihe einen weiteren Kreuzknoten (aus den zwei neuen Schnüren und den zwei angrenzenden Schnüren aus der ersten Reihe).

6 Ergänze einen Kreuzknoten in der Mitte (beide Schnüre aus der vorherigen Reihe). Befestige eine weitere Schnur nach der fünften Schnur mit dem Ankerknoten am Rundholz. Bilde mit dieser und zwei Schnüren aus der ersten Reihe den dritten Kreuzknoten.

7 Befestige wieder eine weitere Schnur links und rechts und bilde mit allen Schnüren eine Reihe aus vier Kreuzknoten.

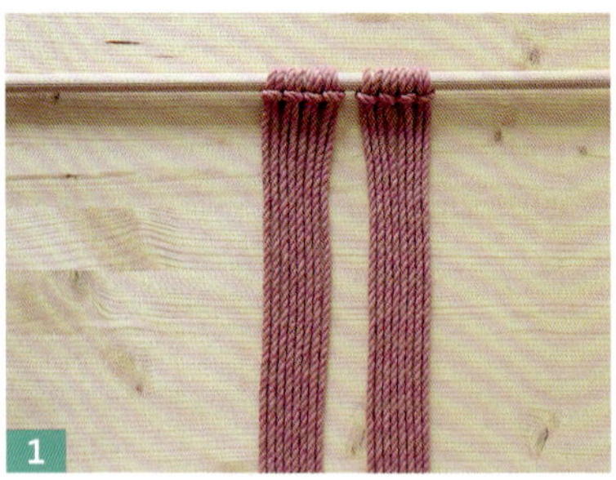
1

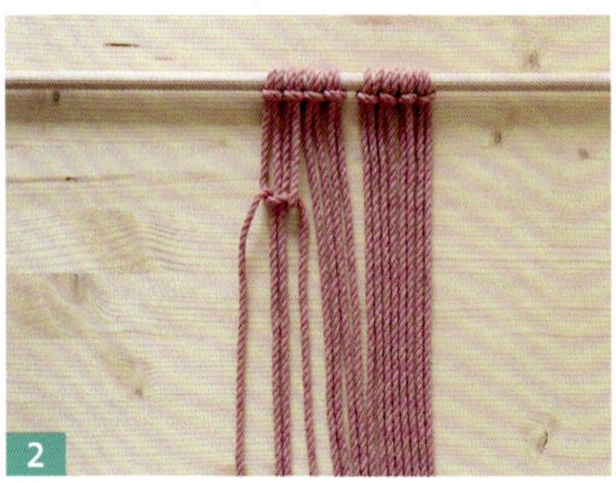
2

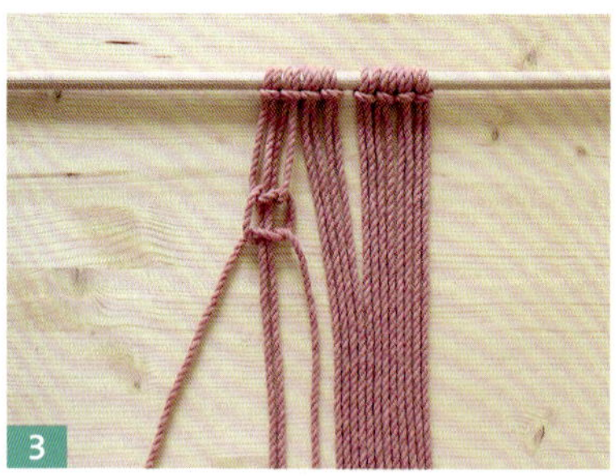
3

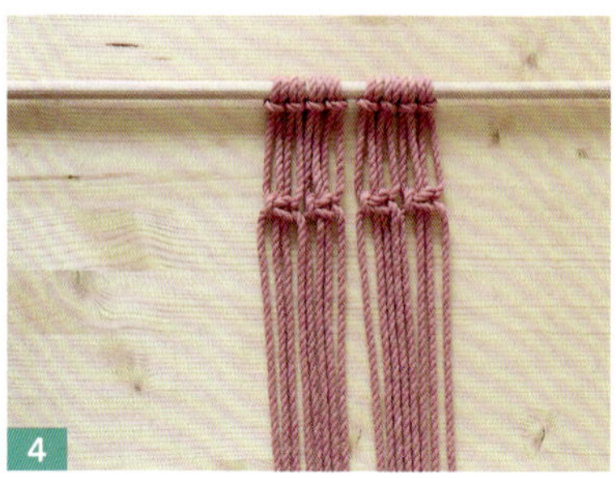
4

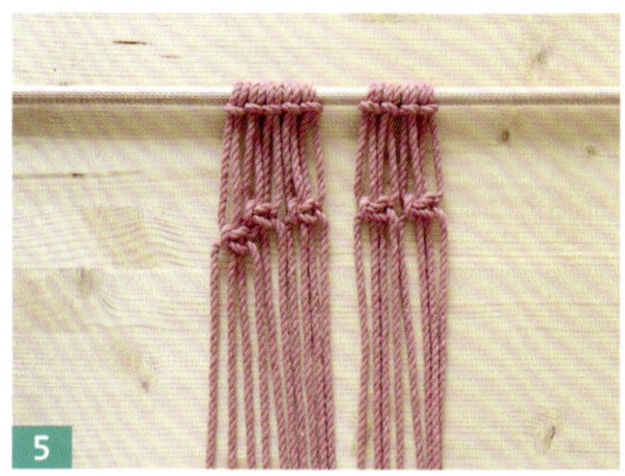
5

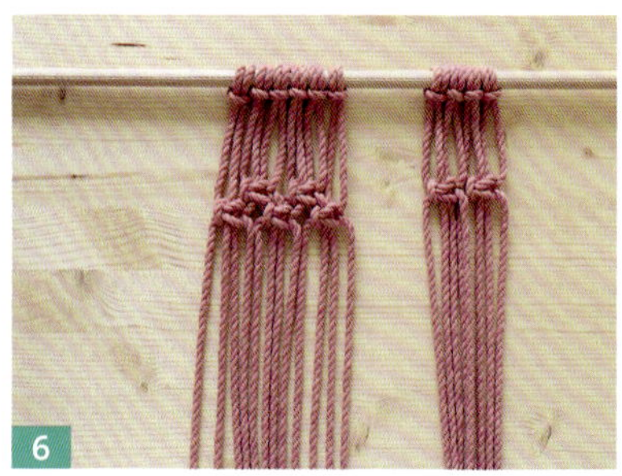
6

8 Für die vierte Reihe lass die beiden äußeren Schnüre aus und bilde drei Kreuzknoten.

9 Nimm in der fünften Reihe die äußeren Schnüre wieder dazu, aber fertige erst mal nur drei Kreuzknoten an. Wiederhole für die rechte Seite des Herzes die Schritte 5 bis 7, mit dem Unterschied, dass jeweils eine Schnur in der Mitte und eine ganz rechts ergänzt wird.

10 Verbinde in der vierten Reihe die beiden Seiten des Herzes durch einen Kreuzknoten.

11 Knote ab jetzt die Reihen immer von ganz links nach ganz rechts durch. Ergänze so weitere drei Reihen mit Kreuzknoten.

12 Lass ab der achten Reihe bei jeder neuen Reihe jeweils die zwei äußeren Schnüre liegen, damit sich die Spitze des Herzes herausbildet.

13 Knote bis zur Spitze weiter. In jeder Reihe wird es ein Kreuzknoten weniger.

Wenn du dein Herz fertig geknotet hast, hast du verschiedene Gestaltungsmöglichkeiten. Du solltest dich für eine entscheiden, bevor du die Schnüre einkürzt.

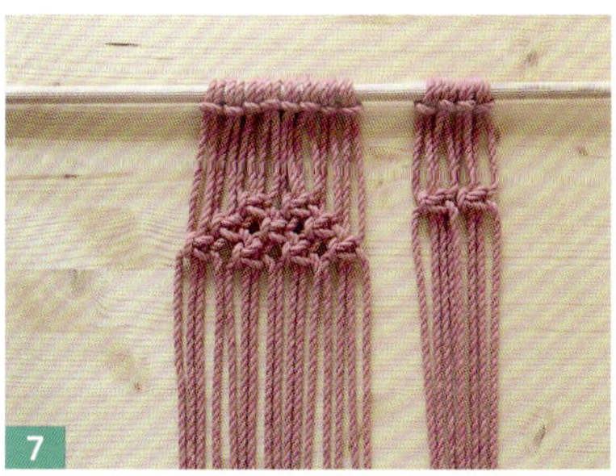
7

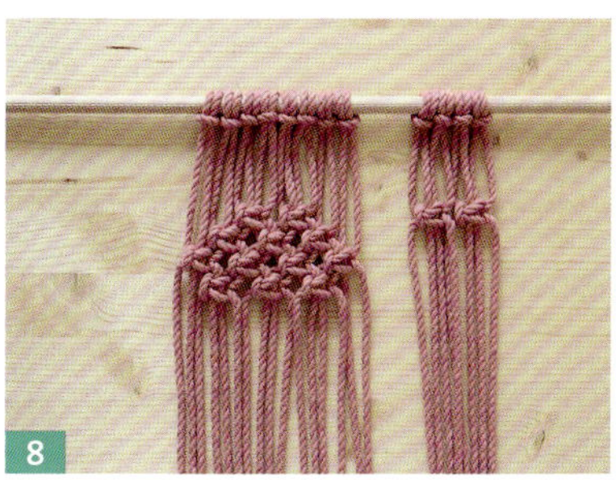
8

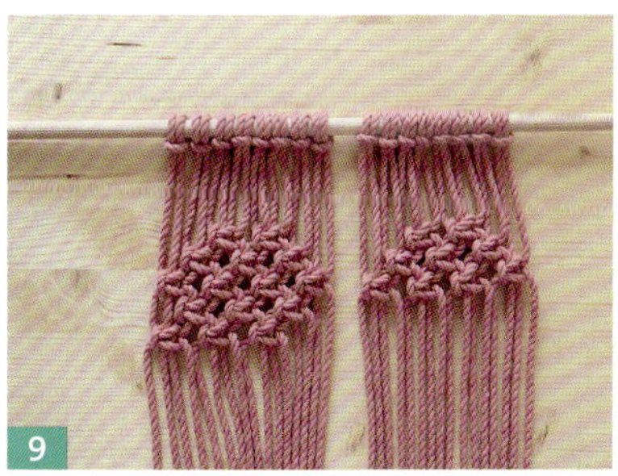
9

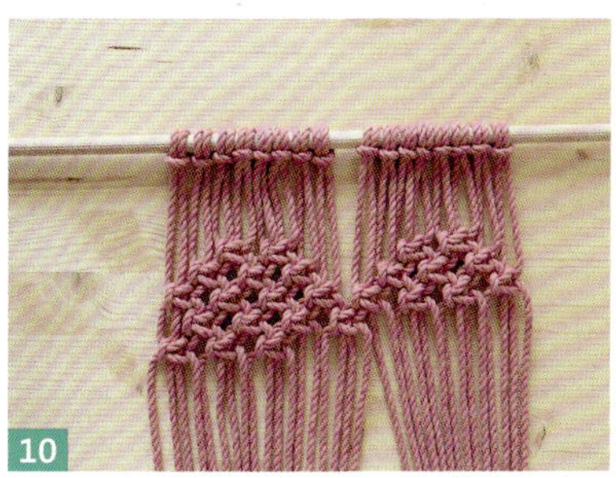
10

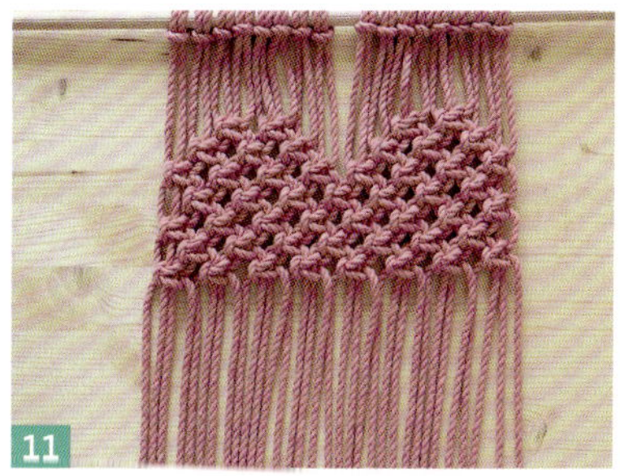
11

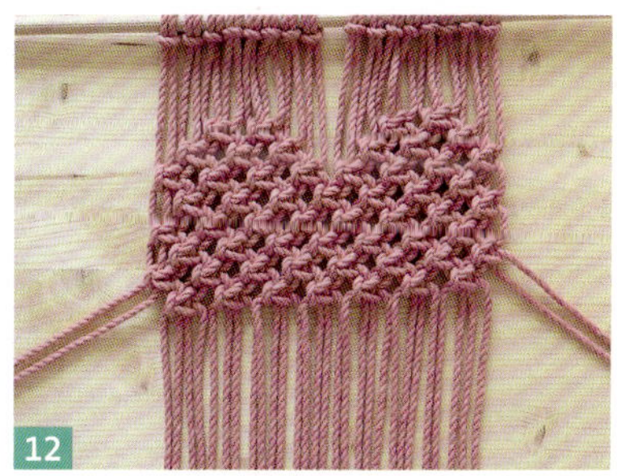
12

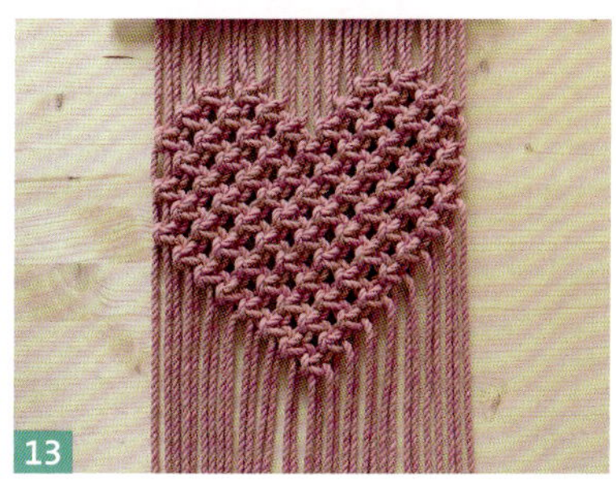
13

Ostereier zum Aufhängen

Auch Ostern erwartet uns im Frühling und ich mag dieses Fest sehr. Eins darf zu Ostern natürlich nicht fehlen: Ostereier. In meiner Kindheit war das häufig die ausgepustete und bemalte Version. Diese sind aber leider auch oft zerbrochen. Die Makramee-Version ist nahezu unkaputtbar. Helle Farben geben den extra Frühlingskick. Besonders hübsch sehen die Makramee-Eier an blühenden Obstzweigen aus. Du kannst sie auch ohne Aufhängung anfertigen und in einer Schale drapieren.

Material:

- 3ply gezwirntes Makrameegarn, Ø 1,5 mm
- Stickgarn
- Nadel und Faden

Zuschnitt pro Ei:

- 2 x 50 cm
- 2 x 200 cm
- Stickgarn nach Bedarf

Knoten:

- Einfacher Knoten
- Wellenknoten

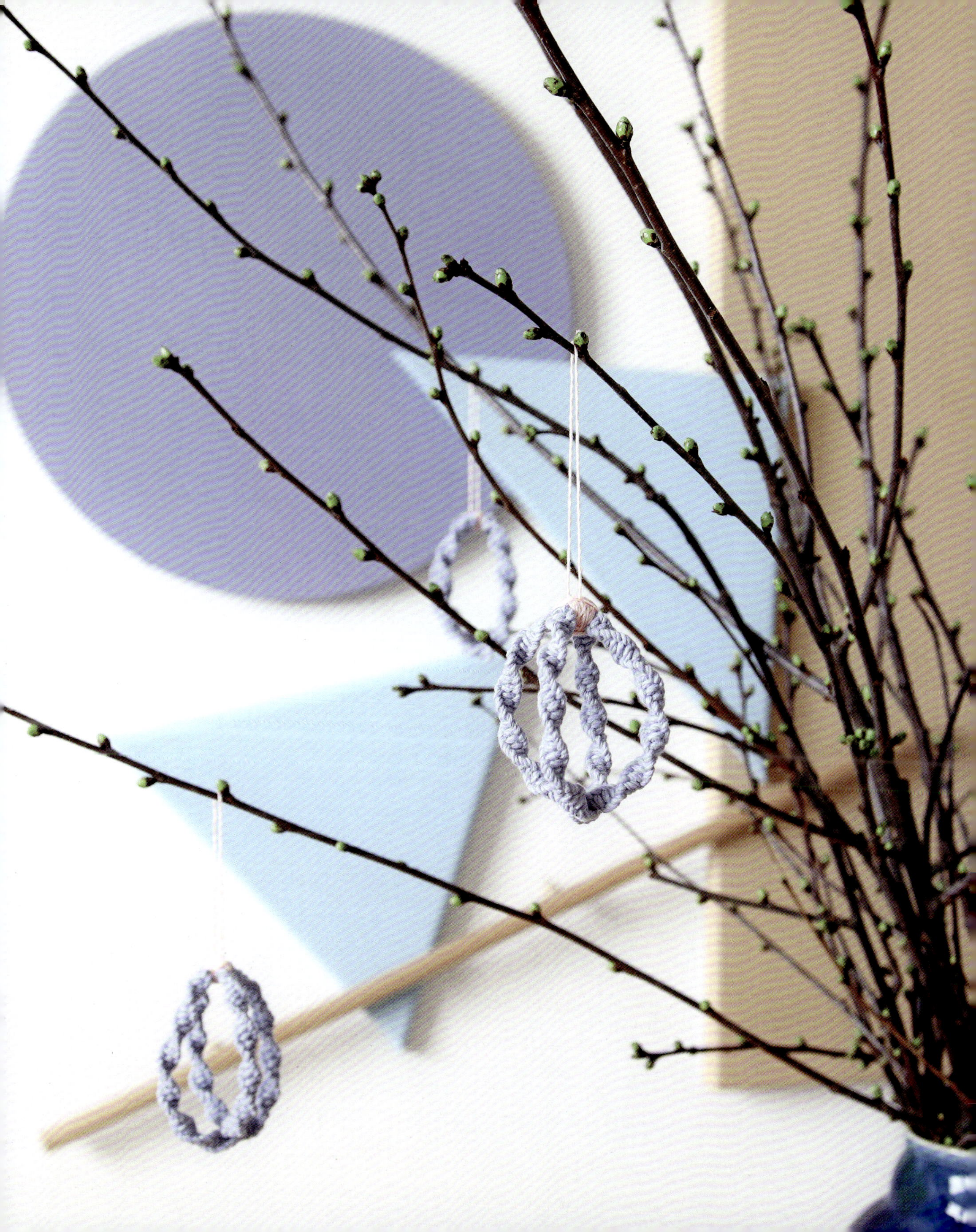

So wird's gemacht:

1 Lege eine der kürzeren Schnüre zur Schlaufe und befestige mit einem einfachen Knoten eine der langen Schnüre daran, sodass auf beiden Seiten gleich viel Schnur übersteht.

2 Führe für den Wellenknoten die linke Schnur über den mittleren Schnüren nach rechts und die rechte Schnur unter den mittleren Schnüren nach links. Gut festziehen!

3 Wiederhole Schritt 2, bis du einen Strang von ca. 16 cm geknotet hast. Die Wellen entstehen dabei von ganz alleine.

4 Schließe den Strang zu einem Ei mit ein paar einfachen Stichen und kürze die überstehenden Enden ein.

5 Fertige einen zweiten Strang an (siehe Schritt 1 bis 3). Nähe diesen oben und unten an das erste Ei.

6 Kaschiere die Nahtstelle an den Enden oben, indem du mit dem Stickgarn eine Wicklung anfertigst. Für eine Aufhängung ziehe ein Stück Garn durch die Wicklung.

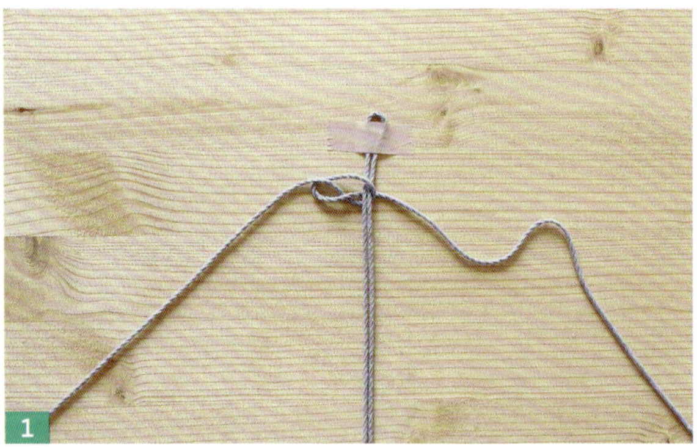

1

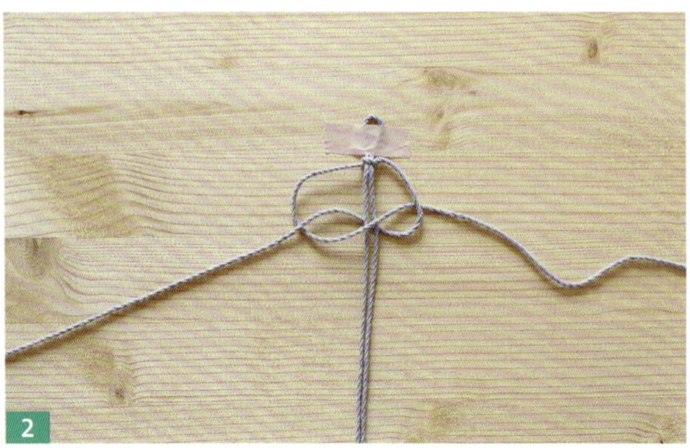

2

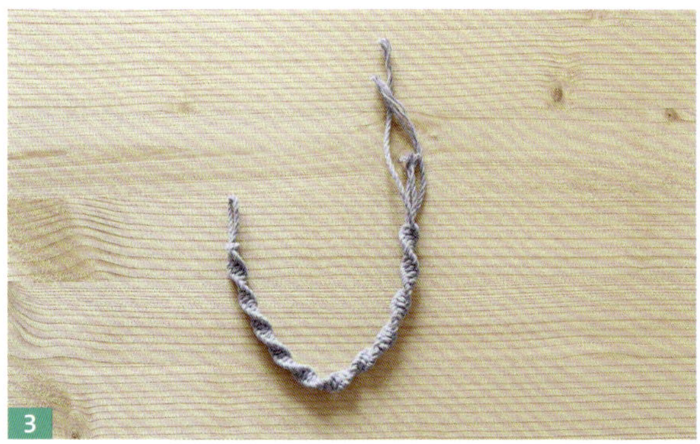

3

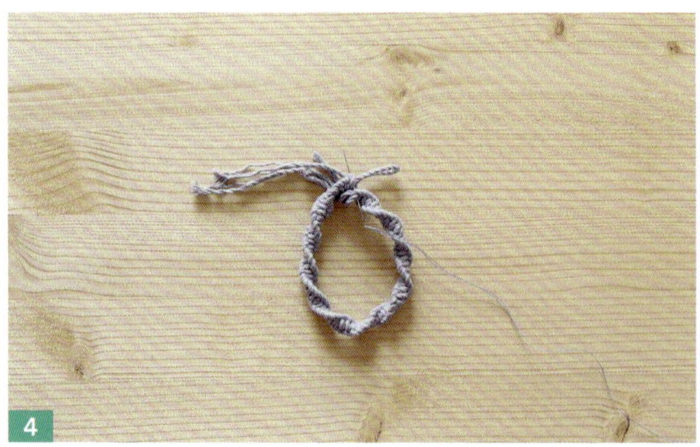

4

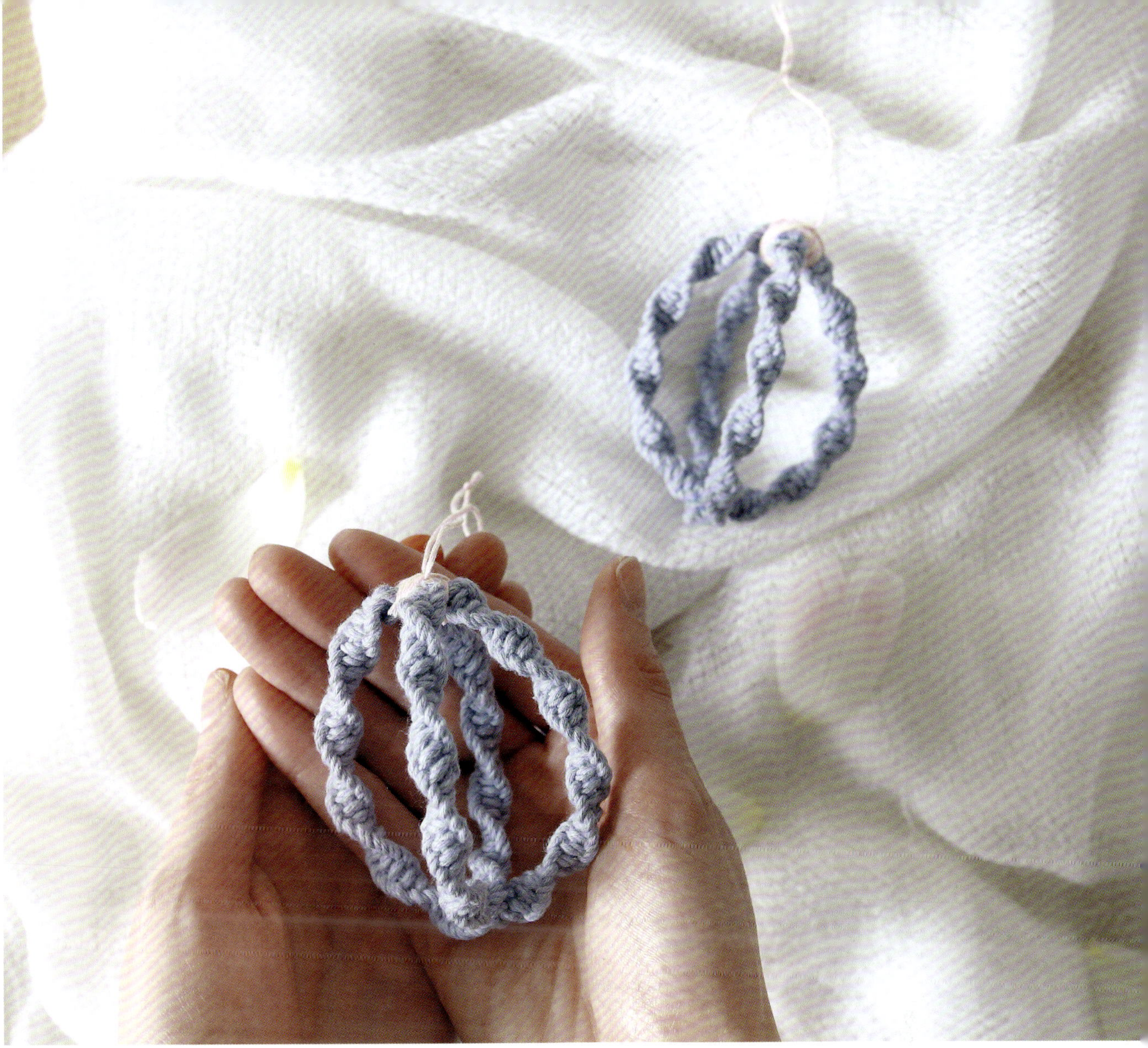

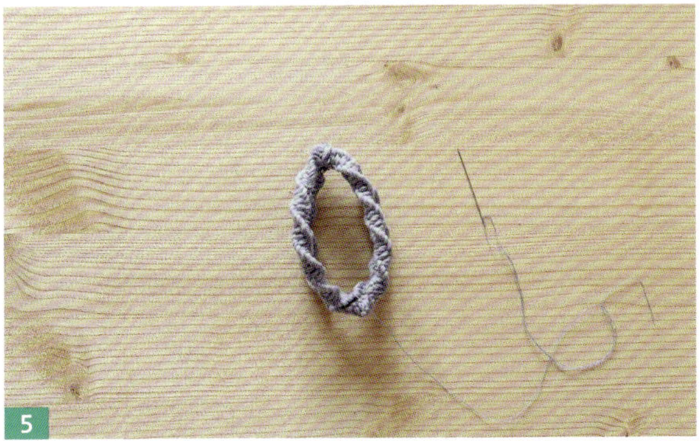
5

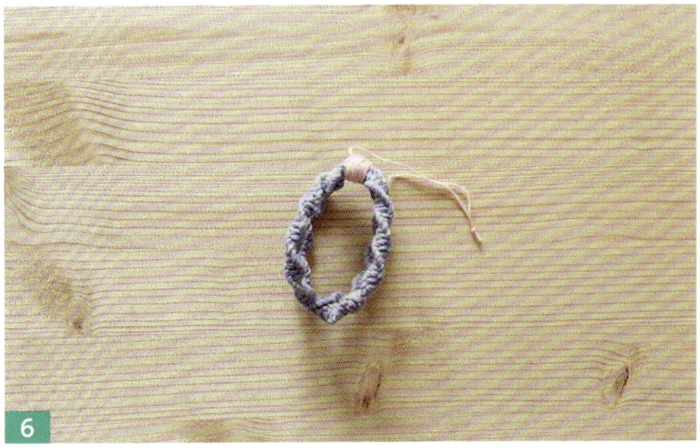
6

Osternest

Kleine Aufmerksamkeiten für die Liebsten dürfen für mich zu Ostern nicht fehlen. Vielleicht ist es ja bei dir ähnlich. Ich zeige dir im Folgenden ein etwas anderes Osternest aus Altglas. Den nötigen Oster-Touch bekommt das Ganze, wie könnte es anders sein, mit Makramee.

Material:

- gezwirntes Makrameegarn, Ø 3 mm
- Draht
- Altglas, Ø 7,5 cm
- optional: Flachzange

Zuschnitt:

für den Ring:

- 1 x 70 cm und 1 x 280 cm Garn

für die Ohren:

- 2 x 60 cm und 2 x 240 cm Garn
- 2 x 70 cm Basteldraht

Knoten:

- Ankerknoten
- Kreuzknoten

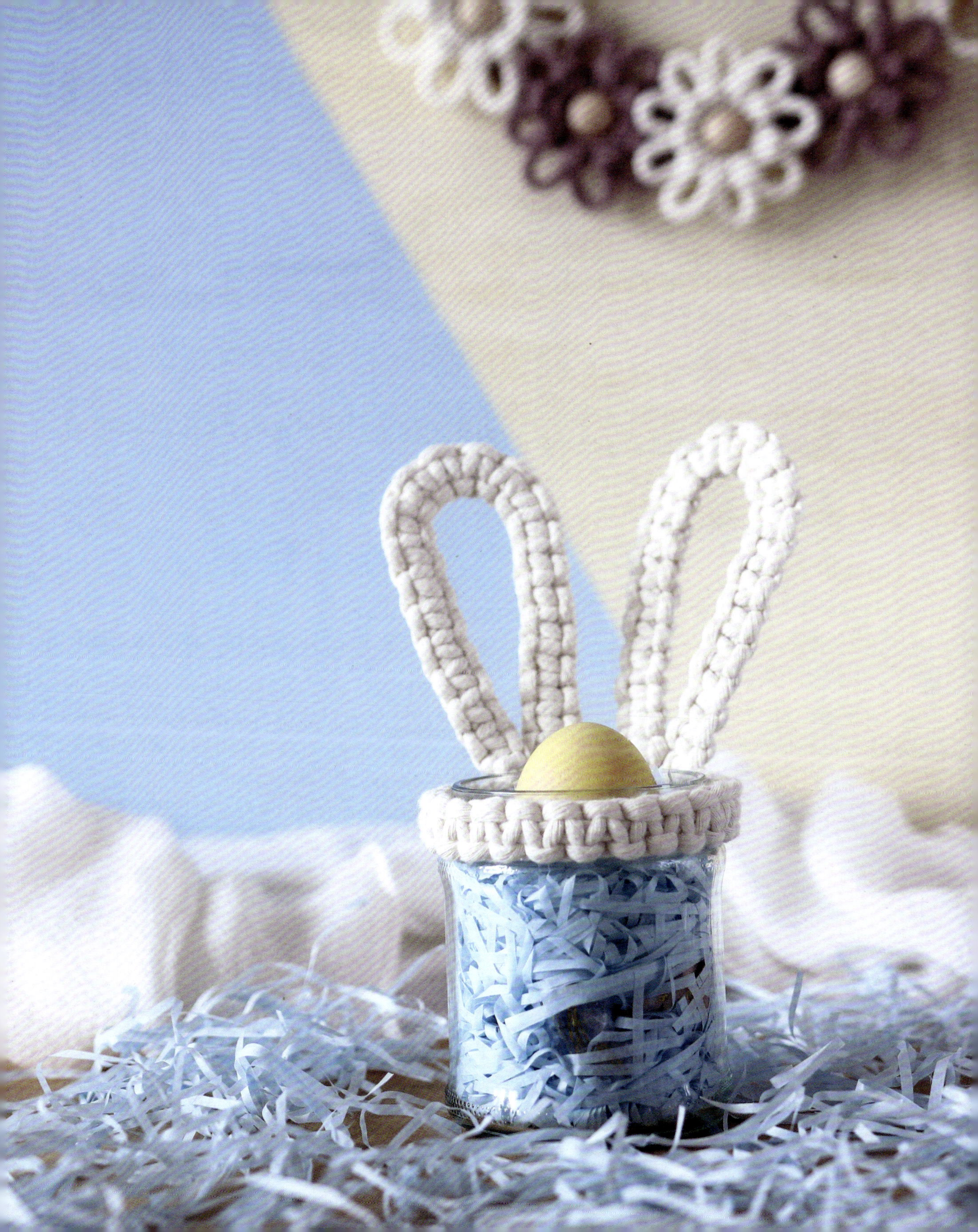

So wird's gemacht:

1 Starte mit dem Ring, der später um das Glas gelegt wird. Lege hierfür die kurze Schnur zur Schlaufe und befestige die lange Schnur mit einem einfachen Knoten daran, sodass an beiden Seiten gleich viel Schnur übersteht.

2 Für den Kreuzknoten führe die linke Schnur über den mittleren Schnüren nach rechts und die rechte Schnur unter den mittleren Schnüren nach links.

3 Führe anschließend die linke Schnur unter den mittleren Schnüren nach rechts und die rechte Schnur über den mittleren Schnüren nach links.

4 Wiederhole (Schritt 2 und 3), bis die passende Länge entsprechend des Glasumfangs erreicht ist. Um dies zu prüfen, lege den Strang immer mal wieder um den Glasrand.

5 Gehe für die Ohren genauso vor. Der einzige Unterschied besteht darin, dass du in jedes Ohr ein Stück Draht mit einknotest. Dabei sollten sowohl am oberen als auch am unteren Ende ca. 5 cm Draht überstehen.

6 Biege die Ohren zurecht.

7 Lege den Knotenstrang ohne Draht um das Glas und ziehe die offenen Enden durch die Schlaufe. Der Ring sollte fest anliegen.

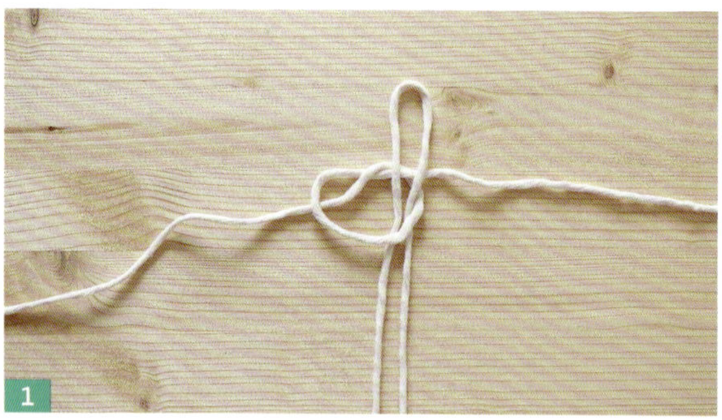

1

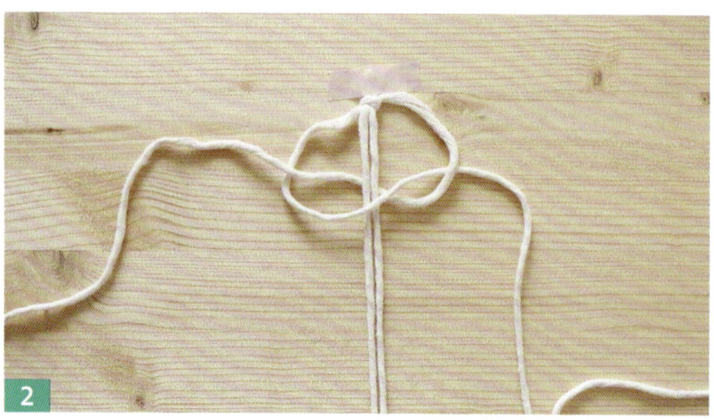

2

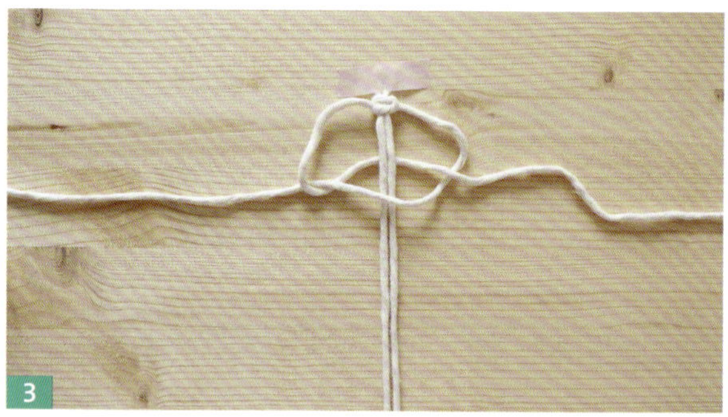

3

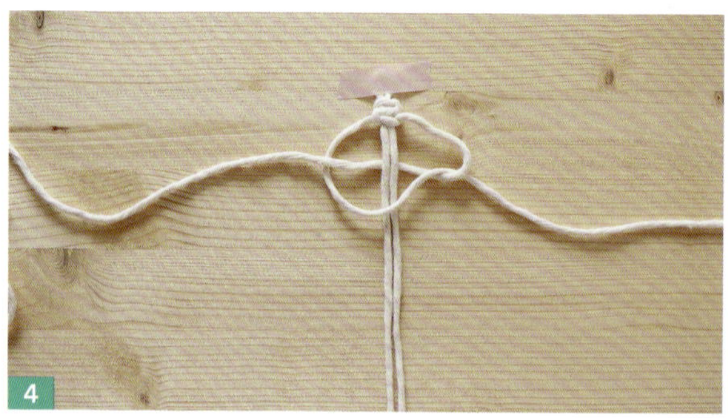

4

8 Fixiere das Ganze, indem du ein paar weitere Kreuzknoten anfertigst. Alternativ verknote die Schnurenden einfach mit der Schlaufe.

9 Befestige die Hasenohren mithilfe des überstehenden Drahts am Ring. Zieh den Draht hierzu durch einzelne Knotenteile des Ringes. Biege die Drahtenden mithilfe einer Flachzange um. Dabei umschlinge idealerweise die offenen Schnurenden der Ohren gleich mit, so kannst du dir extra Kleber sparen. Kürze die Garnenden ein und platziere die Ohren auf dem Glas.

Tipp: Du kannst mit einem geeigneten Marker auch ein Hasengesicht auf das Glas malen.

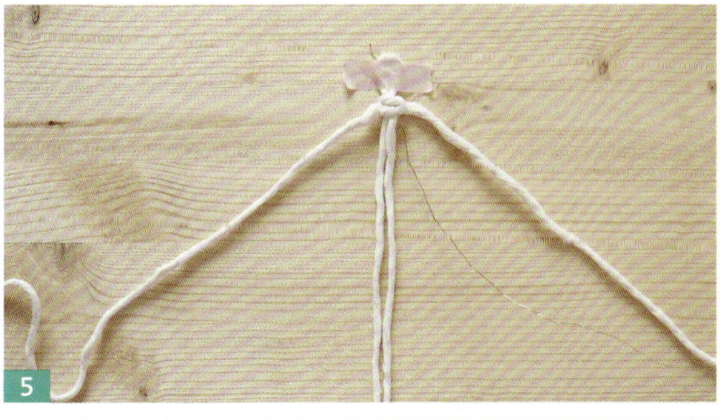
5

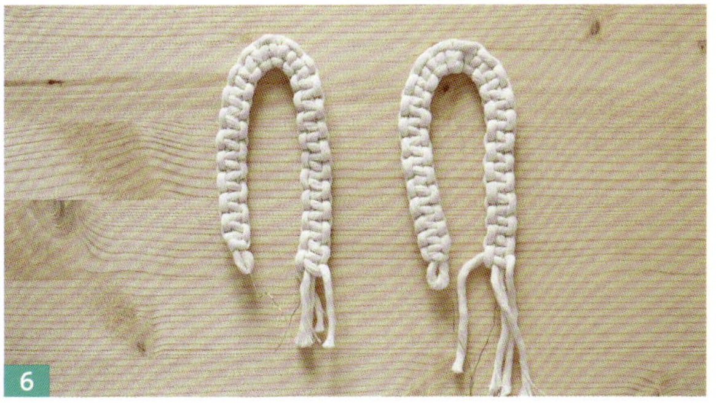
6

Zum Schluss kannst du das Osterglas ganz klassisch mit Ostergras, Süßigkeiten und/oder einem gefärbten Ei befüllen. Aber auch Frühblüher sehen sehr hübsch darin aus und das Glas gibt damit ein frühlingshaftes Gastgeschenk z. B. für den Osterbrunch ab.

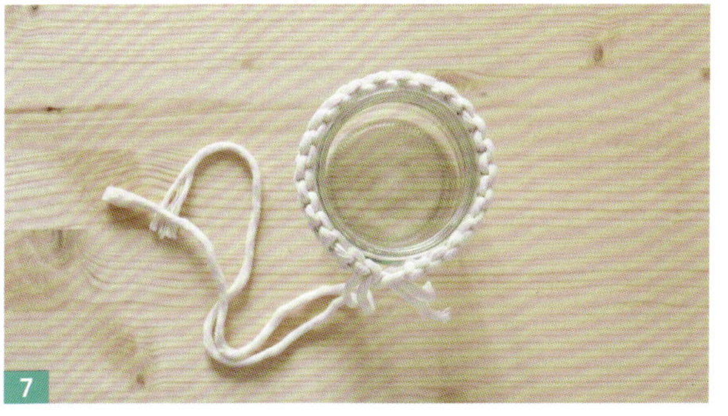
7

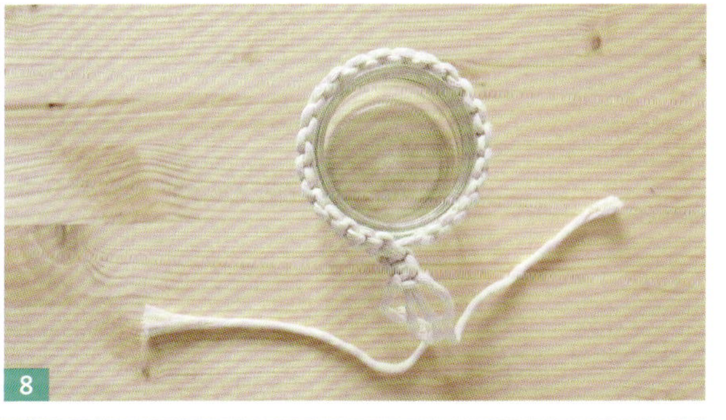
8

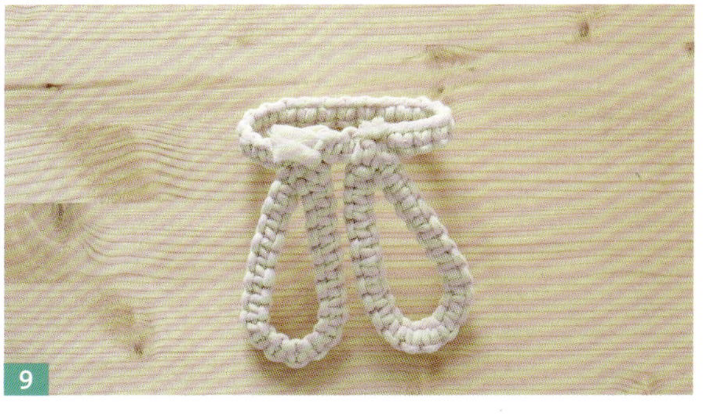
9

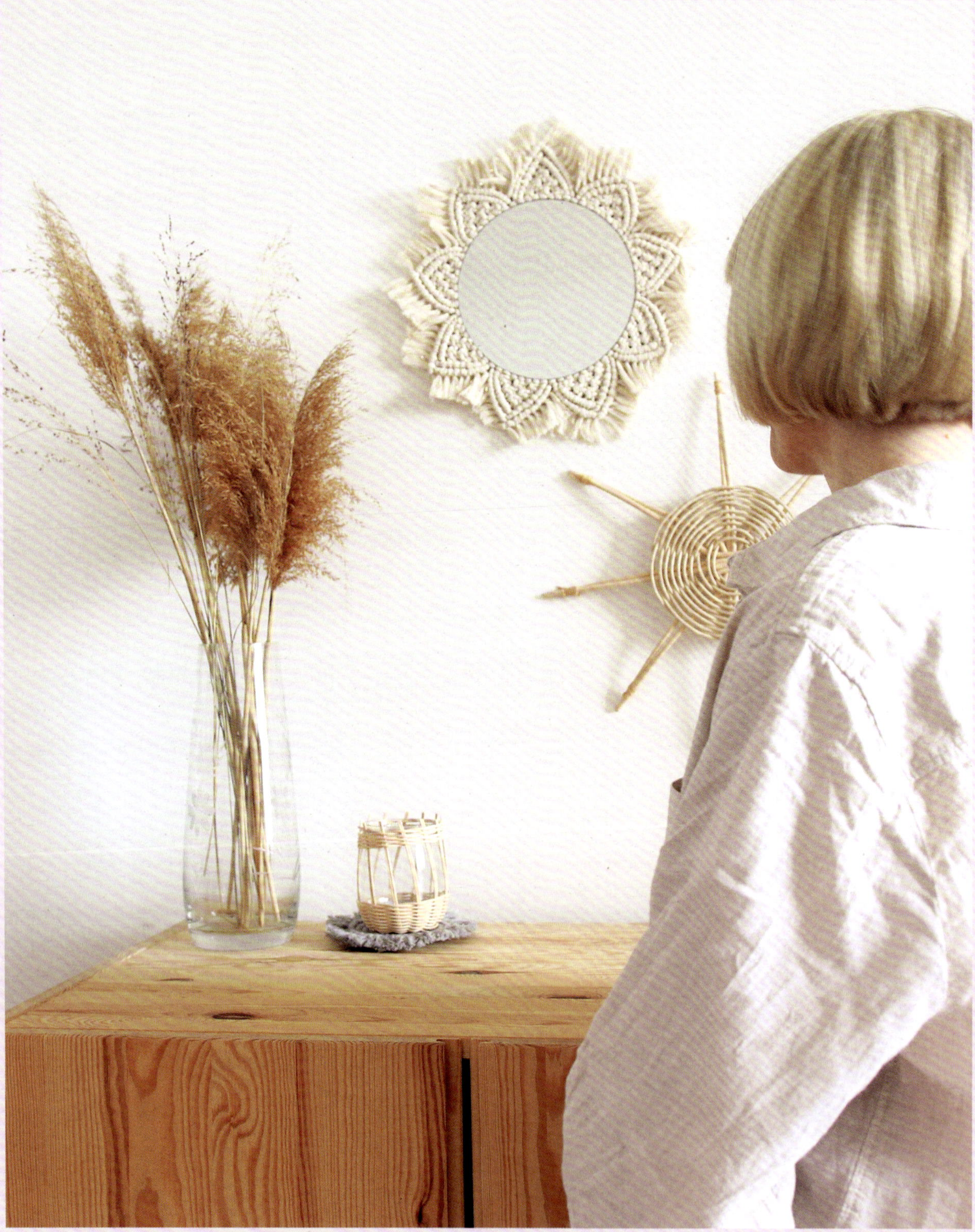

Sommer

Makramee löst bei mir schon von Natur aus Sommergefühle aus, vor allem, wenn es in hellen Farben daherkommt. Das war auch die Jahreszeit, in der ich mich vor einigen Jahren das erste Mal mit Makramee auseinandergesetzt habe. Ich hatte einen Netzbeutel und viele Armbänder geknotet. Mit ein bisschen Garn und einer Schere im Gepäck kannst du Makramee auch prima auf Reisen und am Strand umsetzen. Für viele Projekte braucht es schließlich nicht viel mehr, und genau das ist ein Grund, warum ich Makramee so genial finde. Besonders Armbänder sind als Urlaubsbastelei gut geeignet. Hol dir doch im Grundknotenkurs ab Seite 127 ein wenig Inspiration für deine Schmuckstücke. Aber auch in diesem Kapitel kannst du dich über Schmuck und so einige (Reise-)Accessoires freuen, die nicht nur schön, sondern auch praktisch sind. Und ein bisschen sommerliche Deko darf natürlich nicht fehlen ☺.

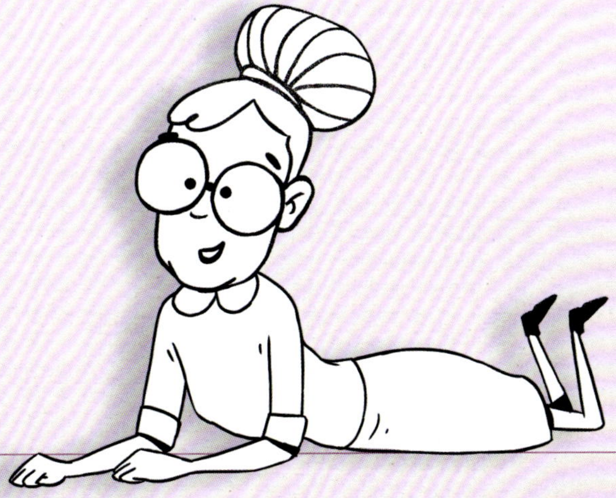

★★

Makrameespiegel

Im Sommer darf Deko bei mir natürlich und hell aussehen. Starten wir in die warme Jahreszeit mit einem Boho-Spiegel, der die entsprechenden Eigenschaften hat und richtig was hermacht. Der Spiegel gefällt mir besonders mit anderen Dekostücken in der Gruppe aufgehängt. Diese dürfen gerne aus Naturmaterialien wie Korb oder Bast bestehen. Das Projekt ist auch gar nicht so kompliziert, wie es auf den ersten Blick vielleicht erscheinen mag. Du musst die Technik nur an einem Dreieck verinnerlichen, dann geht auch der Rest zügig voran.

Material:

- gezwirntes Makrameegarn, Ø 3 mm
- Metallring, Ø 20 cm
- Spiegelglas, Ø 20 cm
- Heißklebepistole

Zuschnitt:

- 72 x 55 cm

Knoten:

- Ankerknoten
- Kreuzknoten
- Rippenknoten

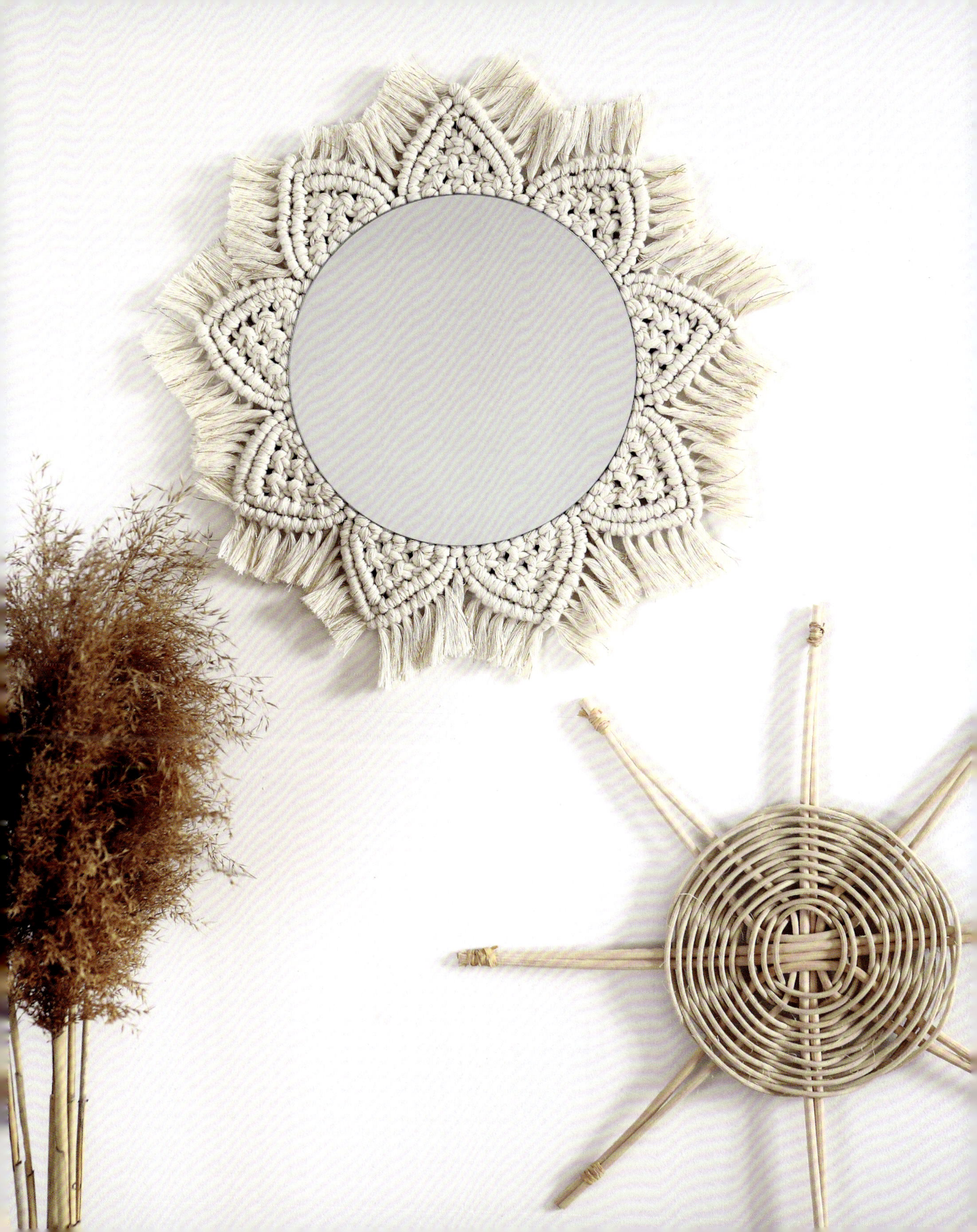

So wird's gemacht:

1 Befestige für das erste Dreieck neun Schnüre mit dem Ankerknoten am Ring.

2 Lass die drei Schnüre jeweils am Rand aus und bilde mit den mittleren Schnüren eine Reihe linksgerichtete Kreuzknoten.

3 Knote versetzt darunter eine zweite und dritte Reihe Kreuzknoten, wobei es immer ein Knoten weniger wird.

4 Verwende für den Rippenknoten zuerst die dritte und sechzehnte Schnur als als Leitschnur.

5 Arbeite auf jeder Seite sechs Rippenknoten und schließe das Dreieck mit einem zusätzlichen Rippenknoten.

6 Knote mit der zweiten und siebzehnten Leitschnur weitere sechs Rippenknoten auf jeder Seite. Schließe das Dreieck mit einem zusätzlichen Rippenknoten.

7 Befestige für jedes weitere Dreieck acht Schnüre mit dem Ankerknoten am Ring. Hinweis: Für das letzte Dreieck benötigst du nur noch sieben Schnüre. Wenn du mit den Kreuzknoten startest, lass eine Schnur vom alten

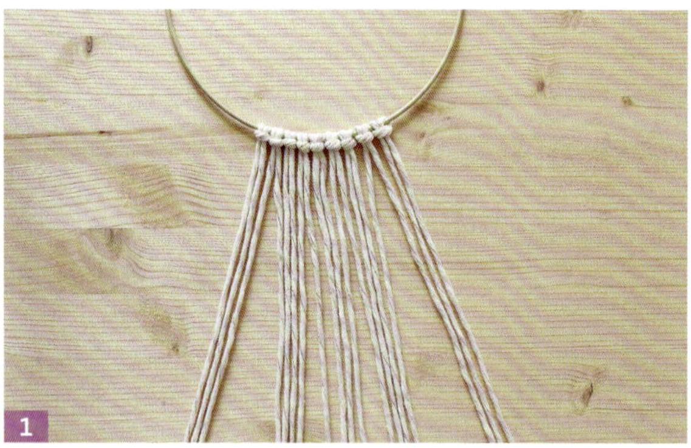

1

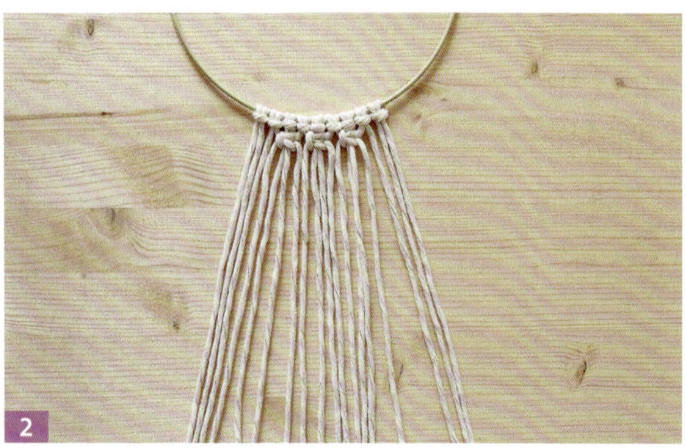

2

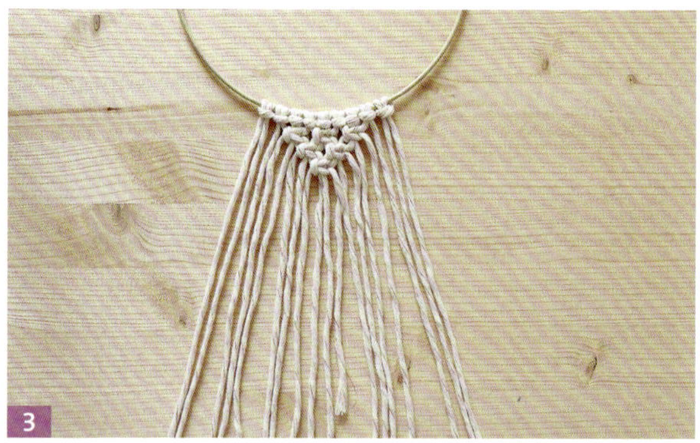

3

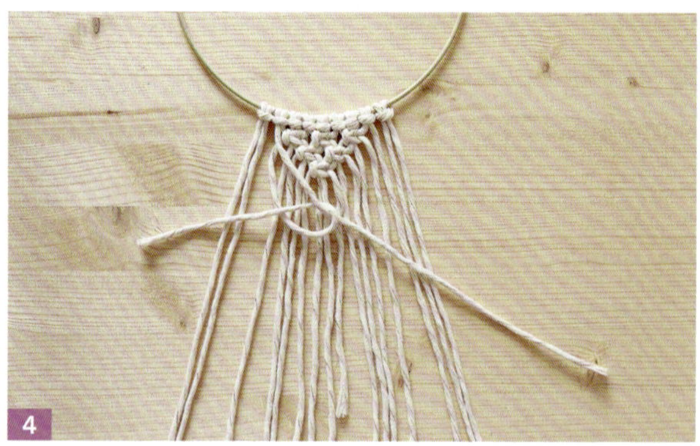

4

und eine vom neuen Dreieck aus. Diese nutzt du anschließend als Leitschnüre für den Rippenknoten. Fertige so insgesamt neun Dreiecke an.

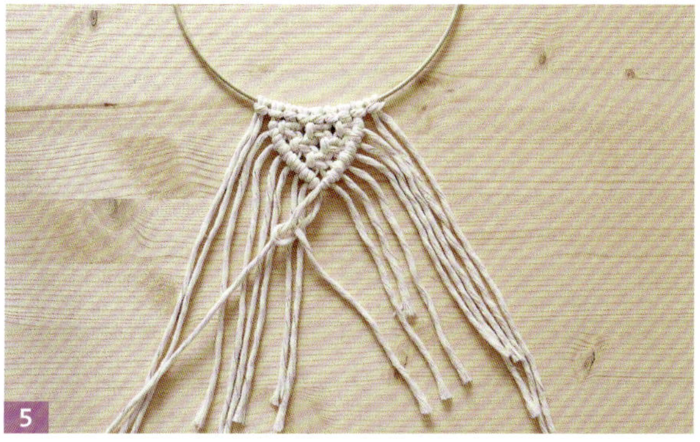

5

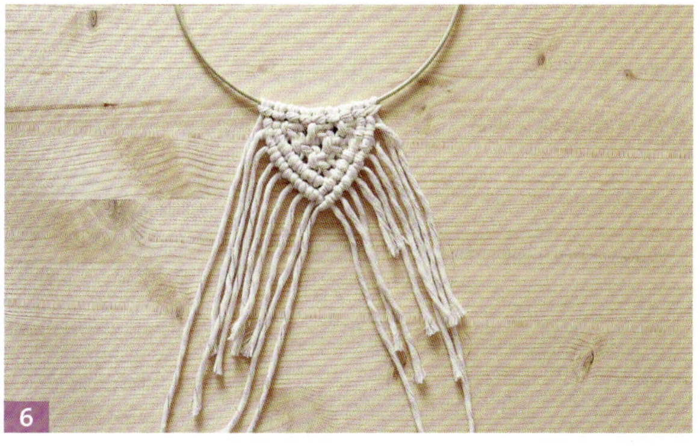

6

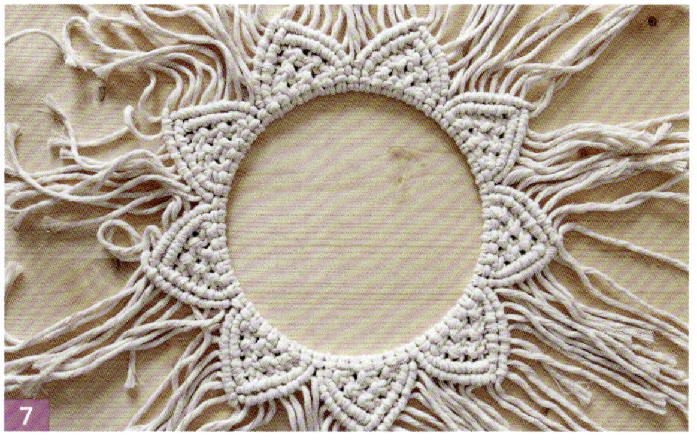

7

8 Schneide die Fransen zurecht und kämme diese aus.

Tipp: Den finalen Zuschnitt erst nach dem Auskämmen machen, da das Garn dann noch mal anders fällt.

9 Verteile Heißkleber auf der Rückseite des Spiegelrandes und klebe das Spiegelglas auf den Ring.

Variante: Ohne Spiegelglas eignet sich das Mandala hervorragend für einen Adventskranz.

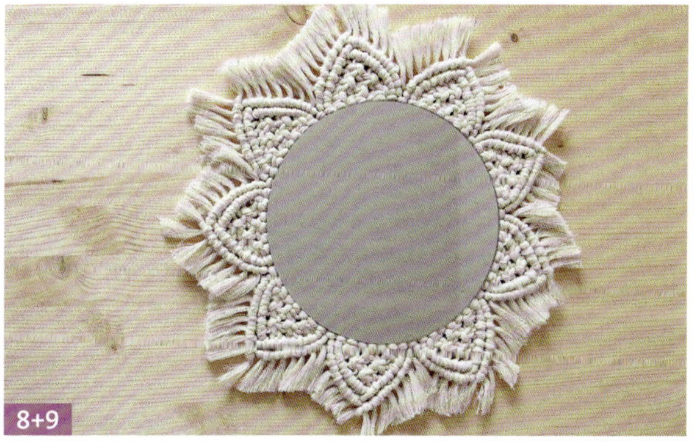

8+9

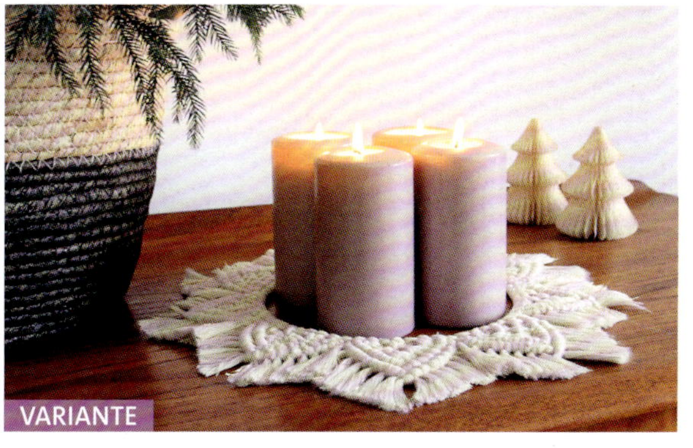

VARIANTE

★★

(Sonnen-)Brillenkette

Ein sehr praktisches Accessoire, das bei mir vor allem im Urlaub zum Einsatz kommt, ist die Sonnenbrillenkette. Denn ich mache im Urlaub sehr gerne Fotos und dabei ist eine dunkle Sonnenbrille natürlich nicht so hilfreich. Mit der Kette kann ich die Sonnenbrille einfach baumeln lassen, anstatt sie immer wieder in die Tasche zu stecken, sobald ich ein Foto machen will. Und wenn du vielleicht wie ich auch nicht ganz so vorsichtig mit deiner Brille umgehst und diese nicht immer brav in ein Etui packst, dann kannst du mit der Kette auch unschöne Kratzer verhindern. Bei der Brillenkette arbeiten wir mit synthetischem Material, da dieses Schmutz durch Sonnencreme und Co. weniger annimmt. Du kannst alternativ aber auch gewachste Baumwolle oder normales Baumwollgarn nehmen. Dann würde ich dir eher dunkle Farben empfehlen.

Material:

- Nylonschnur, Ø 1 mm
- 2 Spaltringe
- 2 Karabiner
- 2 Brillenschlaufen
- 6 goldfarbene Perlen
- Flachzange
- Feuerzeug oder Schmuckkleber

Zuschnitt:

- 1 x 1,50 m
- 1 x 6 m

Knoten:

- Einfacher Knoten
- Wellenknoten
- Kreuzknoten

Fertige Länge: 65 cm

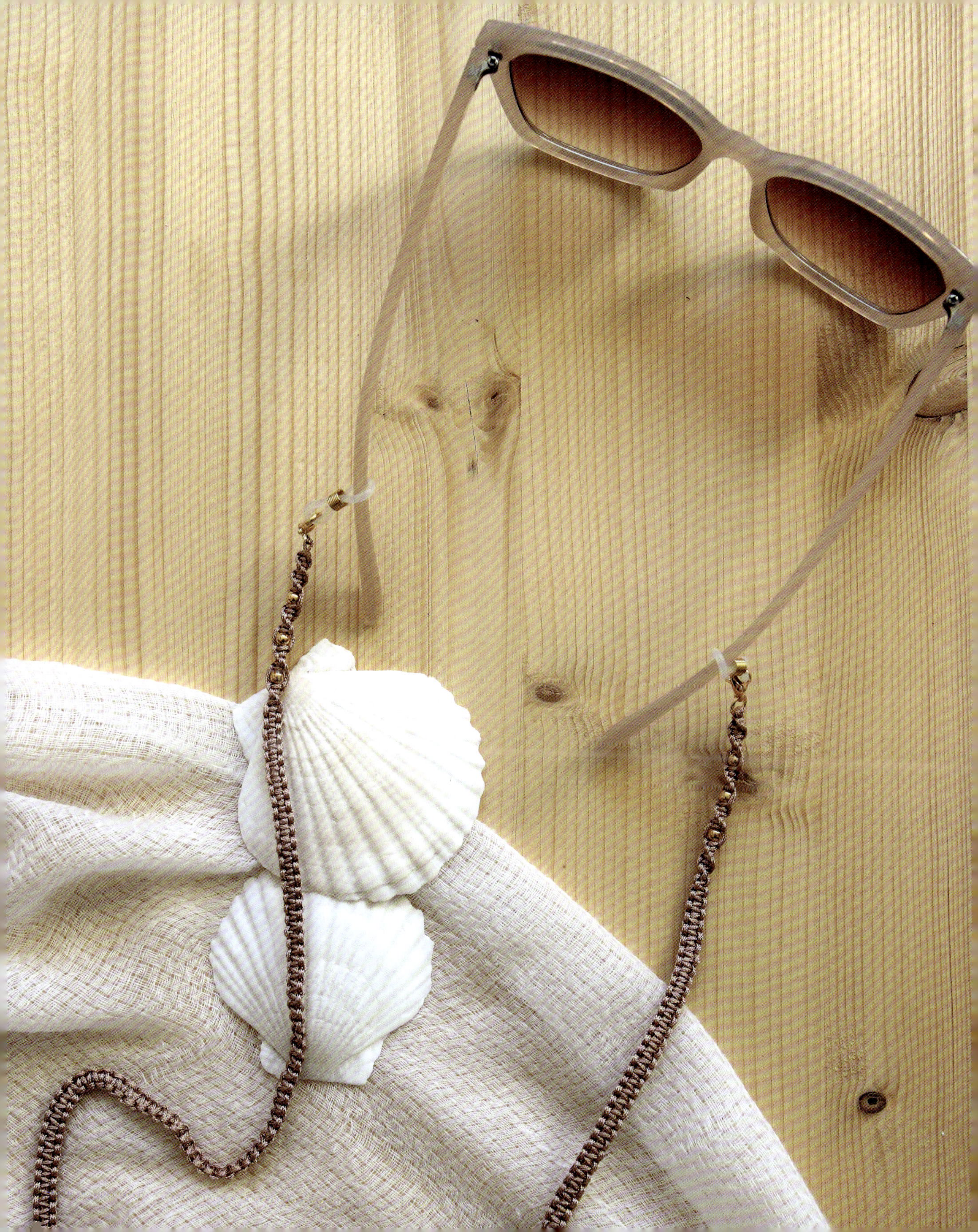

So wird's gemacht:

1 Ziehe das kurze Stück Schnur durch einen Metallring, bis an beiden Enden gleich viel Schnur übersteht. Befestige an der Schnur die lange Schnur mit einem einfachen Knoten.

2 Bilde ca. acht Wellenknoten und fädle dann auf die Leitschnur die erste Perle auf (siehe Tipp Perlen auffädeln Seite 15).

3 Umschließe die Perle mit einem weiteren Wellenknoten und bilde weitere Wellenknoten, wobei du nach ca. sechs Knoten wieder eine Perle aufziehst.

4 Wenn du eine Länge von ca. 4,5 cm erreicht hast, beginne mit den wechselnden Kreuzknoten.

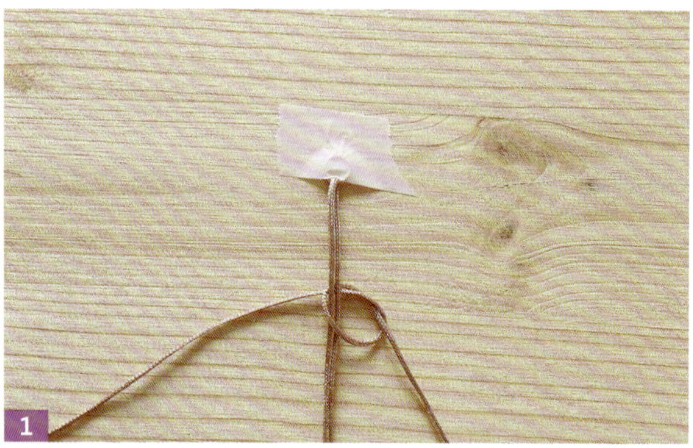

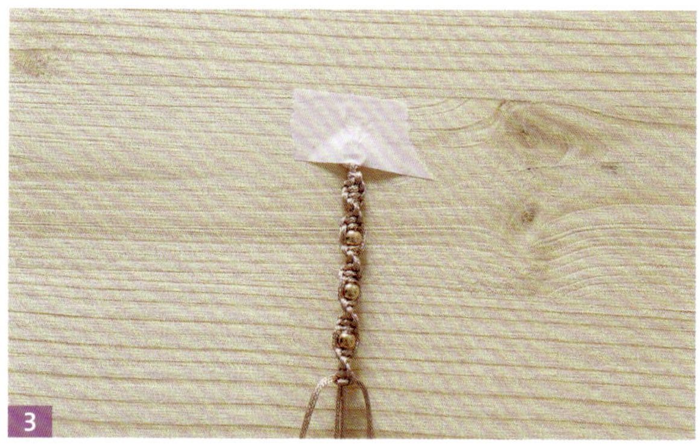

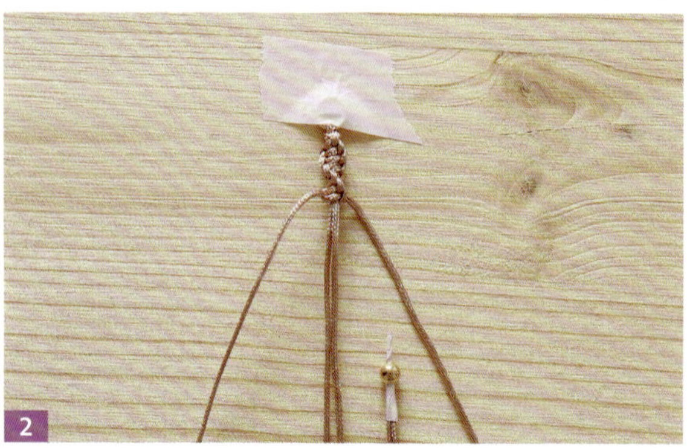

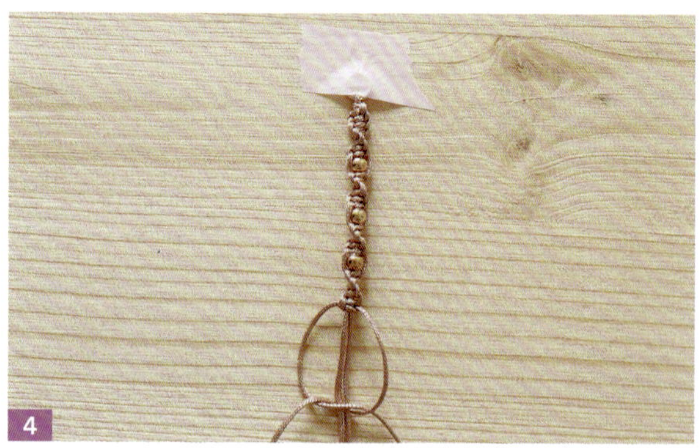

5 Wenn du ca. 56 cm Kreuzknoten angefertigt hast, starte wieder mit den Wellenknoten. Knote bis zur letzten Perle.

6 Fädle die Leitschnüre durch den zweiten Ring, sodass sich eine Schlaufe bildet, die nach oben hin offen ist. Fixiere diese mit den letzten Wellenknoten.

7 Kürze die überstehenden Schnurenden ein. Mit dem Feuerzeug kannst du diese zur Fixierung vorsichtig schmelzen. Alternativ kannst du Schmuckkleber verwenden.

8 Biege die Metallringe mit der Flachzange auf, ziehe die Karabiner auf und verschließe die Ringe wieder. Befestige an den Karabinern wiederum die Brillenschlaufen.

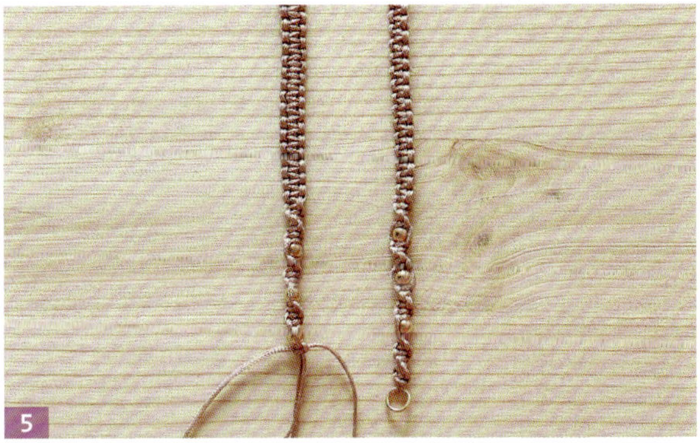
5

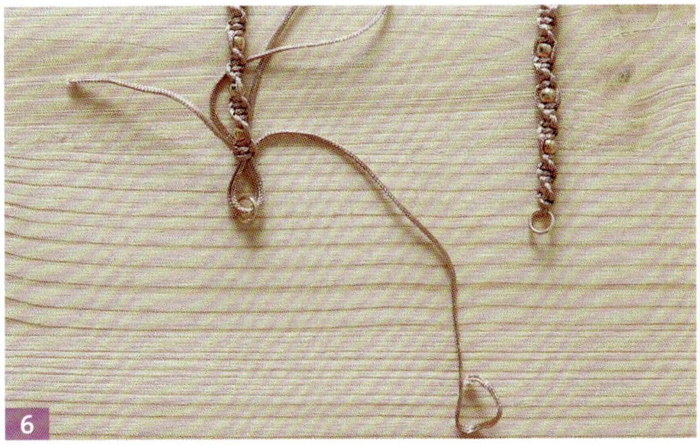
6

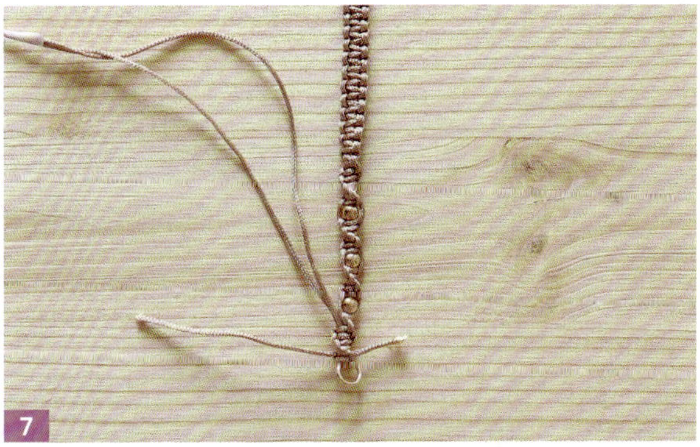
7

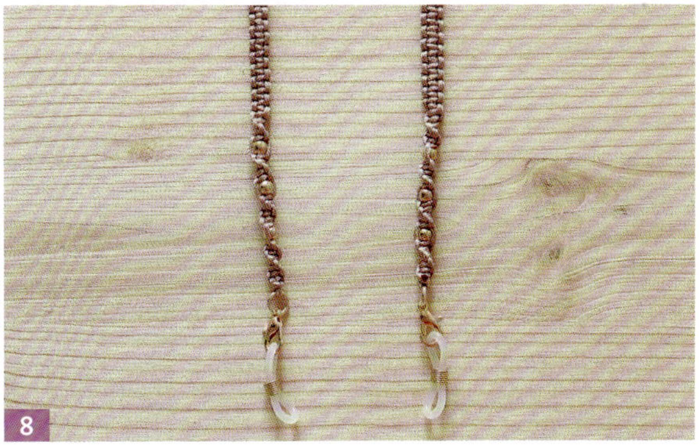
8

★★

Makrameetasche

Jetzt kommen wir zu einem meiner absoluten Highlight-Projekte in diesem Buch: der kleine Makramee-Shopper. Er ist gleichzeitig auch das anspruchsvollste Projekt, da du dich beim Taschenboden sehr konzentrieren muss – aber es lohnt sich! Durch den Boden wird die Tasche nämlich richtig geräumig.

Material:

- geflochtenes Makrameegarn, Ø 9 mm
- 2 Taschenhenkel
- 1 Stück Leder oder steifer Stoff für den Taschenboden innen

Zuschnitt:

- 32 x 3 m
- 2 x 3,50 m

Knoten:

- Ankerknoten
- Kreuzknoten

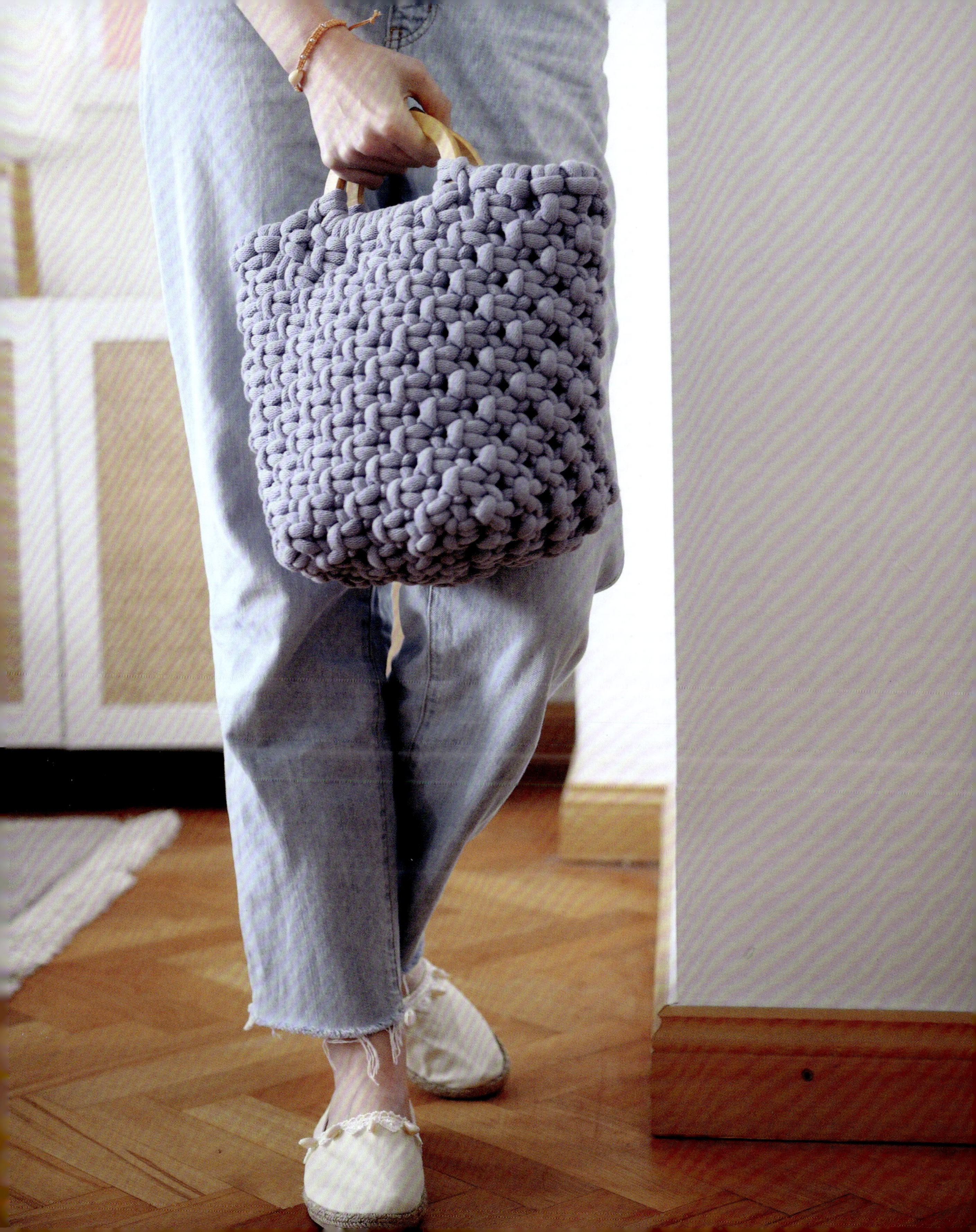

So wird's gemacht:

1 Befestige am ersten Henkel acht der 3 m Schnüre mit dem Ankerknoten, sodass diese gleich lang sind. Ergänze ganz links eine der beiden längeren Schnüre, sodass das rechte Schnurende so lang ist wie die acht Schnüre in der Mitte. Das linke Schnurende ist dann länger, da es zusätzlich als Leitschnur dient.

2 Knote am langen Schnurende weitere acht der 3 m langen Schnüre mit dem Ankerknoten.

3 Verbinde beide Henkel, indem du die Variante des Ankerknotens nutzt (Technik wie bei den Makrameeblumen Seite 22). Gut festziehen!

4 Befestige weitere acht der kürzeren Schnüre am Holzgriff. Ganz außen ergänzt du die zweite 3,50 m Schnur (siehe Schritt 1).

5 Ergänze an der ganz linken Schnur die letzten acht Schnüre und schließe die Tasche, indem du Schritt 3 wiederholst.

6 Beginne nun mit den Kreuzknoten.

7 Fertige pro Reihe 17 linksgerichtete Kreuzknoten an.

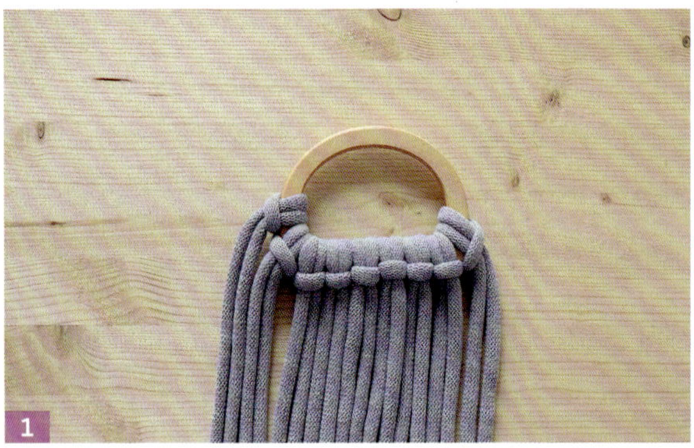

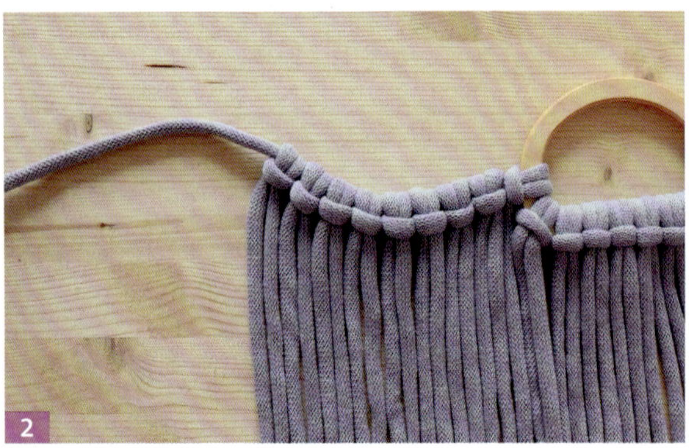

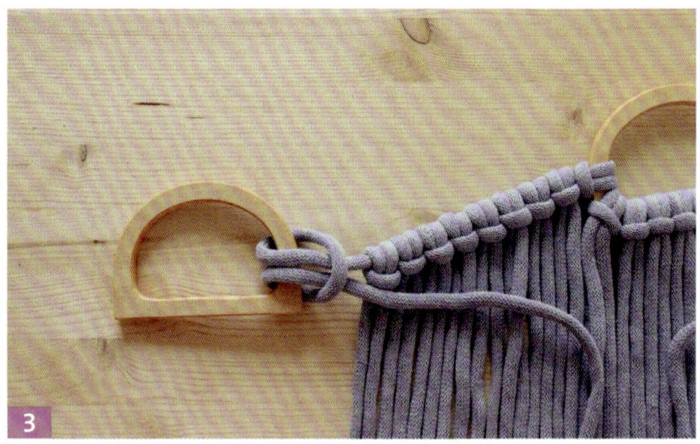

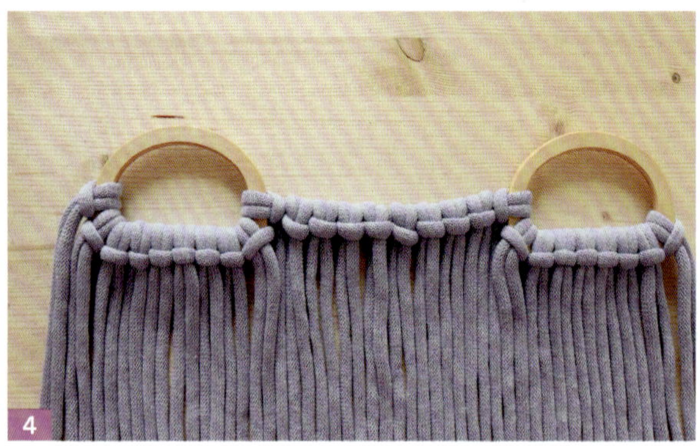

8 Bilde versetzt unter der ersten Reihe die nächsten Kreuzknoten, bis du 13 Reihen geknotet hast.

9 Für den Boden knote an jeder Seite spitz zulaufende Reihen, sodass vier Dreiecke entstehen. Hierfür verringerst du die Anzahl der Kreuzknoten nach Reihe 14 immer um einen pro Dreieck. (a)

Achtung: Knote an einer Henkelseite eine Reihe mit fünf Kreuzknoten statt vier wie bei den restlichen Seiten, damit das Ganze aufgeht. Du knotest also insgesamt eine Reihe mehr. (b)

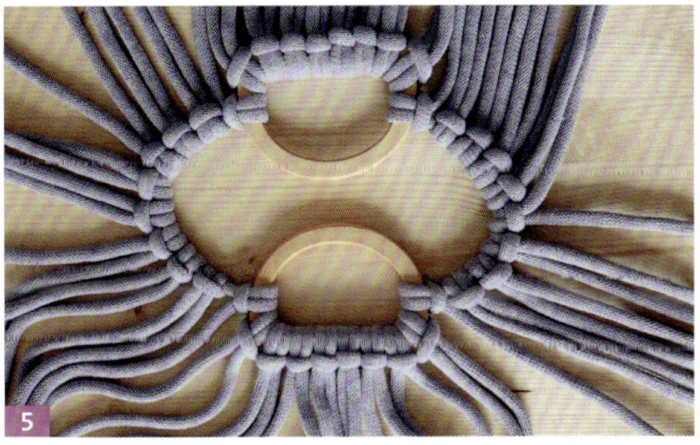
5

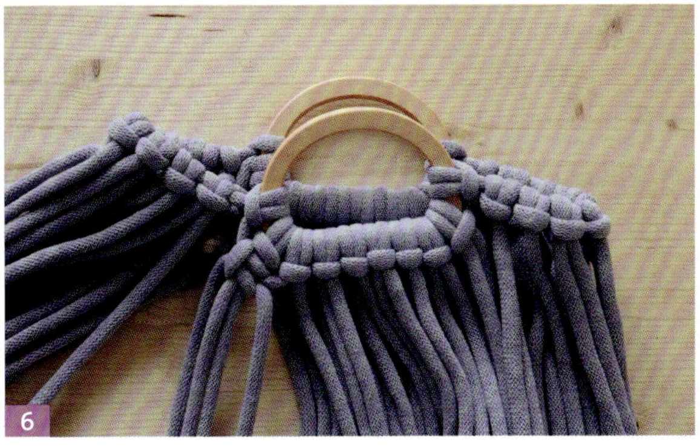
6

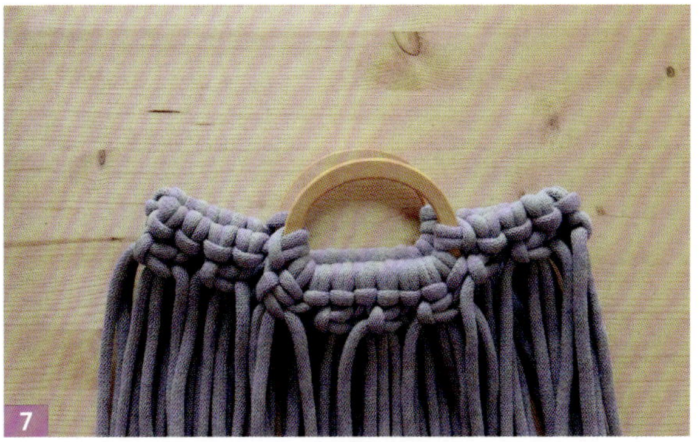
7

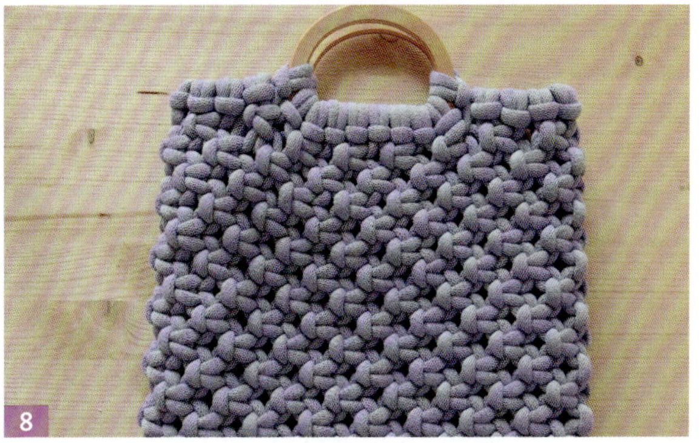
8

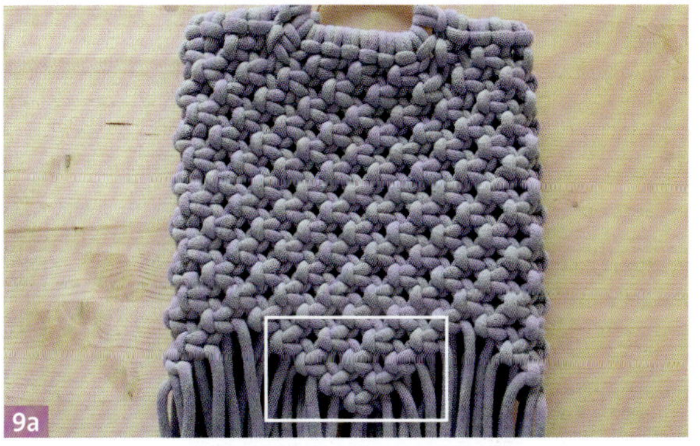
9a

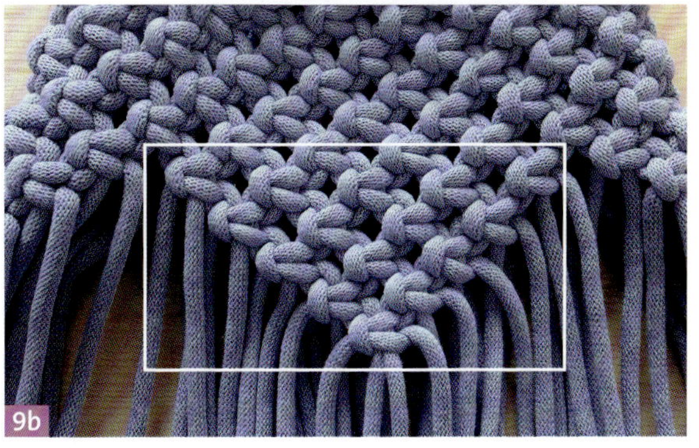
9b

10 Drehe die Tasche auf links. Nutze die äußeren oberen Schnüre eines Dreiecks als Leitschnüre, um die Dreiecke zu verbinden.

11 Bilde um die Leitschnüre mit jeder Schnur der Dreiecke einen Kreuzknoten. Nutze dabei für jeden Kreuzknoten eine Schnur vom Dreieck in der Mitte und eine Schnur vom seitlichen Dreieck. Ziehe die Kreuzknoten schön straff.

12 Knote so eine vollständige Reihe Kreuzknoten, bis die Spitze des Dreiecks erreicht ist.

Tipp: Lege die bereits verwendeten Schnüre immer gut sichtbar nach oben, damit diese nicht versehentlich noch mal verwendet werden.

13 Bei den restlichen drei Dreiecken Schritt 12 wiederholen. Hinweis: Bei dem Dreieck aus Schritt 9 (b) bleibt ein Kreuzknoten übrig.

14 Um das Loch in der Mitte zu schließen, lege die mittleren Schnüre von oben und unten übereinander. Diese dienen als Leitschnüre.

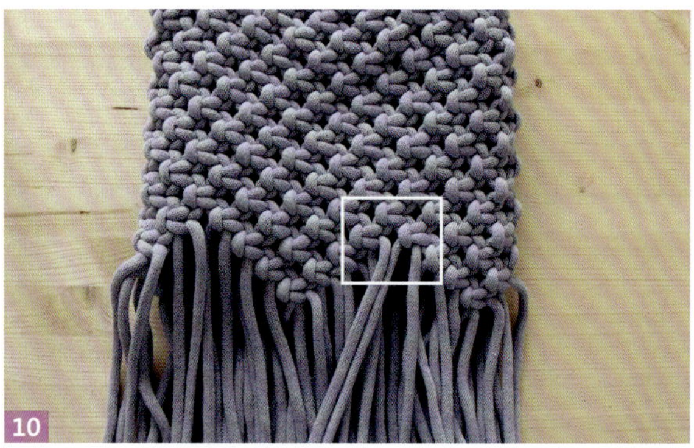
10

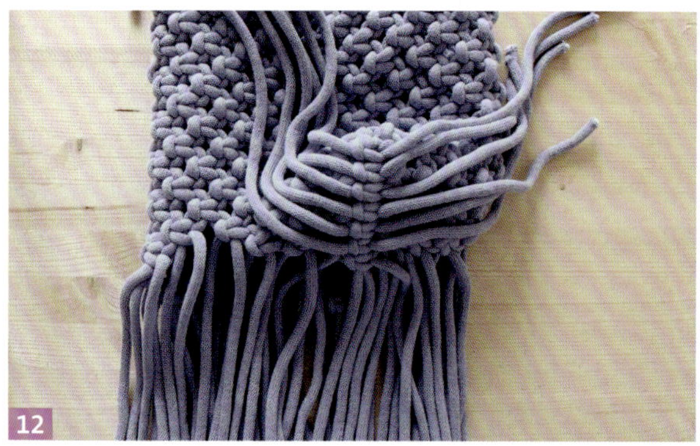
12

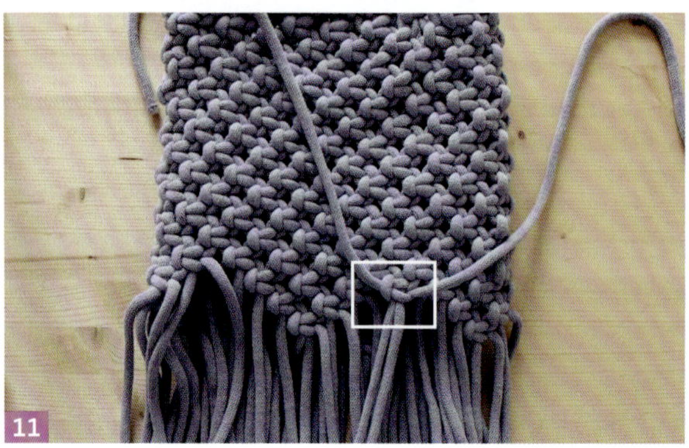
11

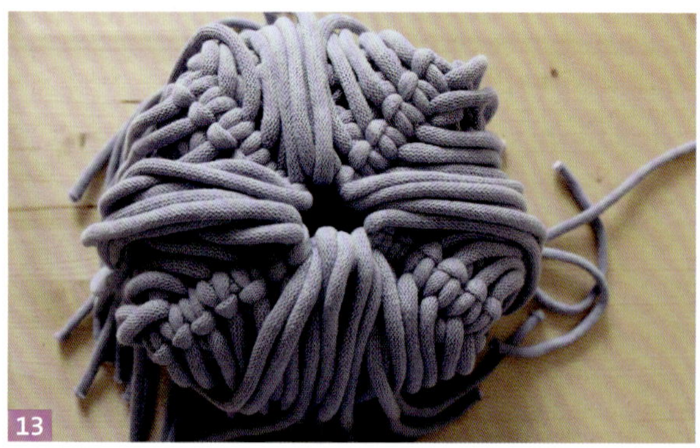
13

15 Bilde einen Kreuzknoten um die doppelten Leitschnüre, einen von oben und einen von unten.

16 Wiederhole Schritt 14 und 15 für die Verbindung der linken und rechten Seite.

17 Kürze alle überstehenden Schnüre auf ca. 5 cm ein und wende die Tasche wieder.

18 Um die Schnurenden abzudecken, kannst du einen Taschenboden aus Leder oder anderem festem Material anfertigen, der dann einfach ins Innere der Tasche gelegt wird. Optional kannst du diesen auch annähen oder ankleben.

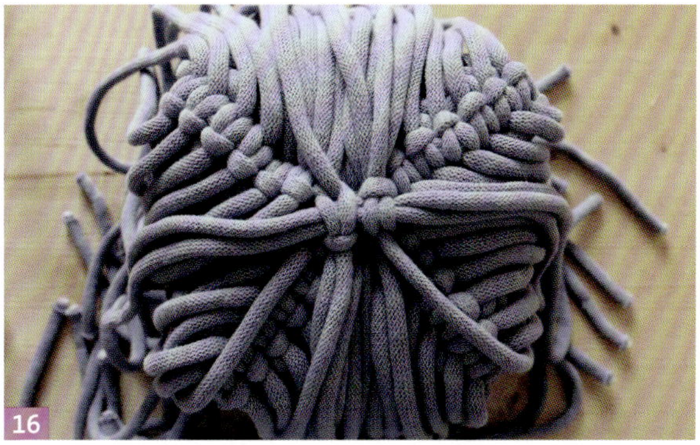
16

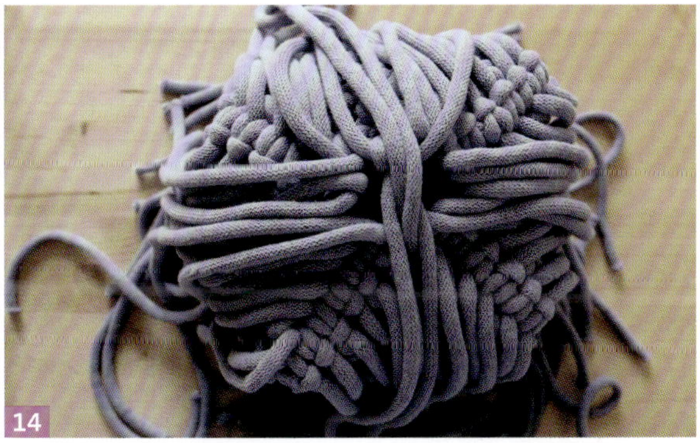
14

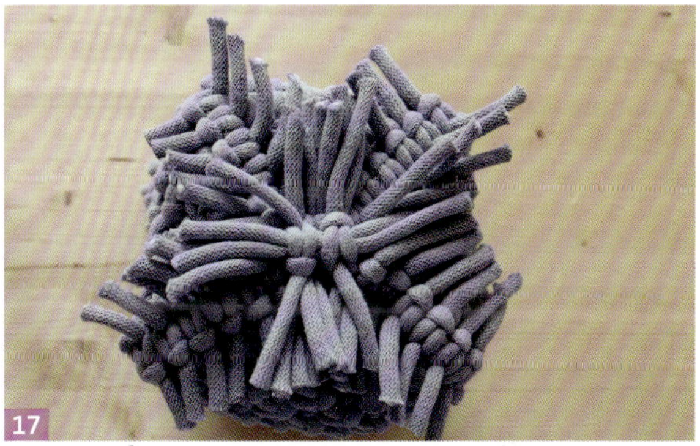
17

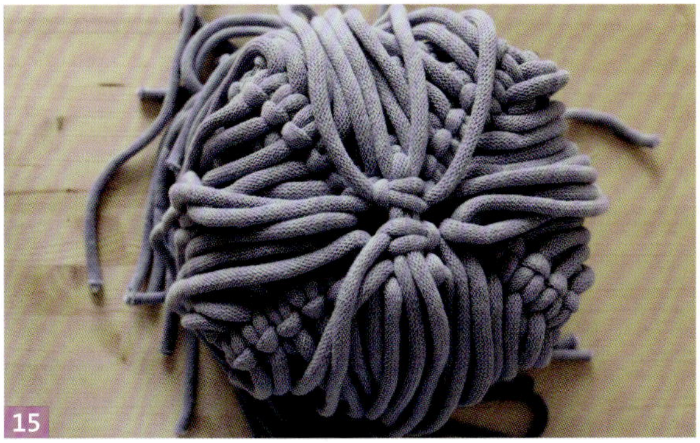
15

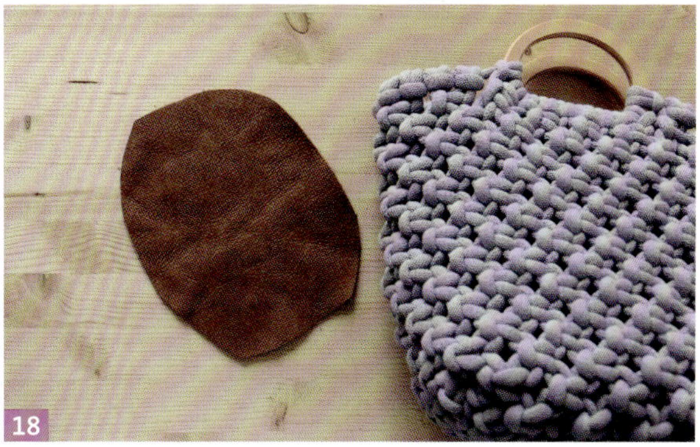
18

Halskette

Schmuck zu basteln, ist eine meiner absoluten Lieblingsbeschäftigungen, vor allem im Sommer. Dabei kannst du richtig kreativ werden und deine ganz eigenen Makramee-Kreationen erschaffen. Denn mit einem anderen Material, einer besonderen Garnart oder -stärke kann sich das Erscheinungsbild völlig verändern. Außerdem ist selbst gemachter Schmuck auch immer ein tolles Geschenk. Wir nutzen für unsere Statement-Kette einen nicht-klassischen Makrameeknoten, den Crown Knot. Denn kennst du aber vielleicht schon von anderen Basteleien.

Material:

- geflochtenes Makrameegarn, Ø 3 mm
- 3ply gezwirntes Makrameegarn, Ø 1,5 mm
- Magnetverschluss, Ø 1 cm
- Schmuckkleber

Zuschnitt:

- 2 x 4 m vom geflochtenen Makrameegarn
- 1 x 4 m vom 3ply gezwirnten Garn

Knoten:

- Crown Knot
- Ankerknoten

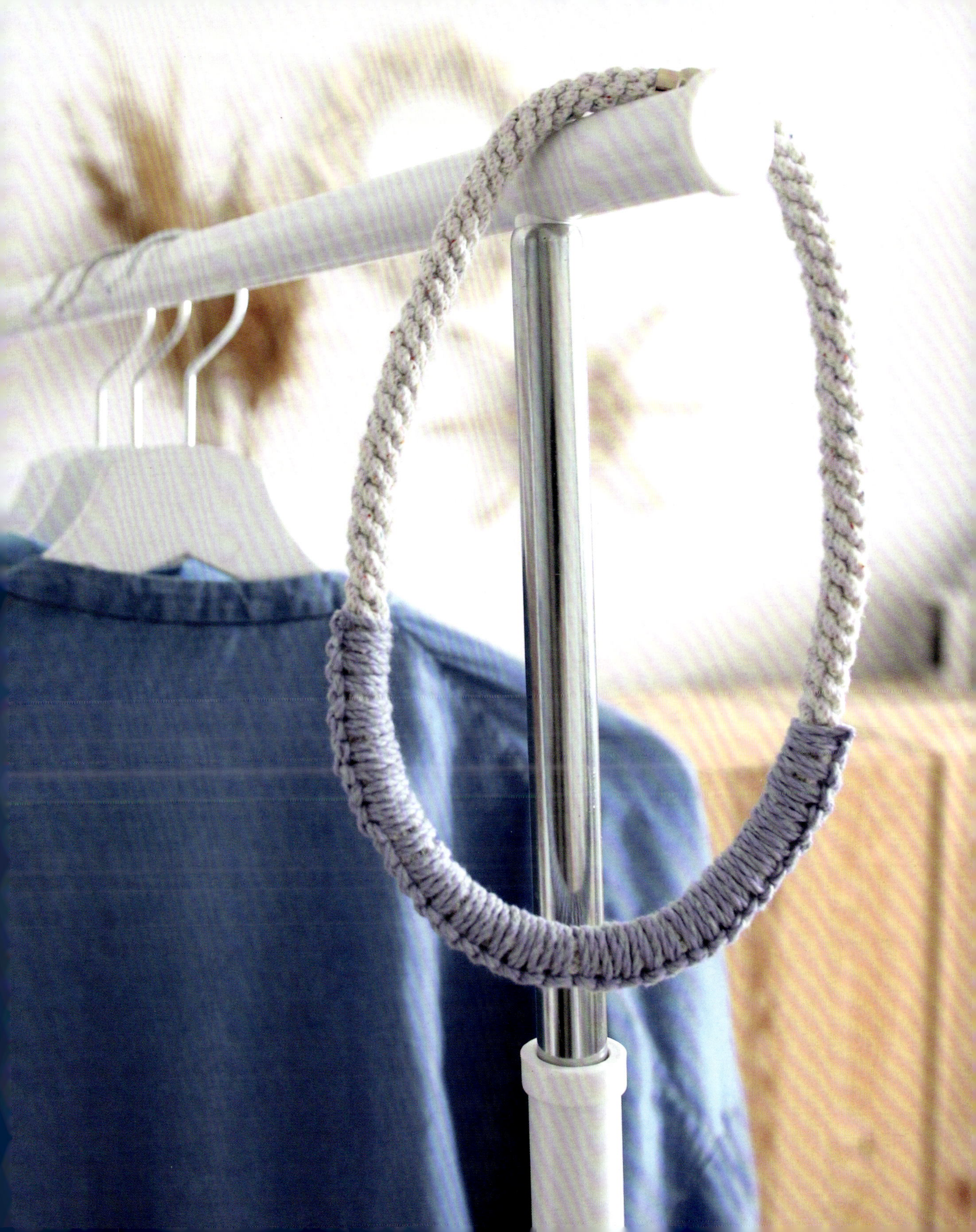

So wird's gemacht:

1 Für das Schmuckband lege die zwei Schnüre vom geflochtenen Makrameegarn zum Kreuz, sodass an allen Enden gleich viel Schnur übersteht.

2 Knüpfe dann Crown Knots. Führe dazu zunächst die obere Schnur über die rechte Schnur.

3 Führe die rechte Schnur über die untere Schnur.

4 Führe die untere Schnur über die linke Schnur.

5 Führe die linke Schnur über die obere Schnur und fädle das Schnurende dabei durch die Schlaufe aus Schritt 2.

6 Ziehe an allen vier Enden gleichmäßig, bis sich der Knoten festzieht.

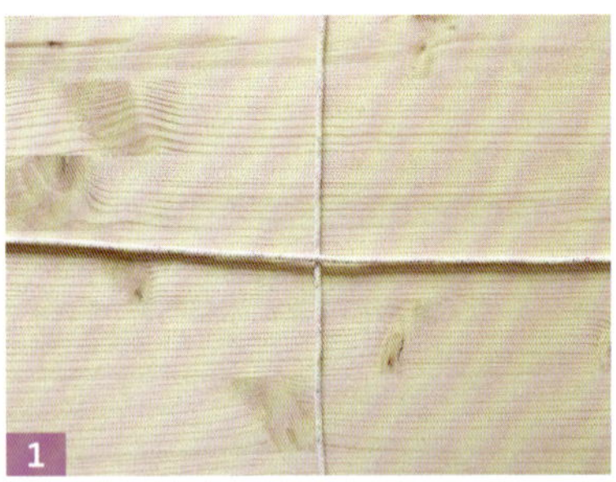

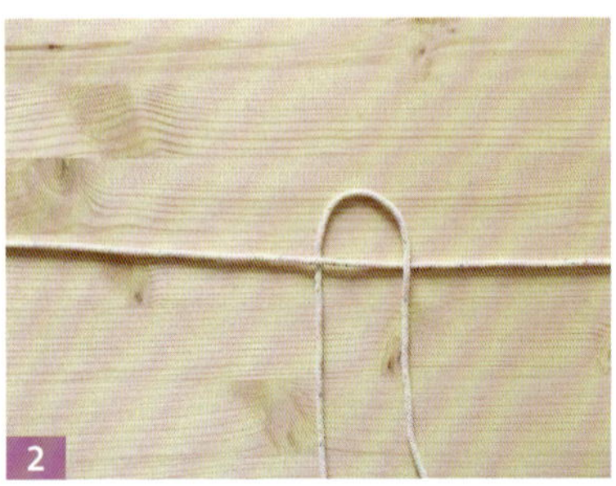

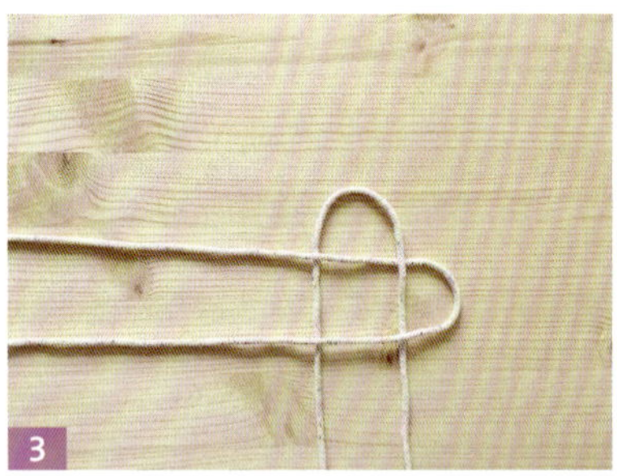

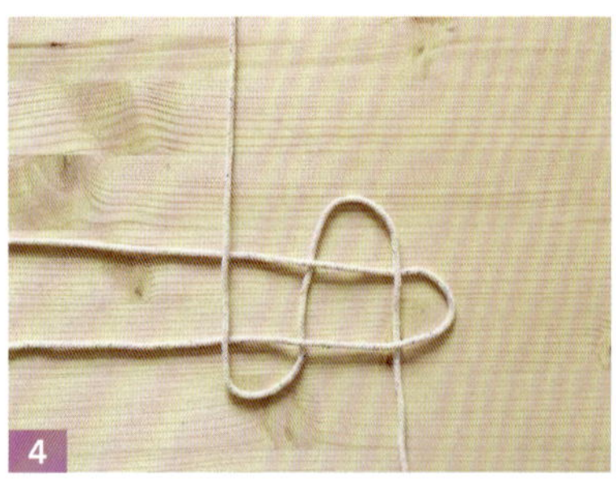

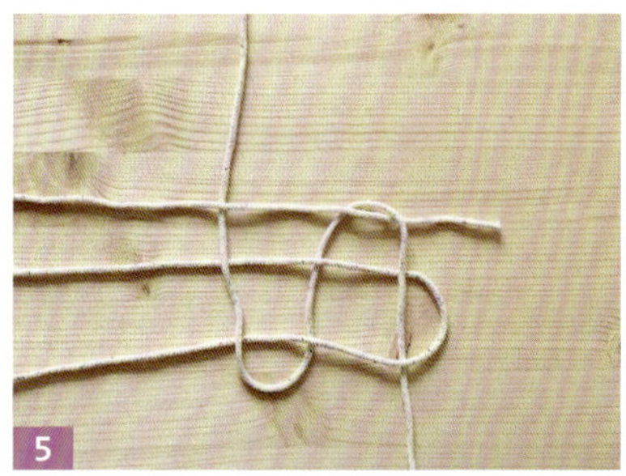

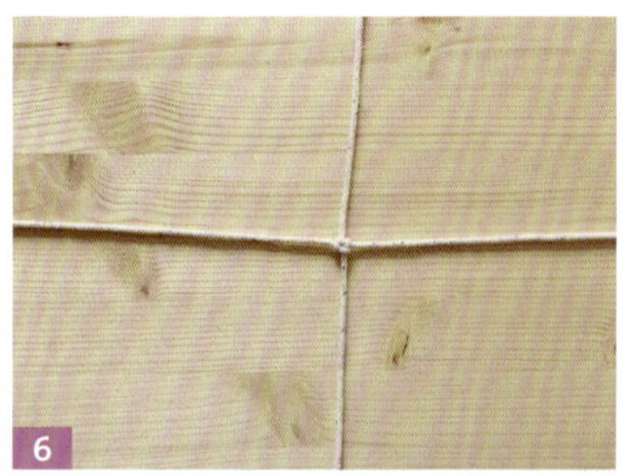

7 Fertige, wie in den Schritten 2 bis 6 beschrieben, immer weitere Crown Knots an.

8 Wenn das Schmuckband fertig geknotet ist, klebe die Enden in den Magnetverschluss.

9 Für den blauen Teil befestige in der Mitte der Kette die gezwirnte Schnur mit einem Ankerknoten, sodass an beiden Seiten gleich viel Schnur übersteht.

10 Führe die rechte Schnur über dem Schmuckband nach oben und hinter dem Band wieder nach unten. Gut festziehen!

11 Bilde den zweiten Teil des Knotens, indem du das Schnurende erst hinter dem Schmuckband nach oben und dann über diesem wieder nach unten führst. Fertige so mehrere Ankerknoten an und wiederhole das Ganze mit dem linken Schnurende.

12 Kürze zum Schluss die Schnurenden ein und fixiere sie mit etwas Kleber.

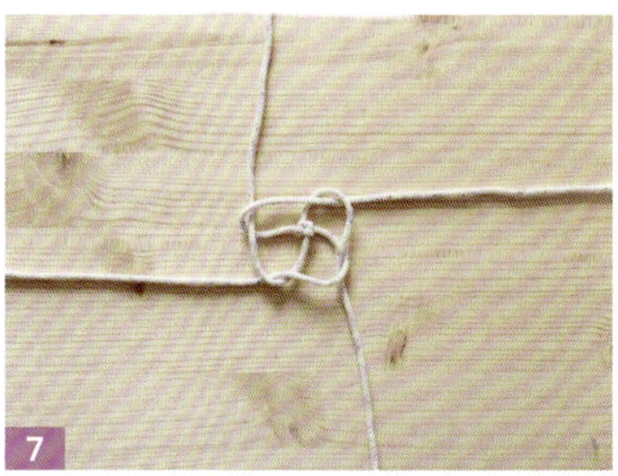
7

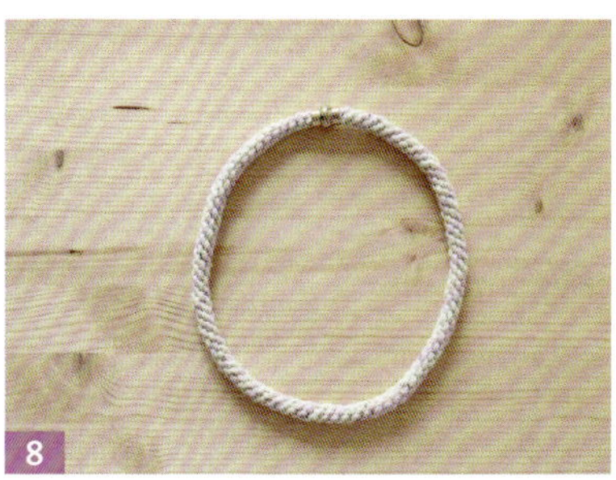
8

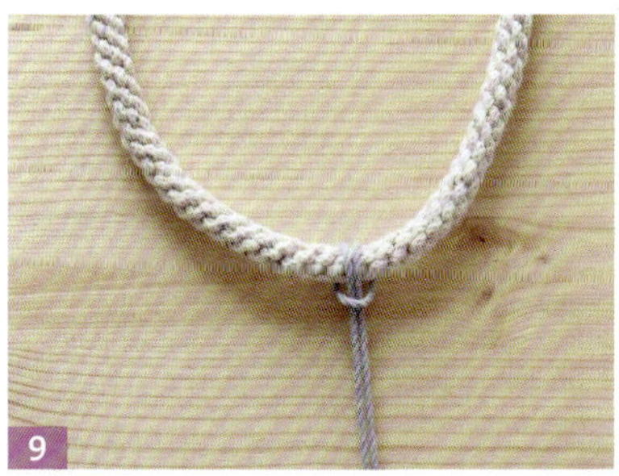
9

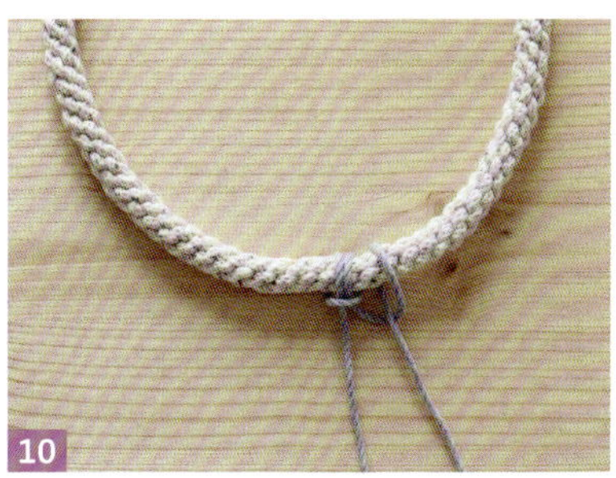
10

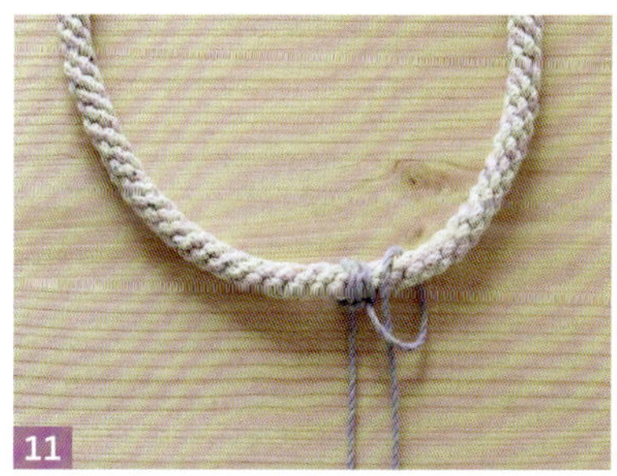
11

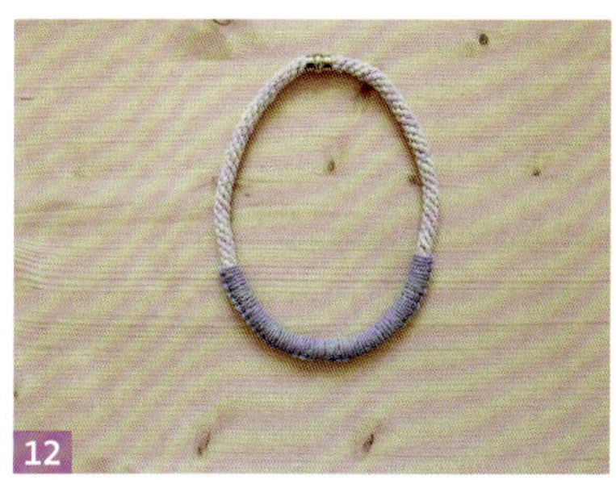
12

★★

Kameragurt

Der Makramee-Kameragurt schlägt in eine ähnliche Kerbe wie die Sonnenbrillenkette. Vor allem im Urlaub möchte ich die Kamera schnell zur Hand haben, da ich viele Fotos mache. Manchmal fühle ich mich dann echt wie Madame Gadget ☺. Häufig sind die hauseigenen Gurte der Kamera nicht ganz so schön, aber dem können wir ja mit ein paar Knoten Abhilfe schaffen.

Material:

- geflochtenes Makrameegarn, Ø 3 mm
- 2 Karabiner mit Drehgelenk (sollten durch die Ösen deiner Kamera passen)
- Nadel und Faden
- Wollnadel

Tipp: Ich habe für meinen Kameragurt geflochtenes Makrameegarn genutzt, das von Natur aus etwas elastischer ist. Das heißt, dass sich der Gurt beim Tragen etwas auseinanderzieht durch das Gewicht der Kamera. Wenn du das nicht willst, solltest du auf gezwirntes Garn zurückgreifen.

Zuschnitt:

- 4 x 11 m

Knoten:

- Ankerknoten
- Rippenknoten
- Kreuzknoten

Fertige Länge (ohne Karabiner): ca. 1 m

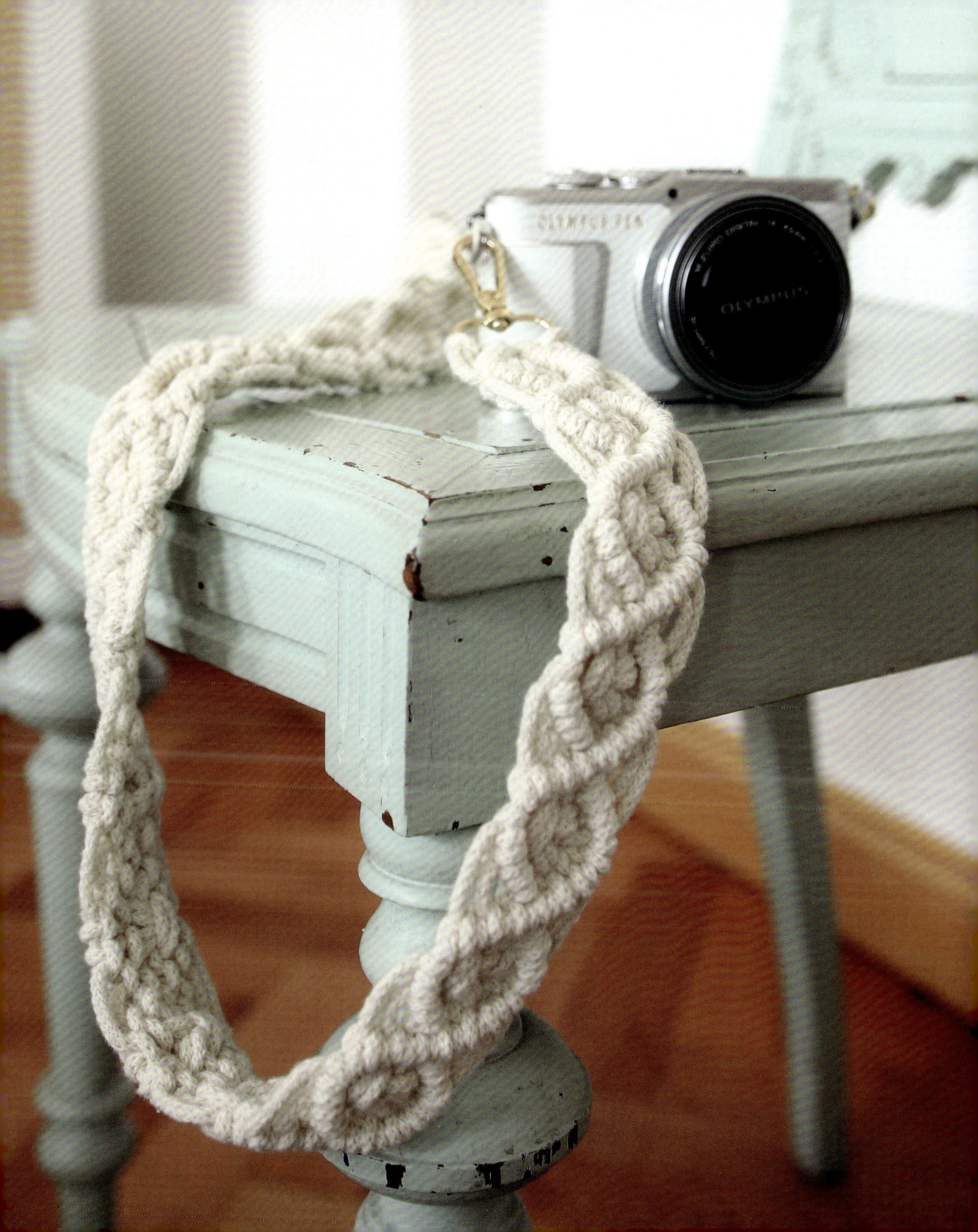
OLYMPUS PEN
OLYMPUS

So wird's gemacht:

1 Befestige die vier Schnüre mit dem Ankerknoten am Karabiner.

Tipp: Da die Schnüre bei diesem DIY sehr lang sind, solltest du diese aufwickeln und mit einem Gummiband fixieren.

2 Nutze die vierte und fünfte Schnur als Leitschnüre und lege diese diagonal nach außen über die restlichen Schnüre.

3 Bilde auf jeder Seite drei Rippenknoten.

4 Lasse die äußeren Leitschnüre aus und bilde mit den restlichen Schnüren einen Kreuzknoten, wobei du die Schnüre doppelt nimmst.

5 Setze die Rippenknoten fort, wieder drei pro Seite.

6 Schließe den Kreis mit einem zusätzlichen Rippenknoten. So insgesamt 27 »Augen« anfertigen.

7 Kürze die Schnurenden auf die gleiche Länge ein (ca. 15 cm Überstand). Führe dann am unteren Ende die beiden linken Schnüre von vorne durch den Karabiner.

8 Bilde mit dem rechten der beiden Schnurende eine Schlaufe um die zwei Schnüre und das andere Schnurende (zeigt nach oben), sodass die Optik eines Ankerknotens entsteht. Gut festziehen!

9 Wiederhole das mit den restlichen Schnüren, sodass die gleiche Optik wie am oberen Ende entsteht.

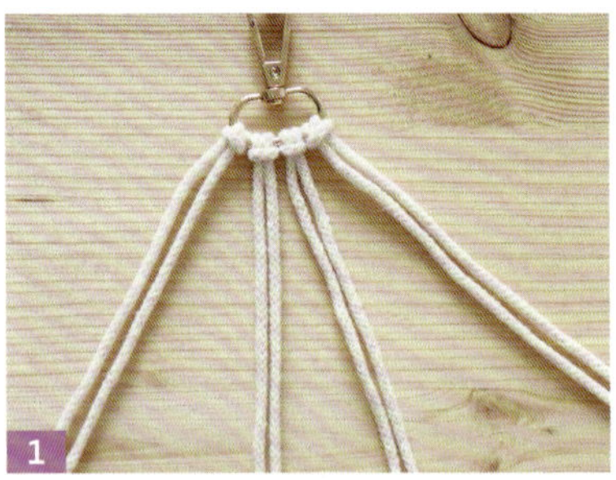
1

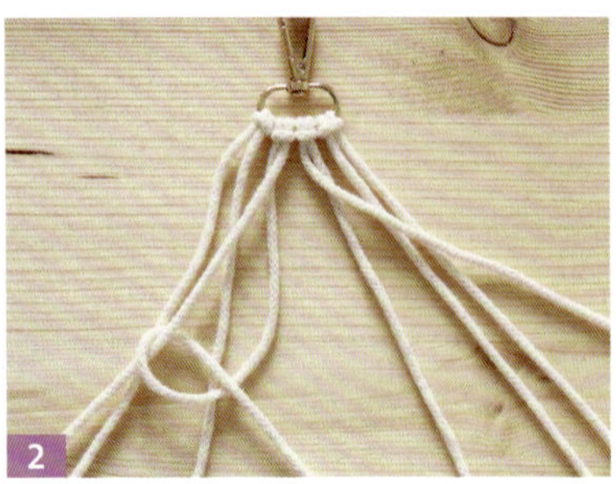
2

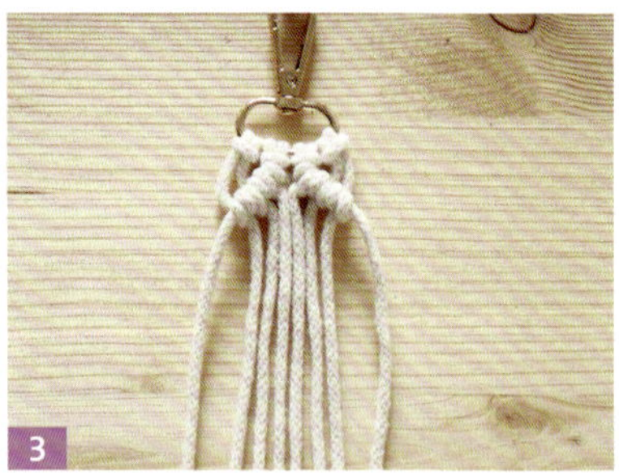
3

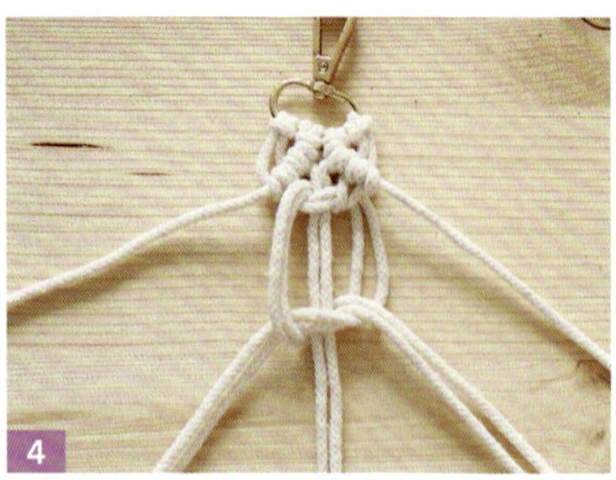
4

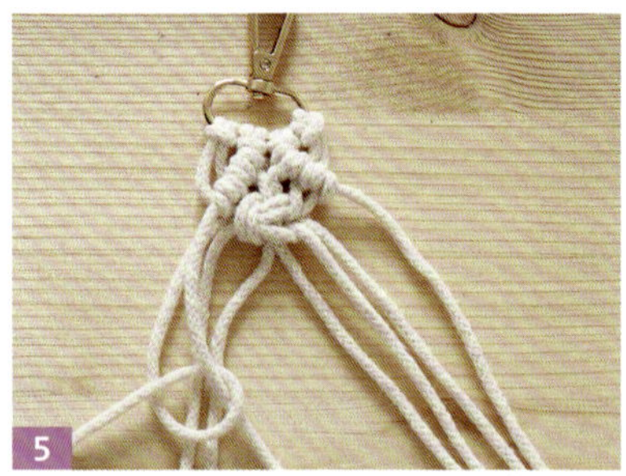
5

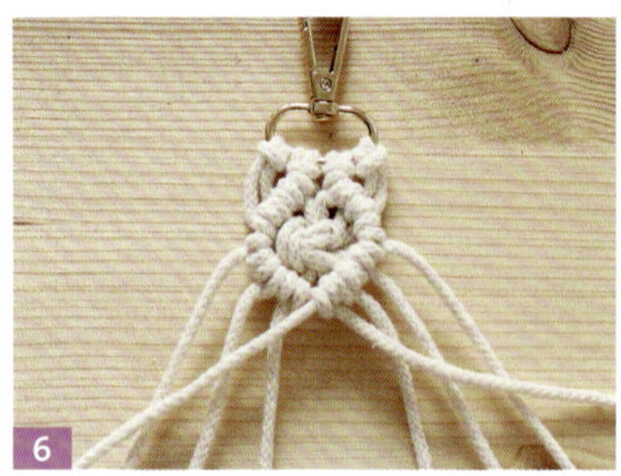
6

10 Ziehe auf der Rückseite mithilfe der Wollnadel die Enden durch die letzte Reihe Rippenknoten.

11 Sichere das Ganze durch ein paar einfache Stiche und kürze die Enden ein.

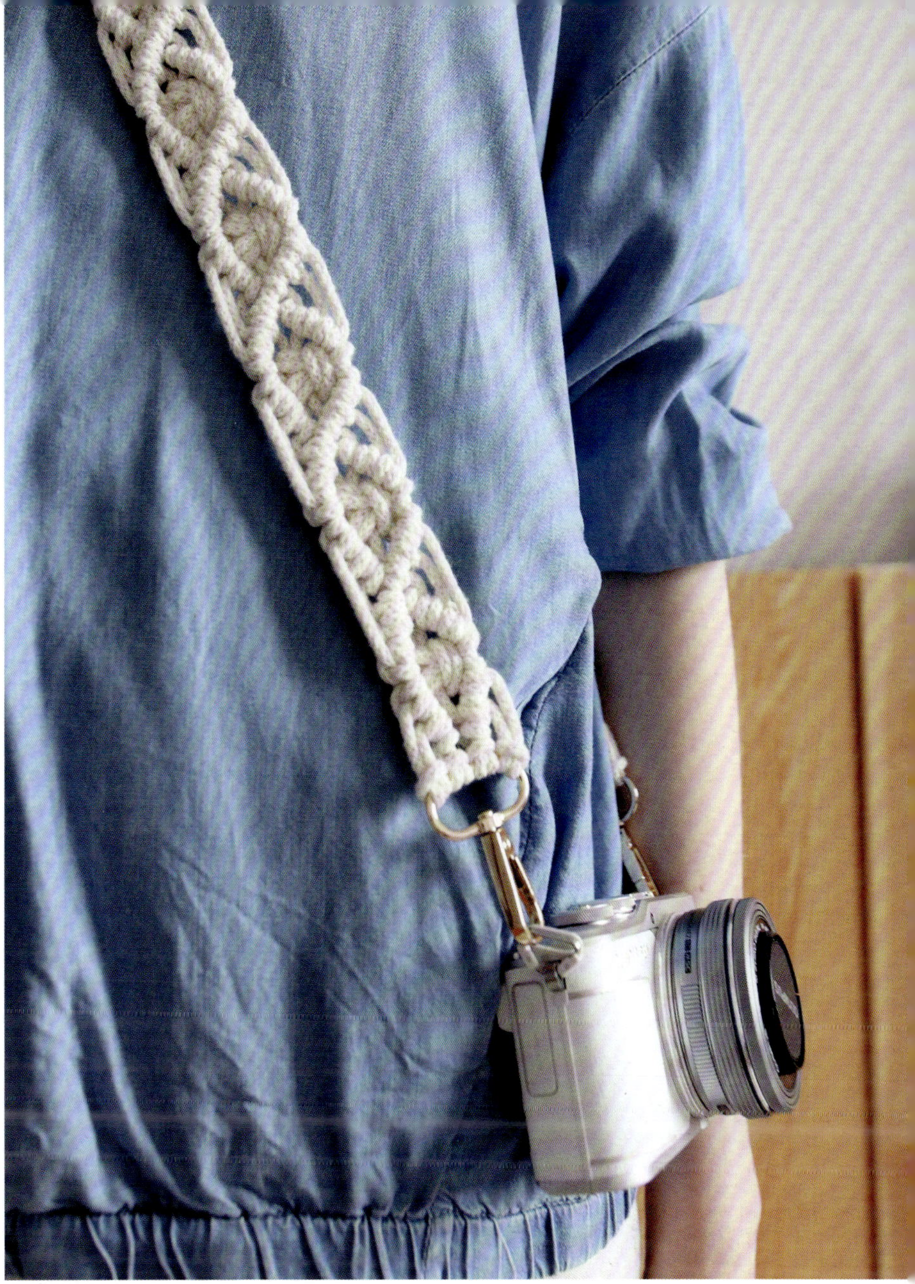

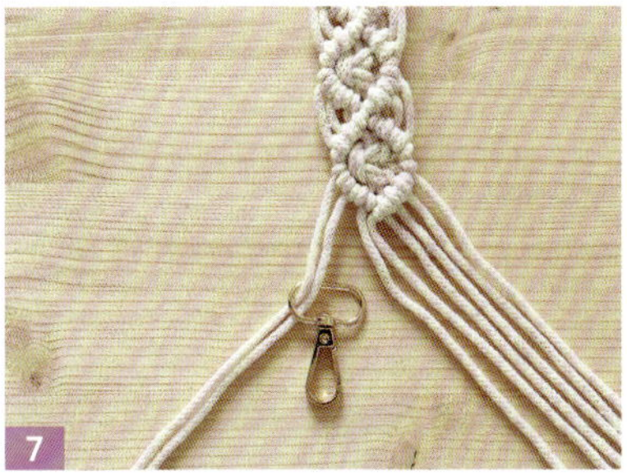

7

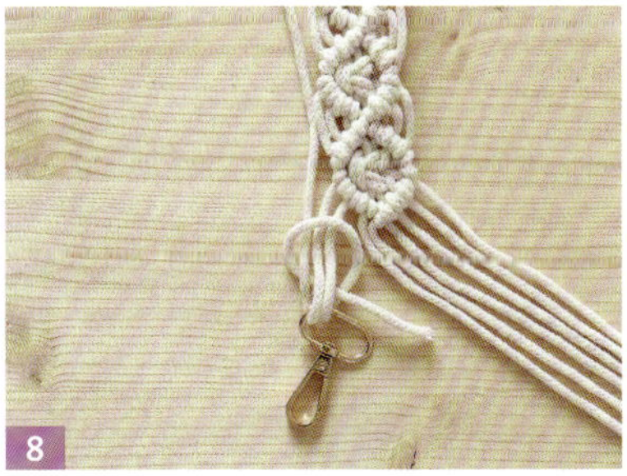

8

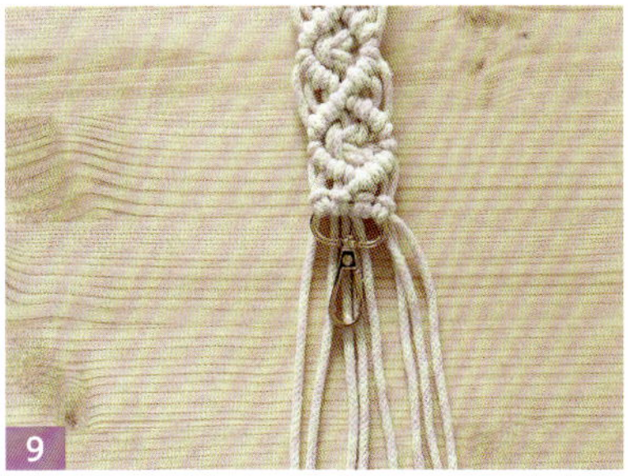

9

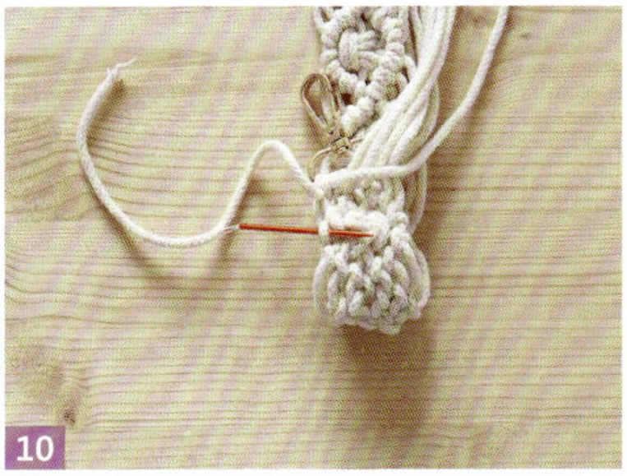

10

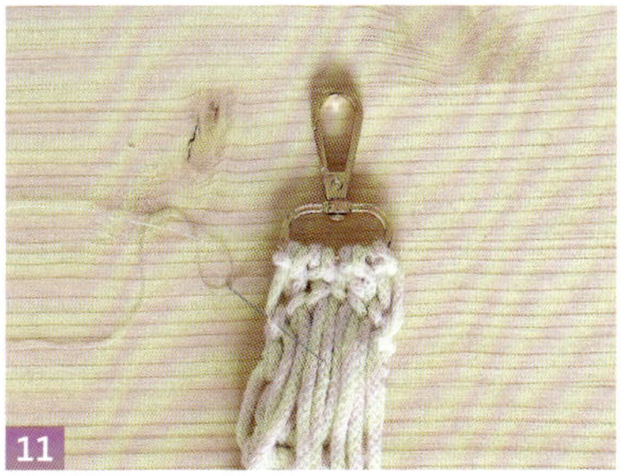

11

Muschel-Wandbehang

Nach dem Sommerurlaub habe ich häufig nicht nur schöne Erinnerungen, sondern auch kleine Mitbringsel wie Muscheln, Treibholz oder Steine mit im Gepäck (dabei natürlich die Bestimmungen des Urlaubslandes beachten!). Diese können prima in Wandbehänge integriert werden. Außerdem müssen die Lieblingsfotos einen standesgemäßen Platz bekommen. Bei diesem Sommer-DIY kannst du dich toll kreativ ausleben.

Material:

- gezwirntes Makrameegarn Ø 3 mm
- Stock, ca. 36 cm lang
- dünnes Garn und Nadel
- Muscheln
- Heißklebepistole

Zuschnitt:

- 8 x 2 m

Knoten:

- Ankerknoten
- Kreuzknoten

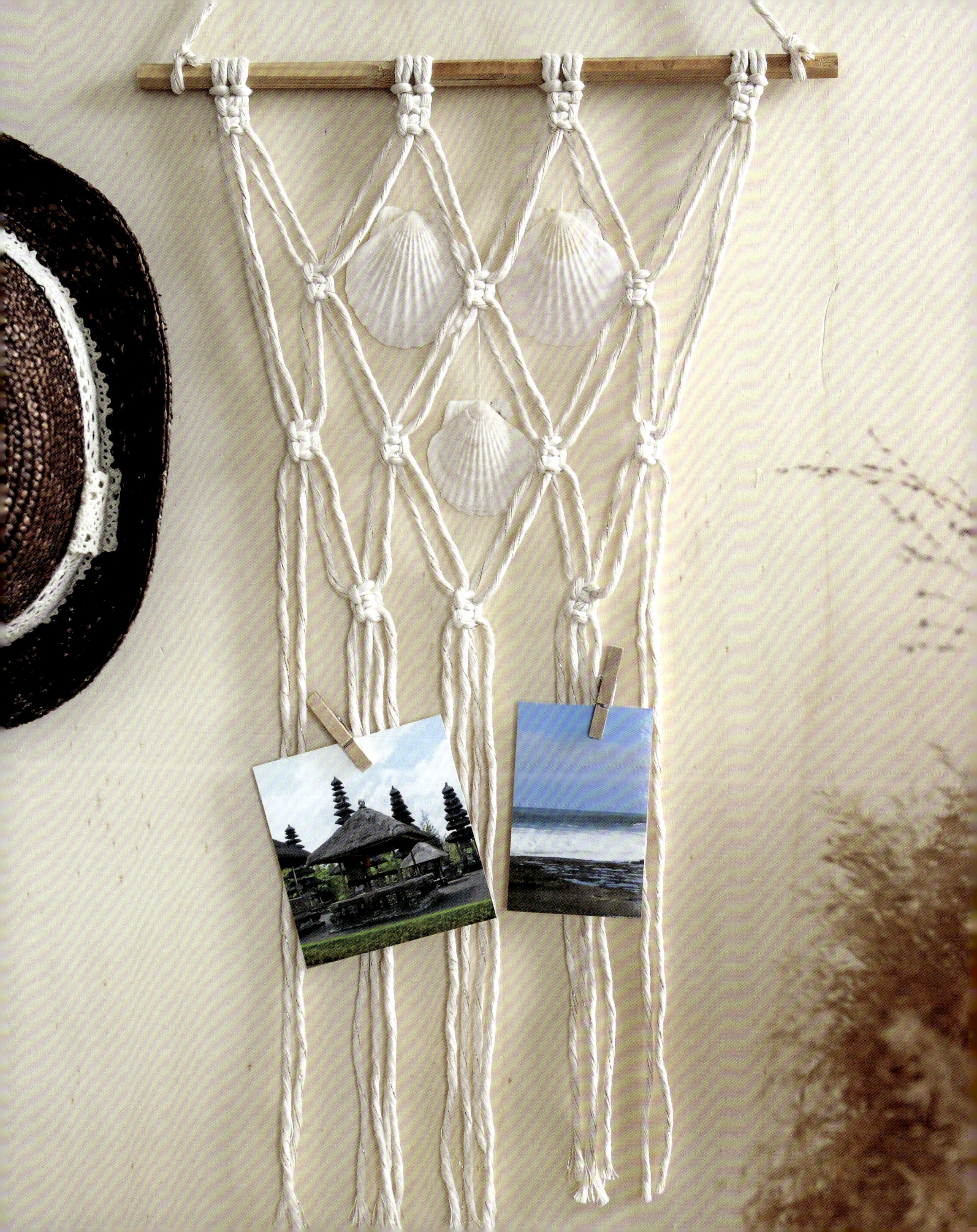

So wird's gemacht:

1 Befestige alle acht Schnüre als Paar mit dem Ankerknoten am Stock.

2 Bilde am oberen Rand mit den Schnurpaaren Kreuzknoten. Führe hierzu jeweils die linke Schnur über den mittleren Schnüren nach rechts und die rechte Schnur unter den mittleren Schnüren nach links. Gut festziehen!

3 Für den zweiten Teil vom Kreuzknoten führe die linke Schnur unter den mittleren Schnüren nach rechts und die rechte Schnur über den mittleren Schnüren nach links. Gut festziehen!

4 Bilde einen weiteren Kreuzknoten, indem du Schritt 2 bis 3 wiederholst. Mit den restlichen Schnüren ebenso vorgehen.

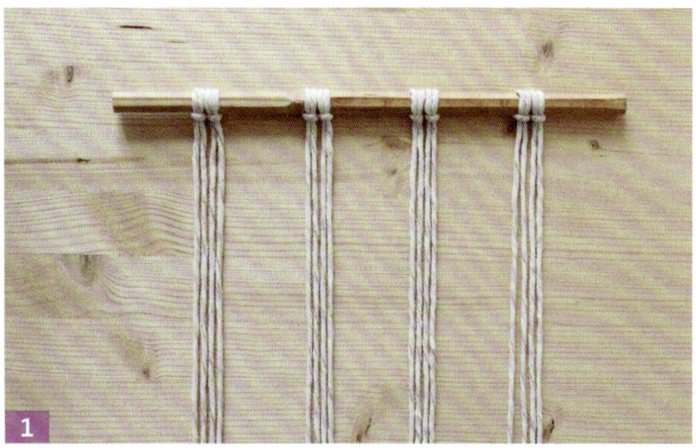

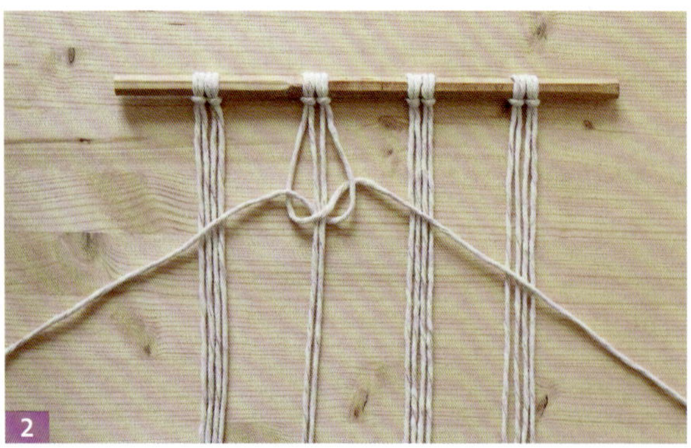

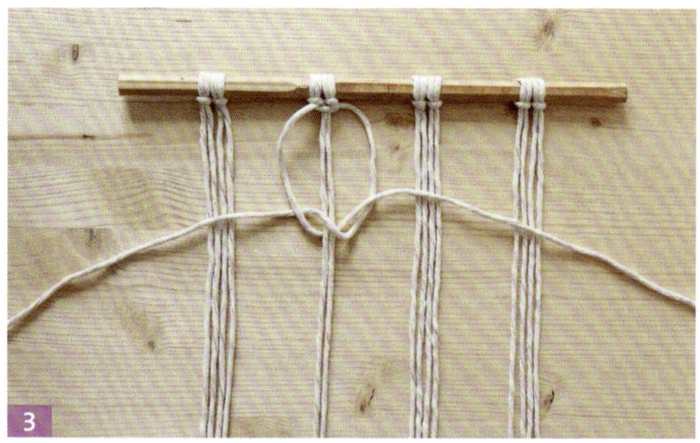

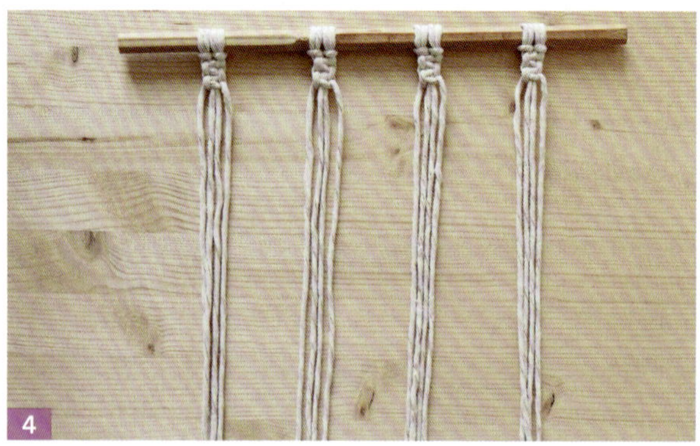

5 Bilde nach ca. 8 cm versetzt die nächsten Kreuzknoten. Lass die beiden äußeren Schnüre auf jeder Seite dabei aus.

6 Bilde eine dritte (hier die äußeren Schnüre wieder integrieren) und vierte Reihe.

7 Befestige die dünnen Garnstücke mit etwas Heißkleber in den Muscheln.

8 Nähe das andere Garnende jeweils durch einen Kreuzknoten und verknote es auf der Rückseite, sodass die Muscheln gut in den Öffnungen platziert sind.

Nun kannst du nach Belieben noch Fotos an den unteren Garnenden befestigen, z. B. mit kleinen Wäscheklammern.

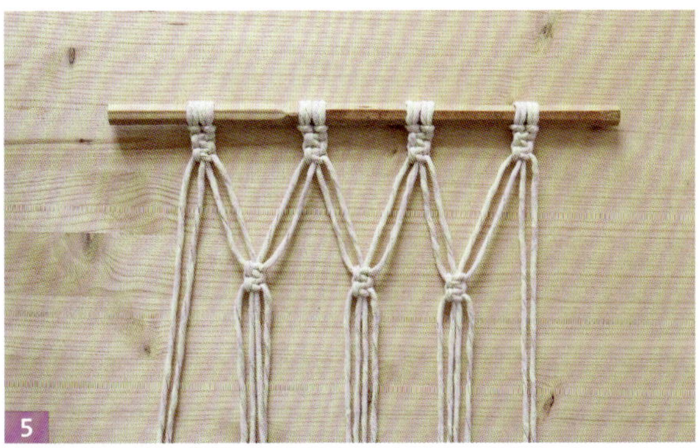

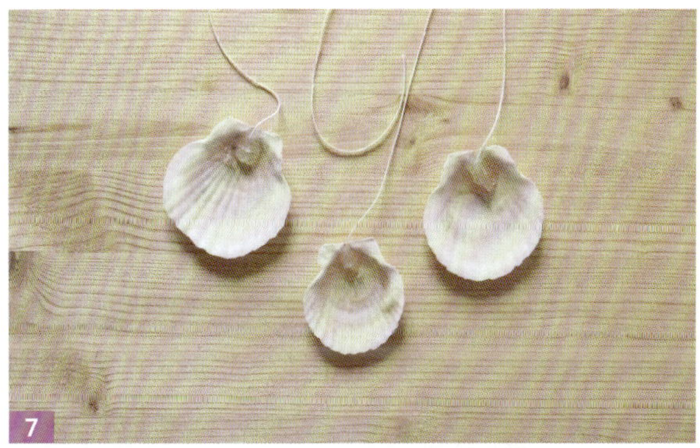

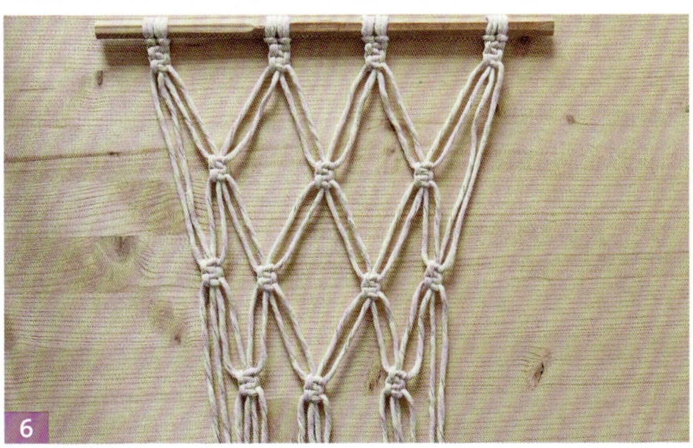

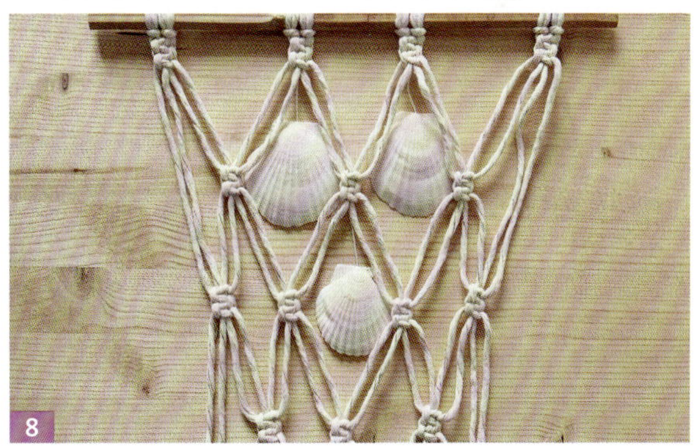

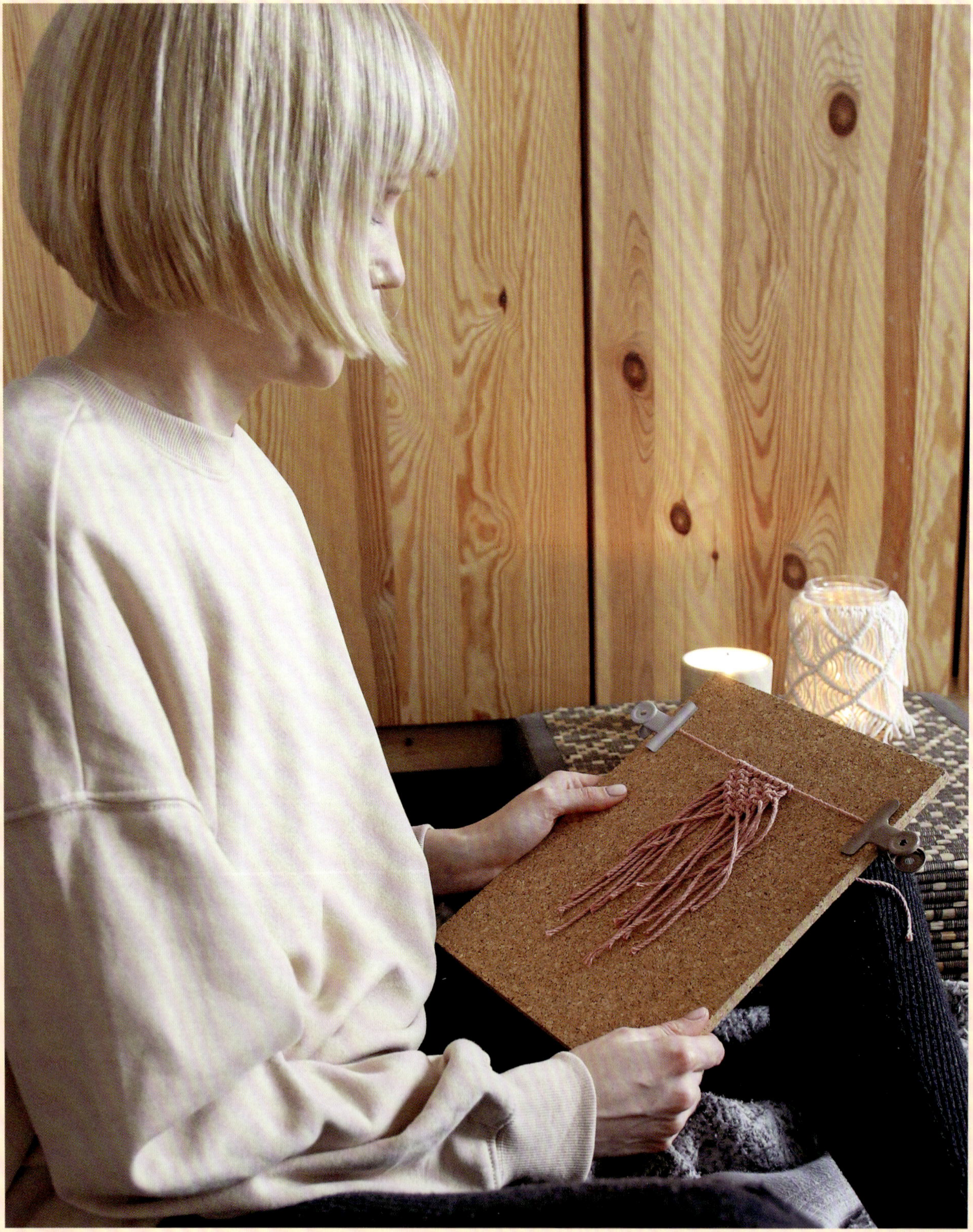

Herbst

Wenn die Tage wieder kürzer werden, muss für mich vor allem eins her: Gemütlichkeit in allen Facetten. Daher findest du im folgenden Kapitel zum Beispiel Anleitungen zur Herstellung schöner Lichtspender. Zur Gemütlichkeit zählen für mich auch kuschlige Lesestunden mit Tee und Keksen. Obwohl ich eigentlich zu jeder Jahreszeit lese, zelebriere ich das Lesen im Herbst noch mal besonders. Auch hierzu zeige ich dir ein paar passende Accessoires. Und wenn man sich dann doch mal rauswagt, findet man beim Herbstspaziergang allerlei Schätze in der Natur, mit denen viel Schönes angestellt werden kann. Denn das ist doch das Schönste am Herbst: endlich wieder richtig viel Zeit zum Basteln ☺. Da wechseln sich gemütliche Lesestunden doch gerne mit Bastelstunden ab.

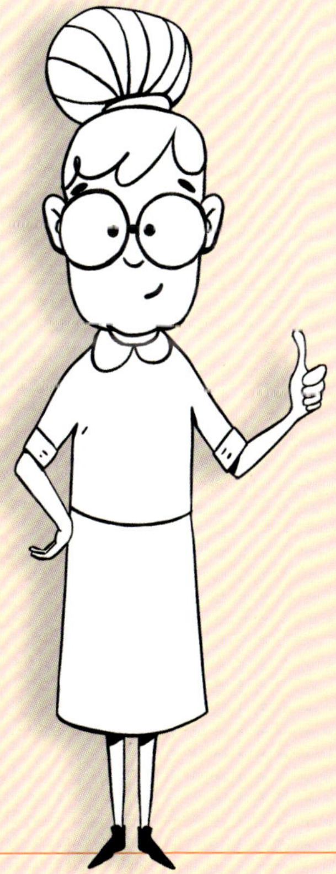

Windlicht

Im Herbst muss bei mir eigentlich immer eine Kerze brennen, sobald es dunkel wird. Makramee-Windlichter bieten eine tolle Möglichkeit, schöne Lichtspender ganz kreativ zu gestalten, es gibt unendlich viele Varianten davon. Die Kombination mehrerer Modelle gruppiert aufgestellt mag ich besonders. Ein schöner Nebeneffekt: Für die Windlichter kannst du prima Altglas verwenden. Sonst benötigst du nur noch Garn und es kann losgehen.

Material:

- 3ply gezwirntes Makrameegarn, Ø 1,5 mm
- Einwegglas, Ø ca. 7 cm

Zuschnitt:

- 1 x 40 cm
- 30 x 50 cm

Knoten:

- Ankerknoten
- Rippenknoten
- Einfacher Knoten

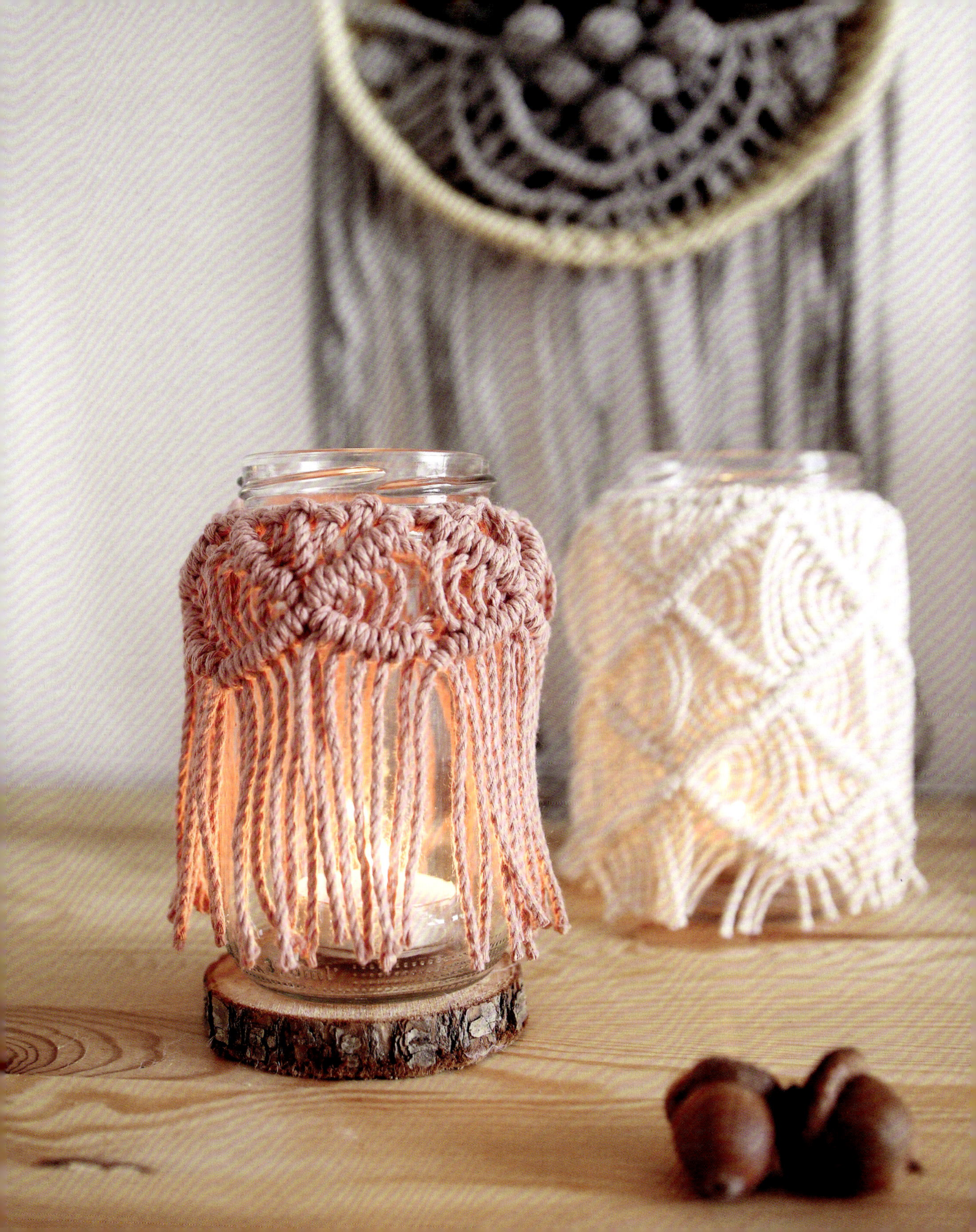

So wird's gemacht:

1 Befestige alle 30 Schnüre mit dem Ankerknoten an der Trägerschnur.

2 Knote die Trägerschnur mit einem einfachen Knoten an das Glas. Jedes der im Folgenden zu knüpfenden Dreiecke besteht aus sechs Ankerknoten mit 12 Schnüren. Nutze für den Rippenknoten von 12 Schnüren jeweils die linke äußere Schnur als Leitschnur. Lege zuerst die linke Schnur diagonal nach innen.

3 Bilde mit der benachbarten Schnur eine Schlaufe. Hierfür die aktive Schnur erst über der Leitschnur, dann hinter der Leitschnur langführen. Gut festziehen!

4 Bilde mit derselben Schnur eine zweite Schlaufe, wie in Schritt 3 beschrieben.

5 Bilde mit weiteren vier Schnüren Rippenknoten nach innen spitz zulaufend.

6 Bilde auf der rechten Seite ebenfalls fünf Rippenknoten, wie in den Schritten 3-5 beschrieben. Nutze hierfür die rechte äußere Schnur als Leitschnur, die du diagonal nach innen legst. Schließe das Dreieck mit einem zusätzlichen Rippenknoten. So mit den übrigen Schnüren rund um das Glas weitere vier Dreiecke bilden.

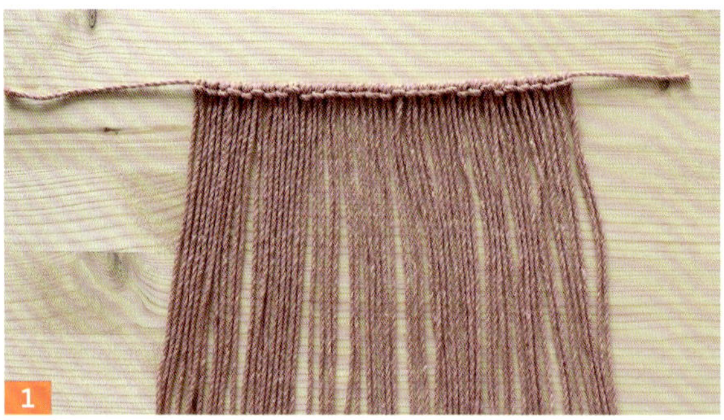

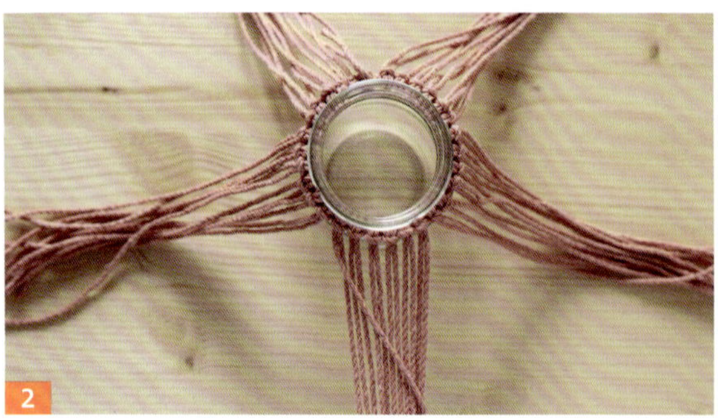

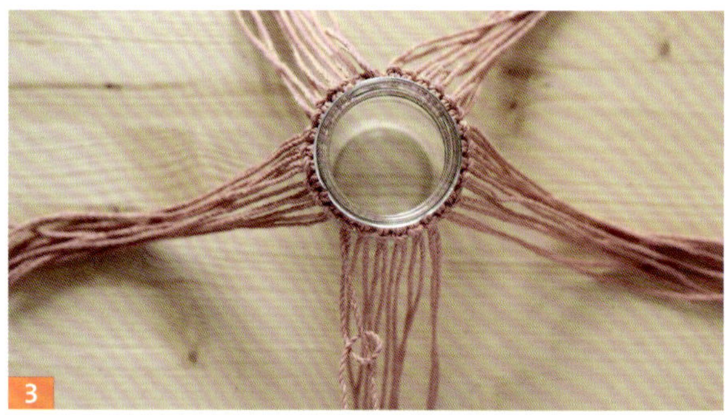

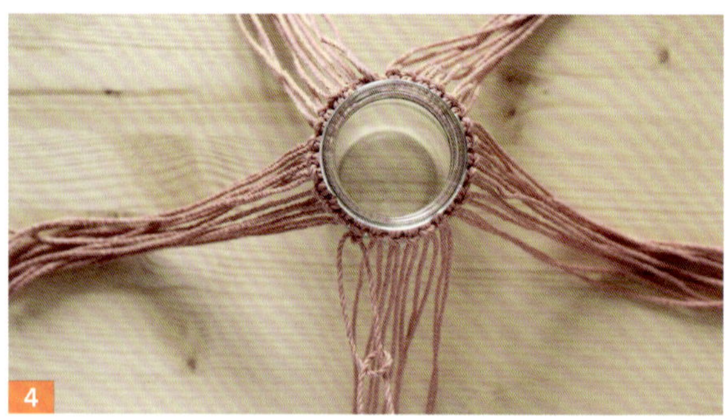

7 Um die Raute zu schließen, verwende dieselben Schnüre wieder als Leitschnüre. Bilde um diese Leitschnüre pro Seite diagonal nach unten fünf Rippenknoten.

8 Mit einem zusätzlichen Rippenknoten verschließen. Wiederhole dieses Vorgehen, bis unter den fünf Dreiecken insgesamt fünf Rauten entstanden sind. Schneide die Schnurenden auf die passende Länge zu.

Tipp: Dieses Windlicht eignet sich auch prima als kleine Vase für den Frühling.

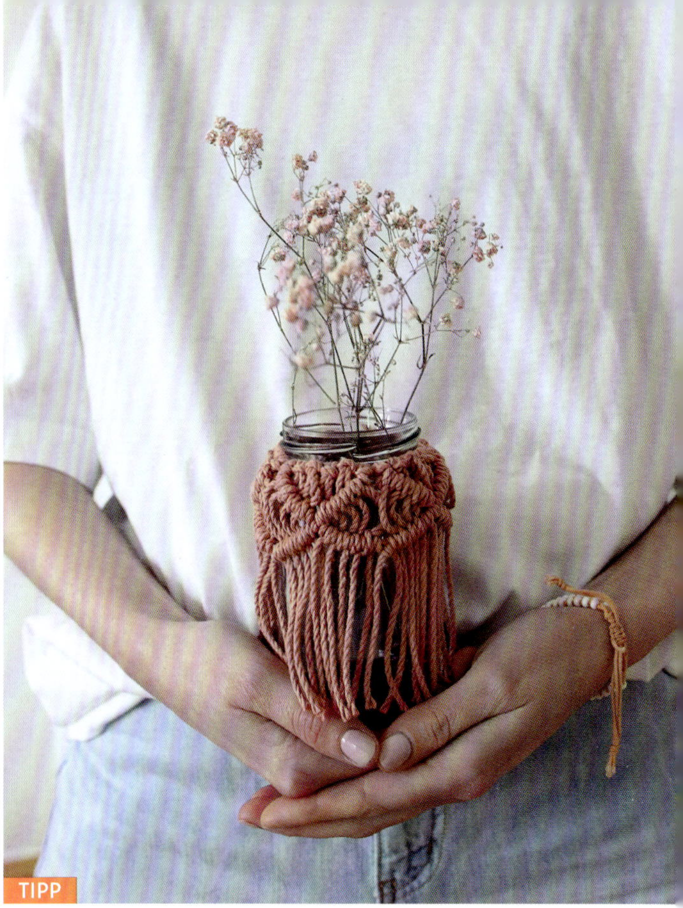

TIPP

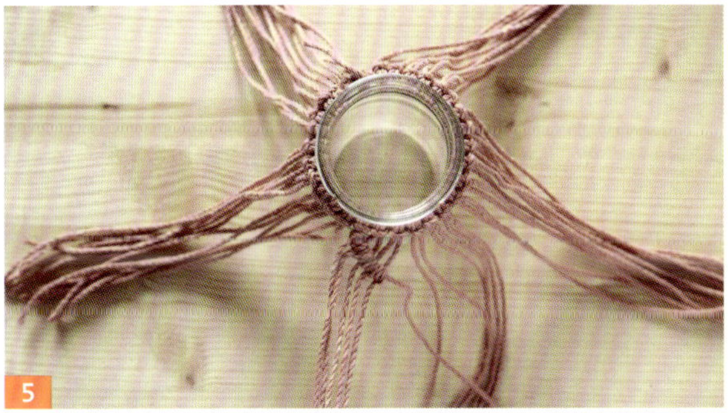

5

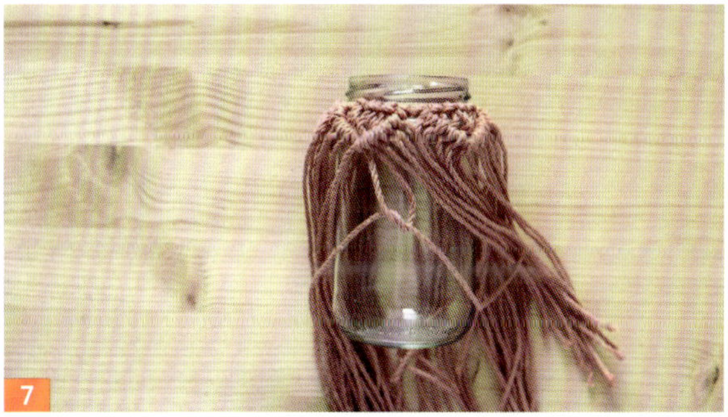

7

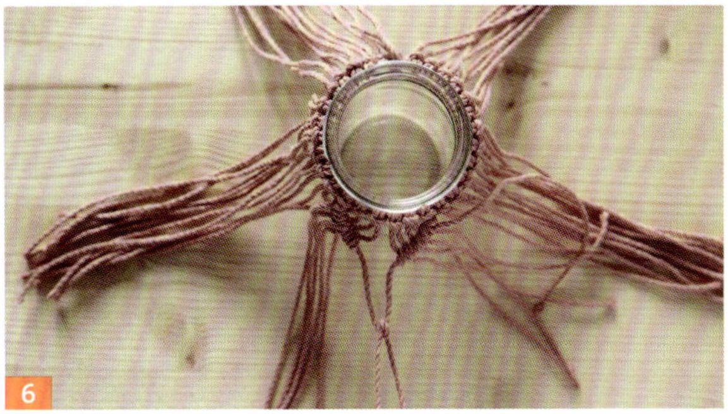

6

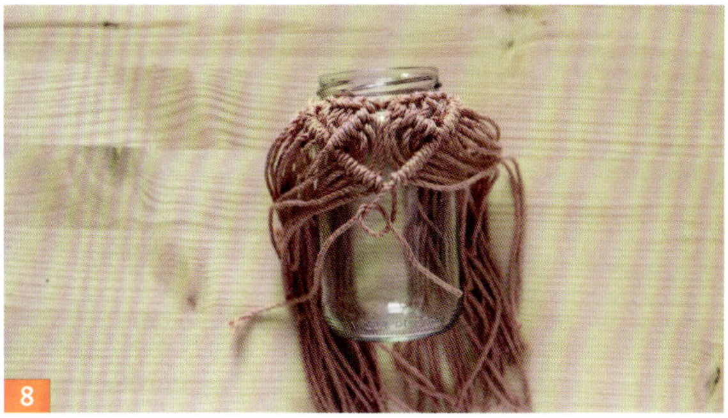

8

★★

Pilzanhänger

Kleine süße Pilze gehören für mich zu meinen liebsten Herbstmotiven. Es gibt so viele verschiedene Sorten, das finde ich besonders inspirierend. Und man kann tatsächlich auch Pilze aus Makrameegarn knoten. Nach so einigen Versuchen habe ich die perfekte Ausführung für mich gefunden, die ich dir gerne zeige.

Material:

- 3ply gezwirntes Makrameegarn in Weiß und Rosa, Ø 1,5 mm
- Nadel und Faden

Zuschnitt:

Für den Pilzhut (in Rosa):

- 8 x 45 cm
- 1 x 50 cm

Für den Stiel (in Weiß):

- 2 x 40 cm

Knoten:

- Ankerknoten
- Kreuzknoten
- Rippenknoten
- Crown Knot
- Einfacher Knoten

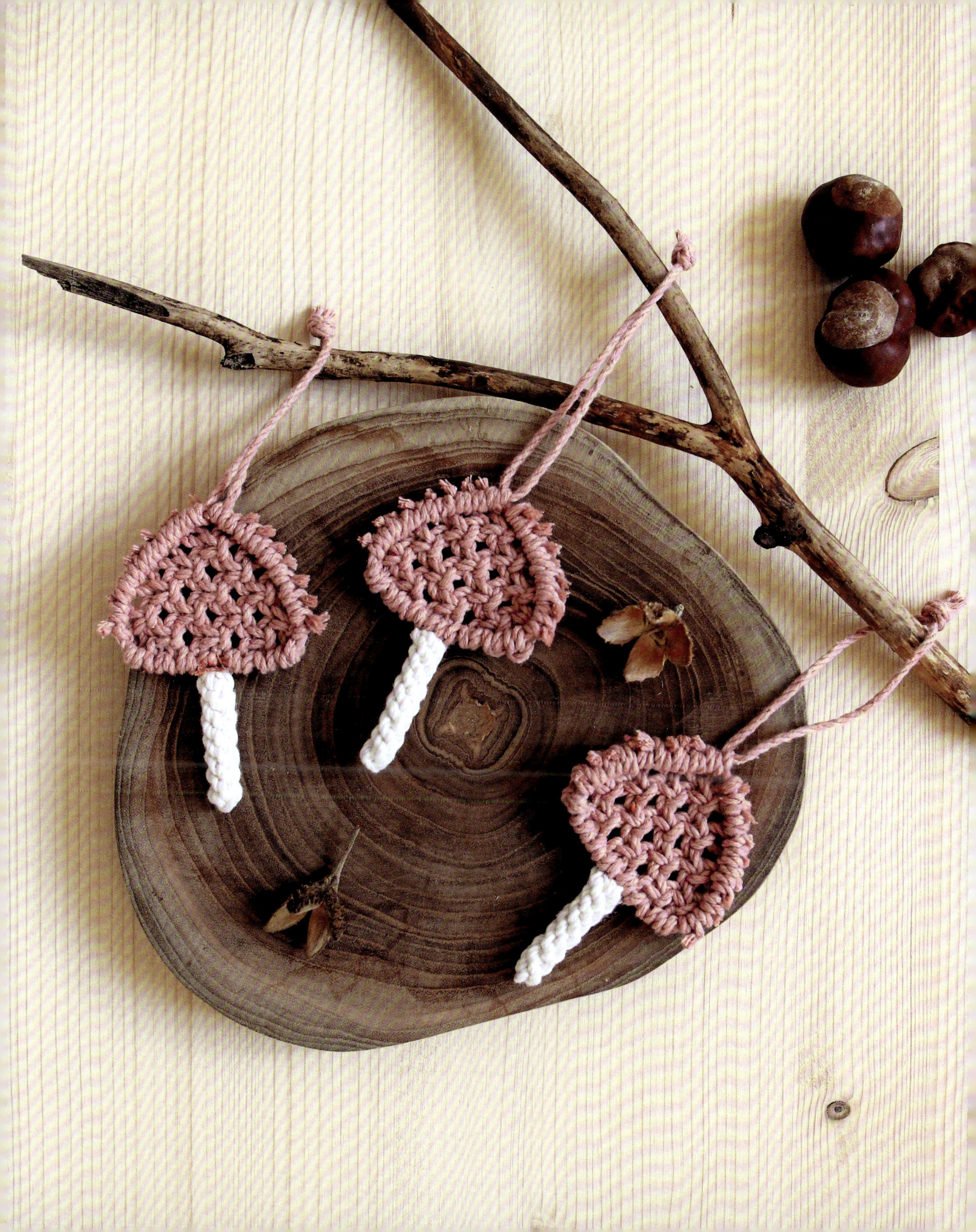

So wird's gemacht:

1 Befestige für den Pilzhut alle acht Schnüre in Rosa an der längeren Schnur mit dem Ankerknoten rückwärts.

2 Bilde drei linksgerichtete Kreuzknoten und lass dabei die jeweils beiden äußeren Schnüre aus.

3 Bilde versetzt darunter eine Reihe aus vier Kreuzknoten. Nutze dazu auch die äußeren Schnüre.

4 Bilde eine Reihe aus drei Kreuzknoten wie im Schritt 2.

5 Knote zwei weitere Reihen, sodass das Ganze spitz zuläuft.

6 Ziehe die Trägerschnur so zurecht, dass sie links und rechts gleich lang ist. Verwende diese nun als Leitschnur für den Rippenknoten.

7 Bilde auf der linken und rechten Seite jeweils acht Rippenknoten und schließe mit einem zusätzlichen Rippenknoten ab.

8 Drehe die Pilzspitze nach oben. Die Leitschnüre lässt du lang, sie dienen später als Aufhängung. Schneide die restlichen Schnüre bis auf ca. 4 mm ab.

Tipp: Du kannst nach dem Einkürzen auch etwas Textilkleber am Rippenknotenrand auftragen, falls du Bedenken hast, dass sich das Ganze wieder öffnet. Wenn du fest genug geknotet hast, dürfte das aber nicht passieren.

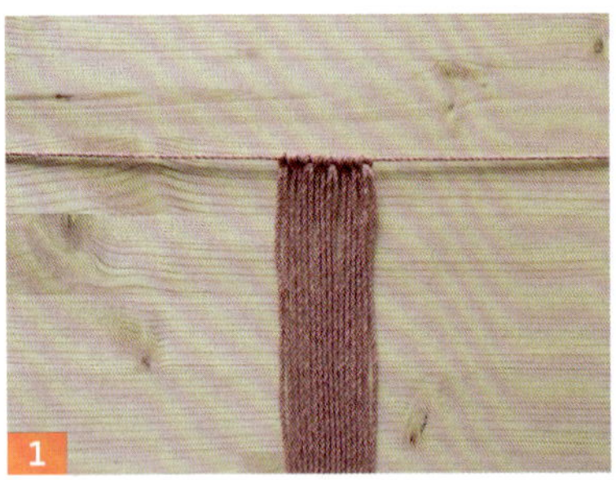

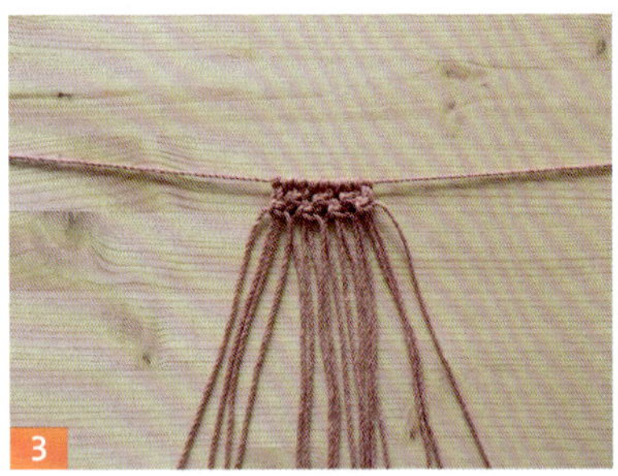

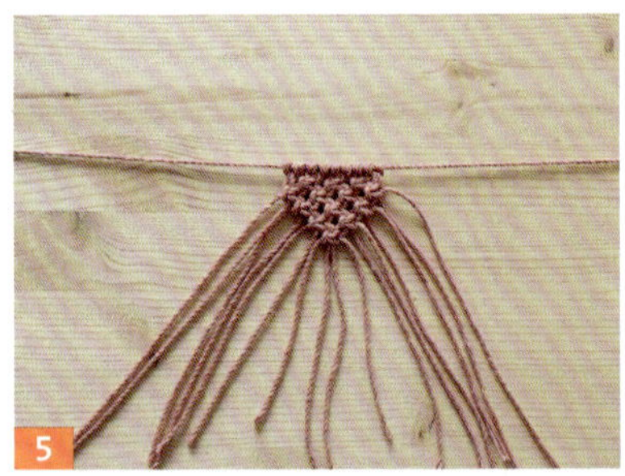

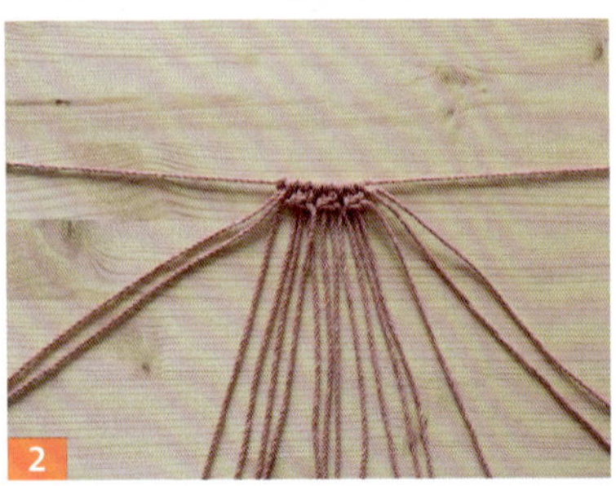

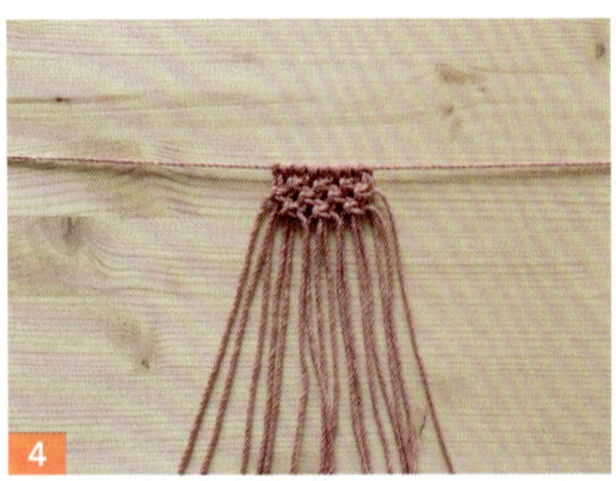

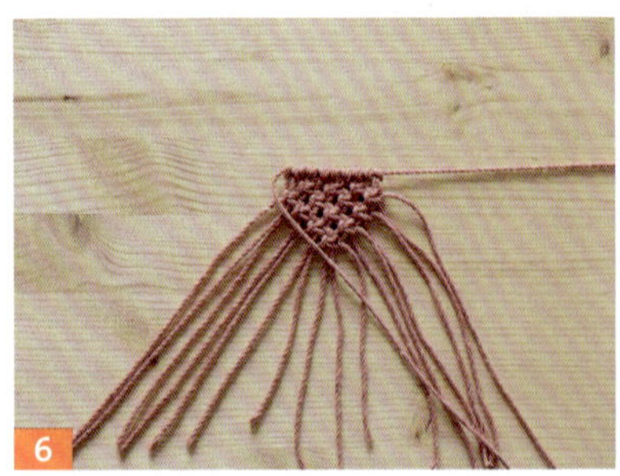

9 Fertige mit dem Crown Knot den Stiel in Weiß an (ca. 14 Knoten).

10 Nähe den Stiel auf der Rückseite an den Pilzhut. Verschließe damit auch gleich die offenen Enden vom Crown Knot.

11 Schließe die Aufhängung mit einem einfachen Knoten.

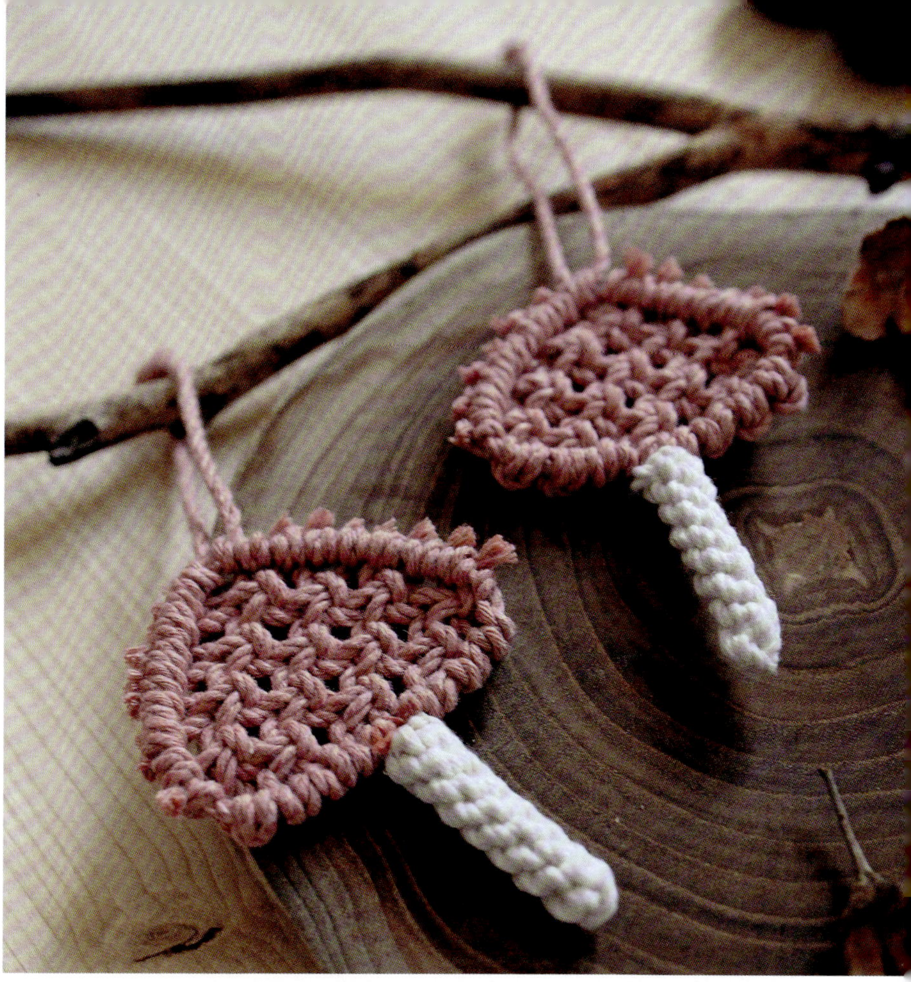

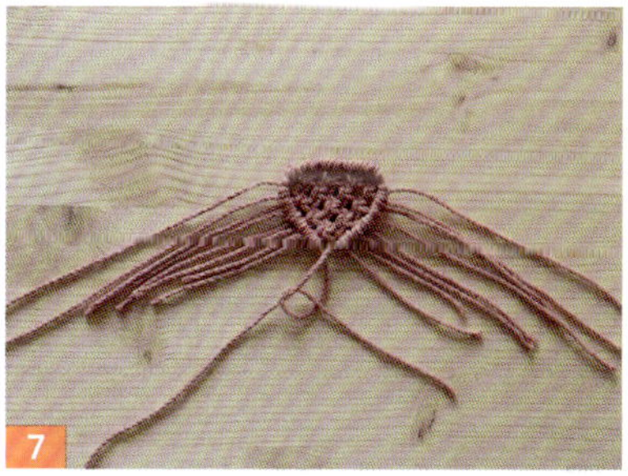

7

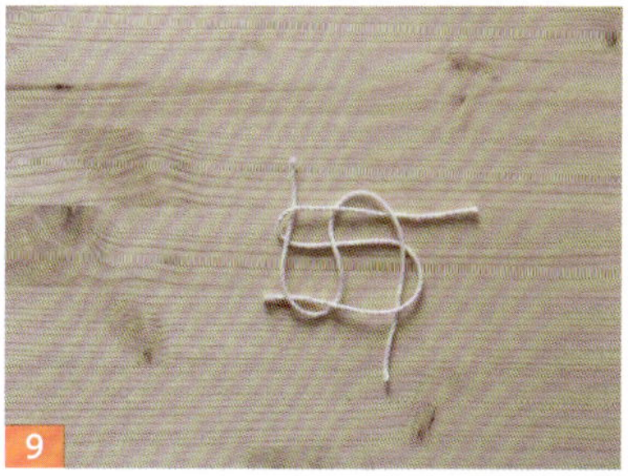

9

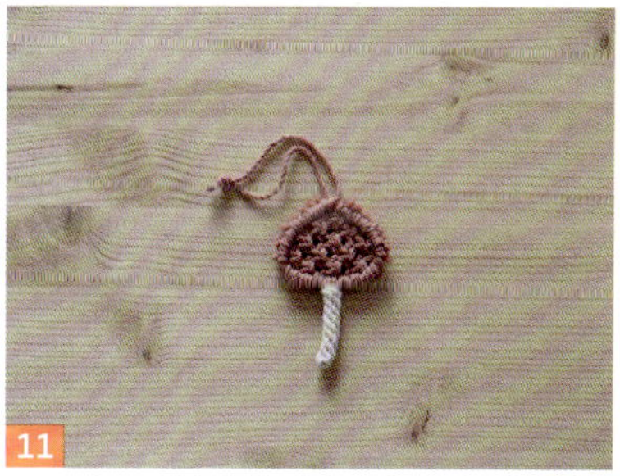

11

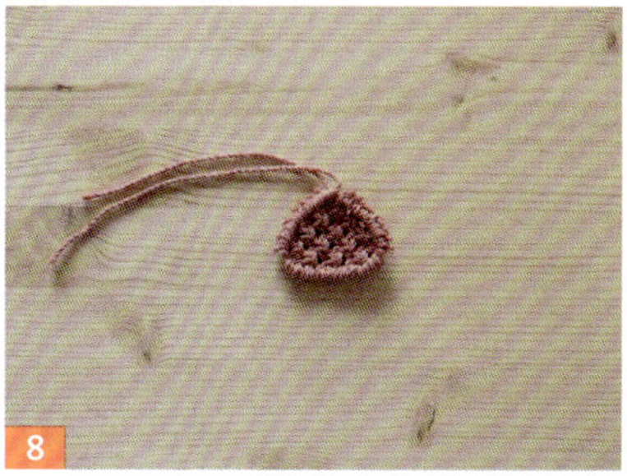

8

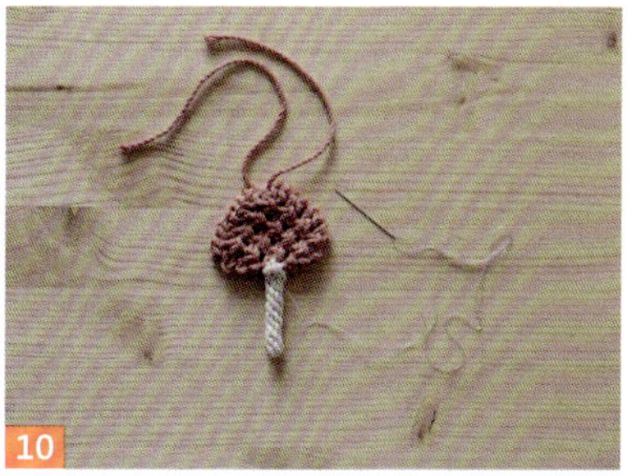

10

Untersetzer

Ich gebe zu, Untersetzer kann man eigentlich das gesamte Jahr über gut gebrauchen. Aber ich mag gemütliche Teestunden im Herbst ganz besonders. Um diese gebührend zu zelebrieren, kann ein schöner Untersetzer nicht schaden, den du in verschiedenen Varianten knüpfen kannst. Ich habe mich hier ganz bewusst mal für eine knalligere Farbe entschieden. Denn der Herbst muss schließlich nicht immer grau und eintönig sein ☺.

Material:

- 3ply gezwirntes Makrameegarn in zwei Farben, Ø 5 mm
- Korkbrett und Stecknadeln
- optional Häkelnadel

Zuschnitt:

- 14 x 1,30 m
- mehrere Garnreste für die Fransen

Knoten:

- Ankerknoten
- Kreuzknoten

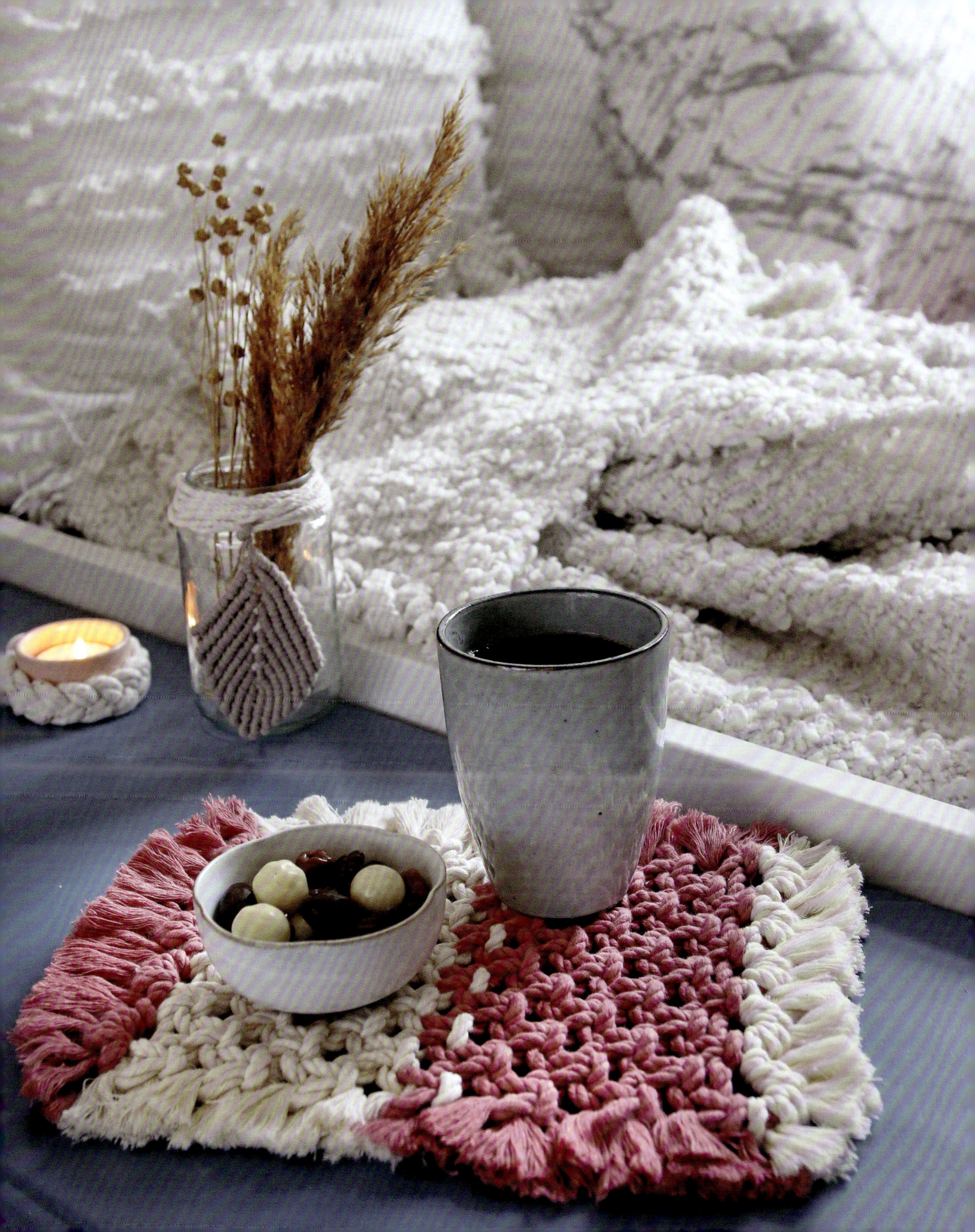

So wird's gemacht:

1 Stecke die Stecknadeln am oberen Rand des Korkbretts fest und lege das Garn zur Schlaufe um die Stecknadeln, sodass links und rechts gleich viel Garn übersteht.

2 Führe für den Kreuzknoten die linke Schnur über den mittleren Schnüren nach rechts und die rechte Schnur unter den mittleren Schnüren nach links.

3 Für den zweiten Teil vom Kreuzknoten führe die linke Schnur unter den mittleren Schnüren nach rechts und die rechte Schnur über den mittleren Schnüren nach links. Ca. 2 cm unter dem oberen Rand festziehen.

4 Bilde wie in Schritt 2 und 3 beschrieben eine Reihe Kreuzknoten.

5 Knote versetzt darunter eine weitere Reihe Kreuzknoten, wobei die jeweils äußeren Schnüre ausgelassen werden.

6 Bilde so insgesamt elf Reihen.

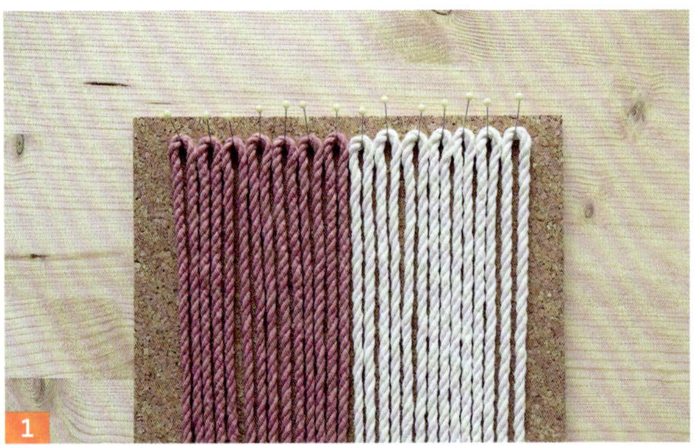

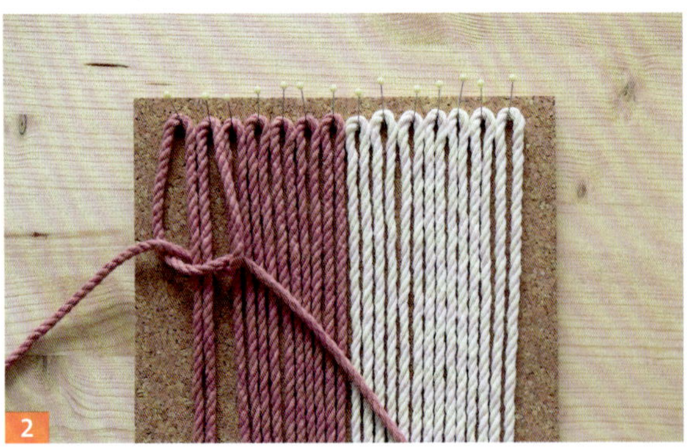

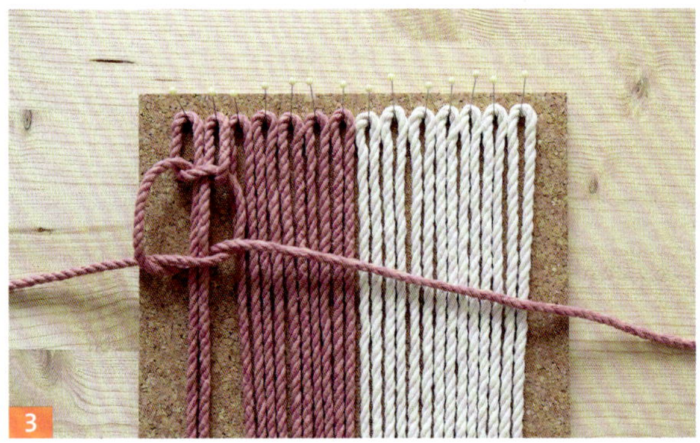

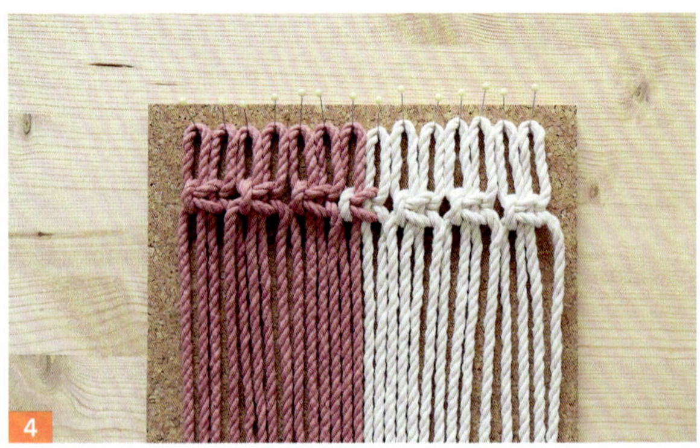

7 Schneide die Schlaufen am oberen Rand durch und kürze die überstehenden Enden am Rand auf die gleiche Länge ein. Vorsichtig auskämmen.

Tipp: Du kannst jetzt auch aufhören, wenn du Fransen nur an einer Seite bevorzugst. Wenn du Fransen an allen vier Seiten möchtest, lies weiter.

8 Befestige an den seitlichen Schlaufen kurze Garnstücke mit dem Ankerknoten rückwärts. Eine Häkelnadel kann dabei behilflich sein. Verwende pro Schlaufe ca. drei Garnstücke.

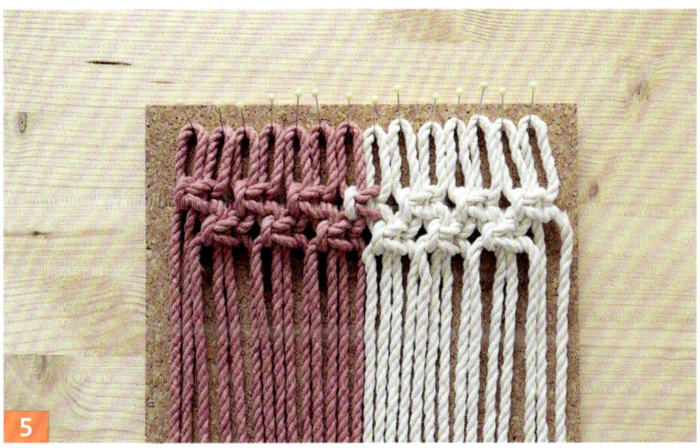
5

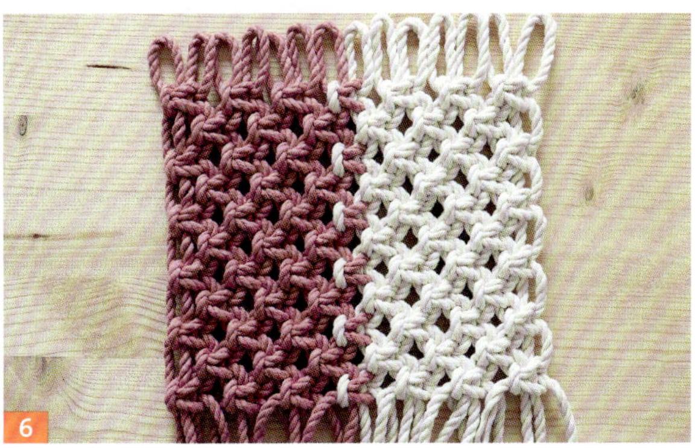
6

9 Auf der anderen Seite wiederholen, vorsichtig zuschneiden und auskämmen.

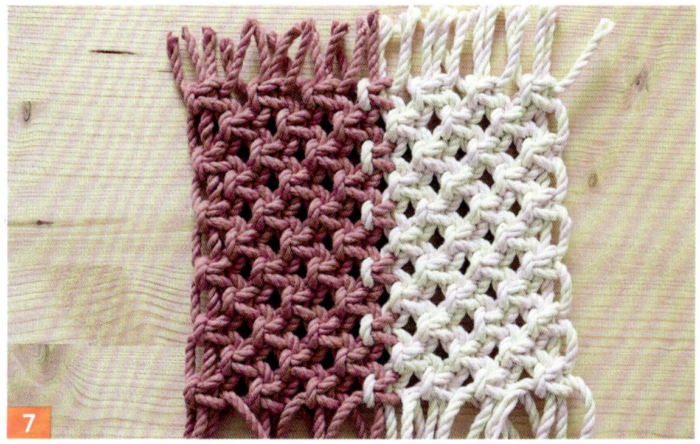
7

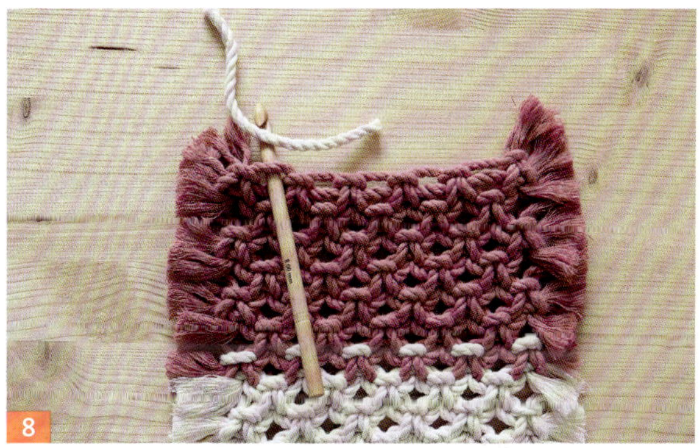
8

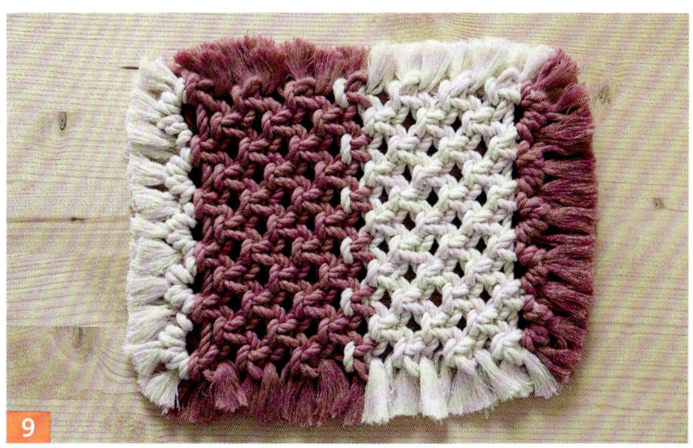
9

★★

Hängeleuchtlicht

Im Herbst sammle ich gerne Kastanien und andere Naturschätze. Mit etwas Makramee, einem Einweckglas und einer Lichterkette kann man diese toll in Szene setzen, indem du dir ein tolles Dekolicht knotest. Alternativ kann das Glas auch ohne Deckel als Hängevase oder schwebender Blumentopf genutzt werden. Dir fallen bestimmt tolle Verwendungsmöglichkeiten ein.

Material:

- gezwirntes Makrameegarn, Ø 3 mm
- Einweckglas, Ø 8 cm
- optional: Acrylfarbe
- LED-Lichterkette mit Batteriebetrieb
- doppelseitiges Klebeband
- Eicheln, Kastanien und Co.

Zuschnitt:

- 1 x 1 m
- 8 x 90 cm
- 1 x 40 cm

Knoten:

- Ankerknoten
- Kreuzknoten
- Wickelknoten
- Einfacher Knoten

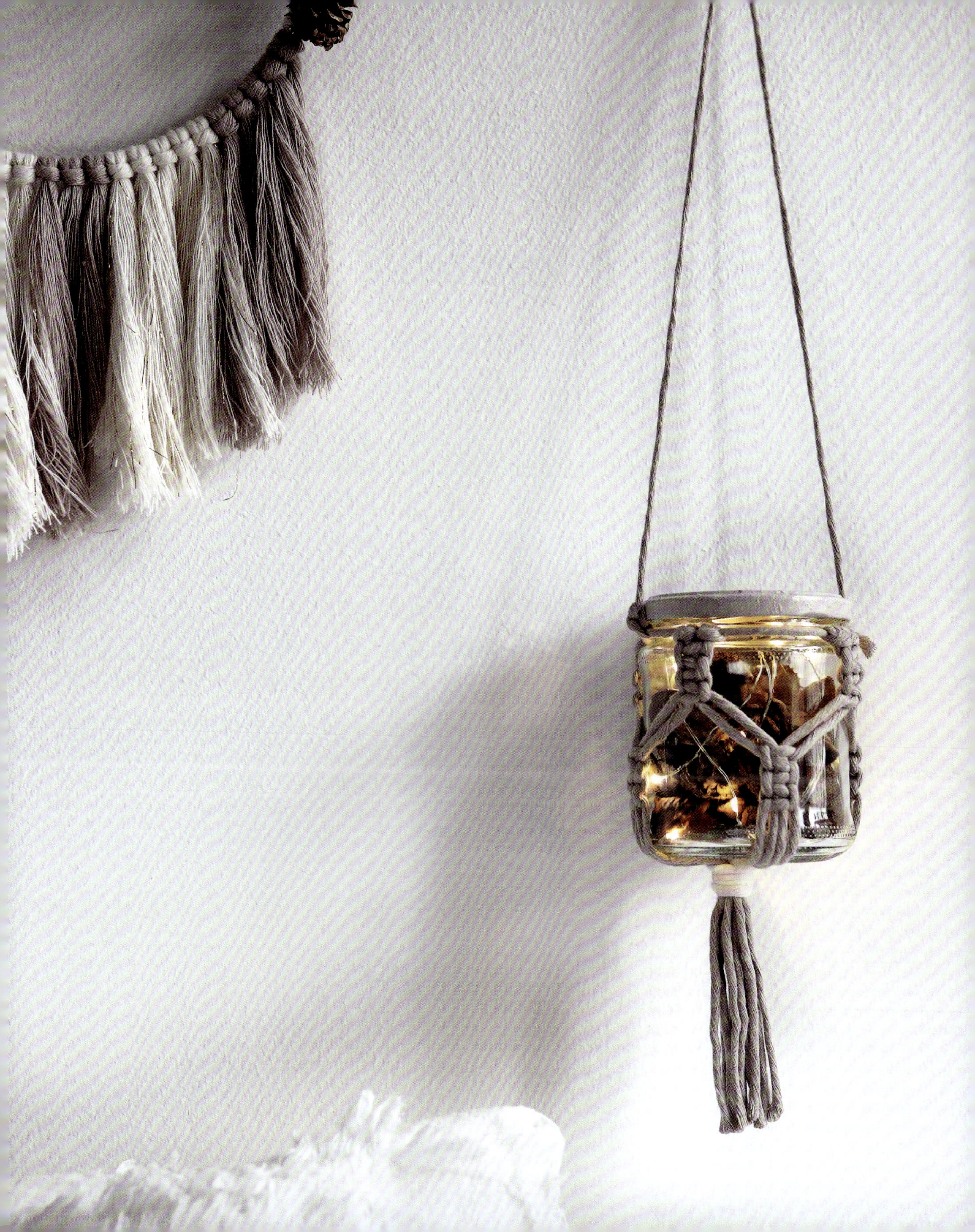

So wird's gemacht:

1 Befestige die acht Schnüre an der 1 m langen Schnur mit dem Ankerknoten, sodass sie zu zweit gruppiert sind. Dabei sollte an der linken Seite ca. 10 cm Leitschnur überstehen und auf der rechten Seite ca. 60 cm

2 Befestige die Leitschnur am Glas und bilde gleichzeitig die Aufhängung:
a Schlinge das kurze Ende der Schnur (linke Seite) um die lange Schnur, aber noch nicht festziehen.
b Führe vor dem Festziehen die lange Schnur noch auf die gegenüberliegende Seite hinter der Leitschnur lang.

Bilde dann an beiden Seiten jeweils einen einfachen Knoten.

3 Knote an allen Seiten vier wechselnde Kreuzknoten.

Tipp: Lege die Aufhängung während des Knotens am besten ins Glas.

4 Lass ca. 3 cm Schnur frei und bilde die nächste Reihe aus vier Kreuzknoten. Dabei kommen zwei Schnüre aus der linken Kreuzknotenreihe und zwei aus der rechten.

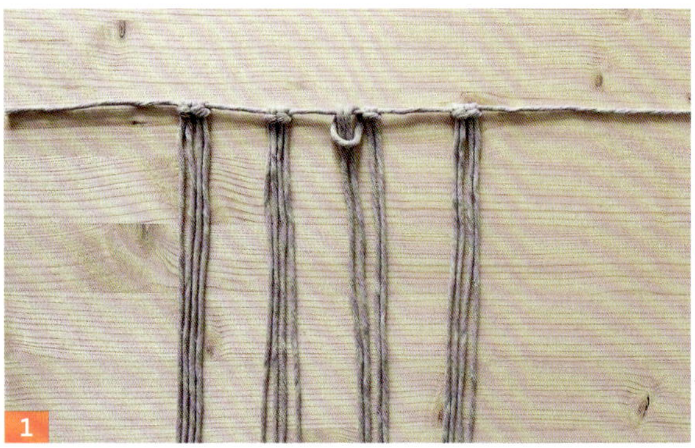
1

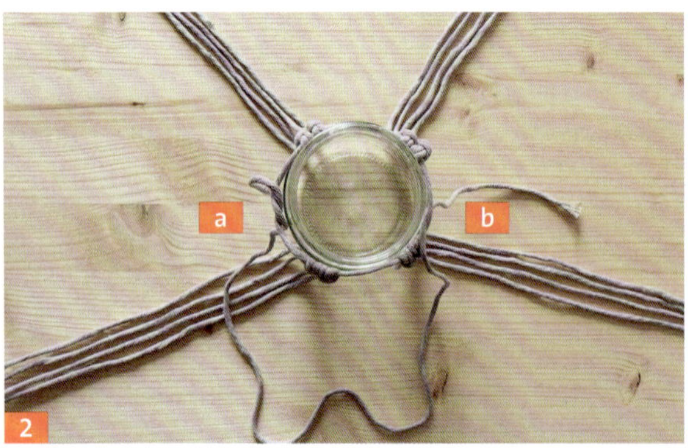

2

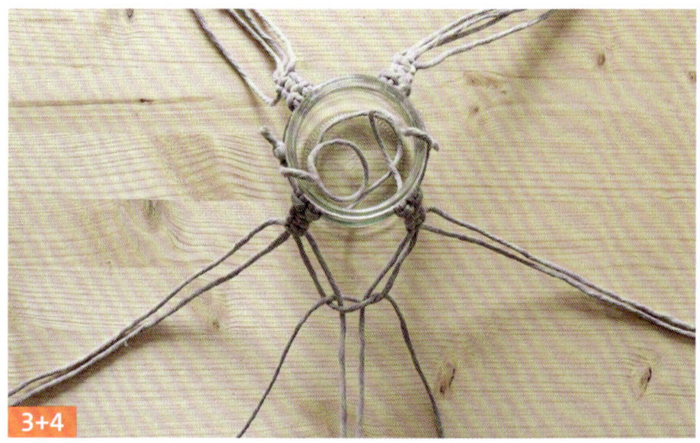
3+4

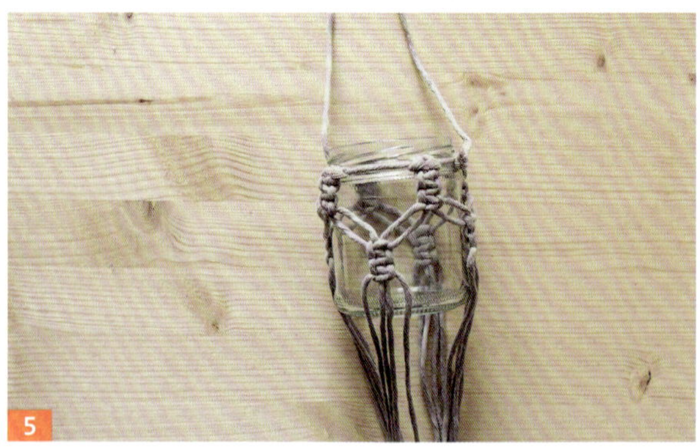
5

5 Mit den restlichen Schnüren wiederholen.

6 Bilde am Glasboden einen Wickelknoten, der alle Schnüre umfasst. Achtung: In diesem Fall die überstehenden Enden vom Wickelknoten noch nicht abschneiden. Durch das Zurechtziehen im nächsten Schritt könnte sich dieser sonst nämlich schnell lösen.

7 Ziehe die langen Schnüre vorsichtig zurecht, sodass am Ende alles gleichmäßig am Glas anliegt. Es kann sehr hilfreich sein, dies im hängenden Zustand zu machen. Kürze dann die überstehenden Enden vom Wickelknoten ein.

8 Male den Glasdeckel ggf. mit Acrylfarbe an, falls dir die Originalfarbe nicht gefällt. Wenn das Ganze gut getrocknet ist, klebe den Anfang der Lichterkette ein, sodass man den Schalter noch gut bedienen kann.

9 Befülle das Glas mit Kastanien und Co., verteile die Lichterkette gleichmäßig und schraube den Deckel zu.

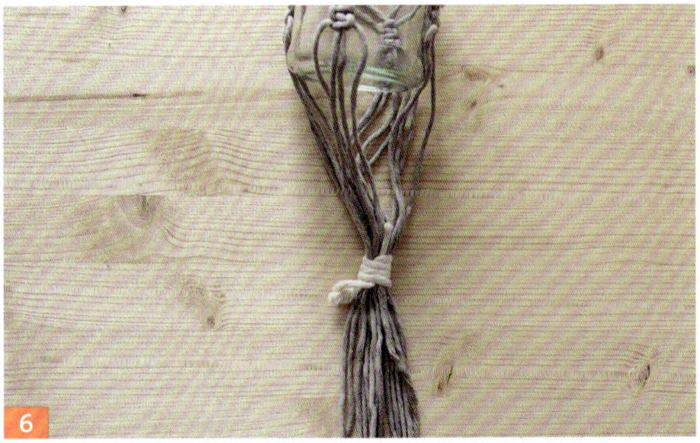
6

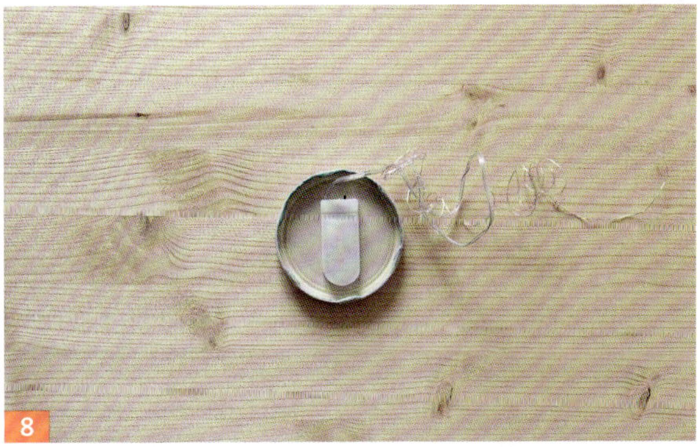
8

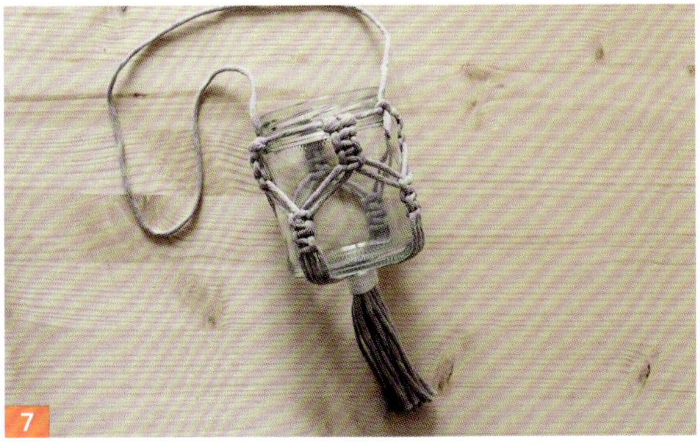
7

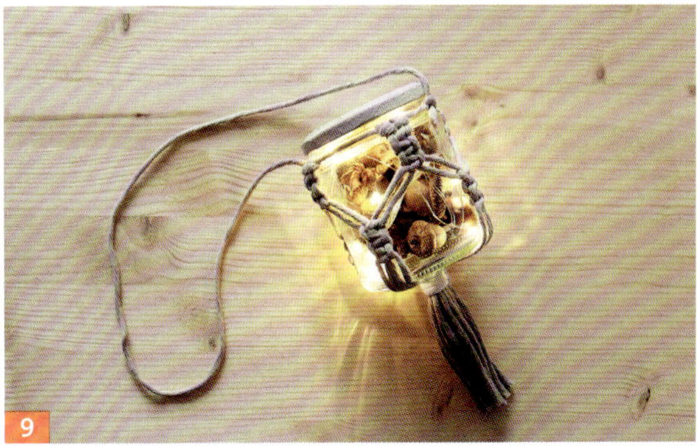
9

Lesezeichen

Im Herbst lese ich besonders gerne, da darf es ruhig mal das ein oder andere Lesezeichen mehr sein. Du kannst sie in zahlreichen Varianten knoten. Du solltest aber stets darauf achten, möglichst dünnes Garn zu verwenden, damit das Buch nicht allzu weit aufsteht (einen Spalt wird es allerdings immer geben). Auch sind Lesezeichen ein richtig schönes Geschenk, wie ich finde, vor allem, wenn es das passende Buch gleich dazugibt.

Material:

- 3ply gezwirntes Makrameegarn, Ø 1,5 mm
- gezwirntes Makrameegarn, Ø 1,5 mm (es kann aber auch die 3ply Schnur verwendet werden)
- goldfarbener Ring, Ø 1,5 cm (im Baumarkt erhältlich)
- Holzkugel, Ø 1 cm

Zuschnitt:

3ply gezwirntes Makrameegarn:

- 6 x 1,50 m
- 1 x 25 cm

gezwirntes Makrameegarn:

- 1 x 30 cm

Knoten:

- Ankerknoten
- Rippenknoten
- Wickelknoten
- Einfacher Knoten

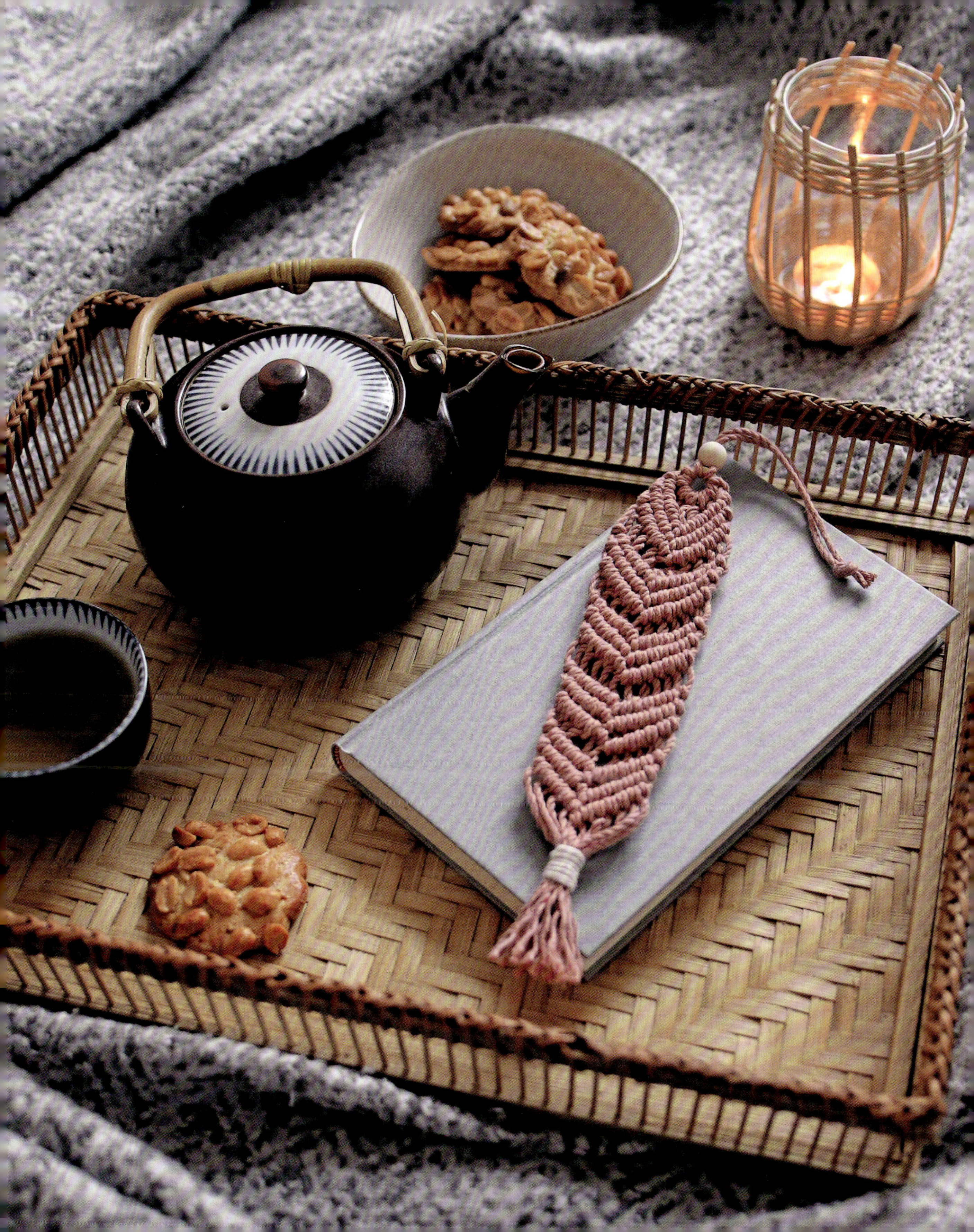

So wird's gemacht:

1 Befestige an dem Ring die sechs Schnüre mit dem Ankerknoten rückwärts, sodass links und rechts gleich viel Schnur übersteht.

2 Nutze die Schnur links außen als Leitschnur und bilde um diese fünf Rippenknoten diagonal zur Mitte.

3 Wiederhole Schritt 2 auf der rechten Seite und verbinde beide Seiten mit einem zusätzlichen Rippenknoten.

4 Knote die nächste Reihe direkt darunter. Nutze dabei immer die äußeren Schnüre als Leitschnüre. Knüpfe so insgesamt drei Reihen.

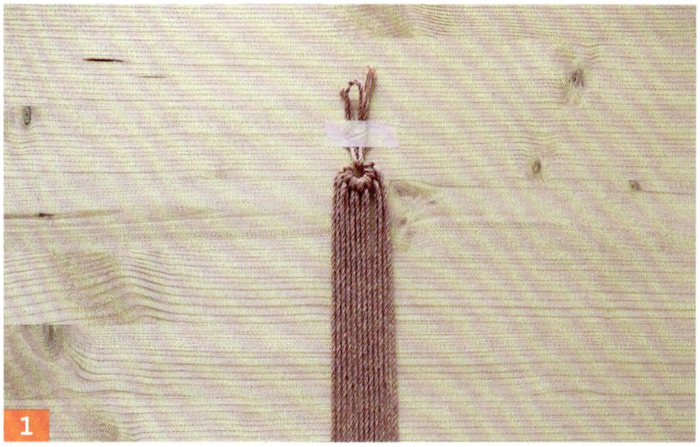

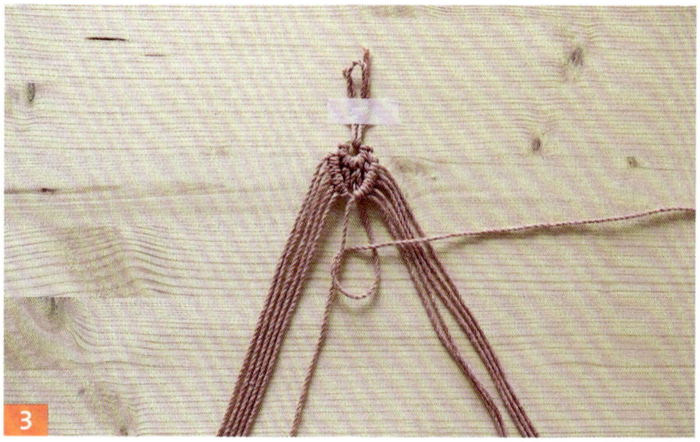

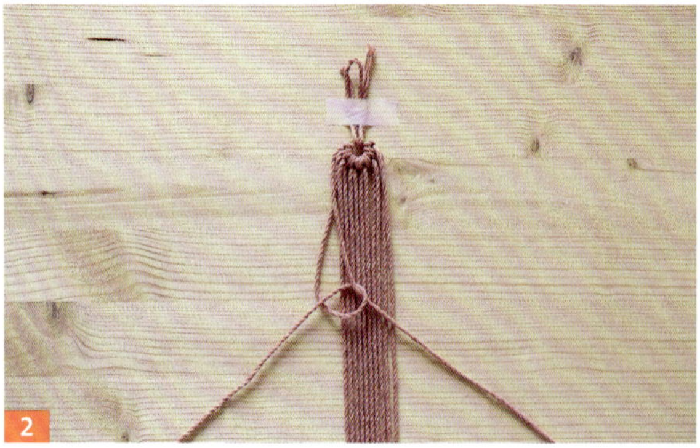

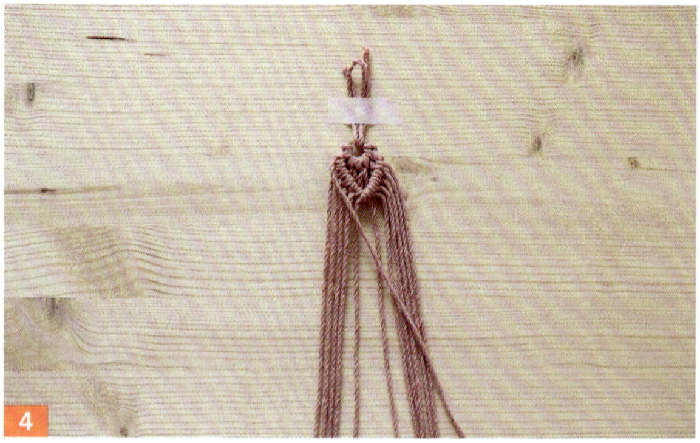

5 Knote mit etwas Abstand (ca. 1 cm) die nächsten drei Reihen. Am Ende sollten es fünf Gruppen mit je drei Reihen sein.

6 Schließe die offenen Enden mit einem Wickelknoten und drehe die Enden auf.

7 Befestige am oberen Ende die 25 cm lange Schnur mit dem Ankerknoten und fädle die Holzperle auf (siehe Tipp Perlen auffädeln Seite 15). Verschließe die offenen Enden mit einem einfachen Knoten.

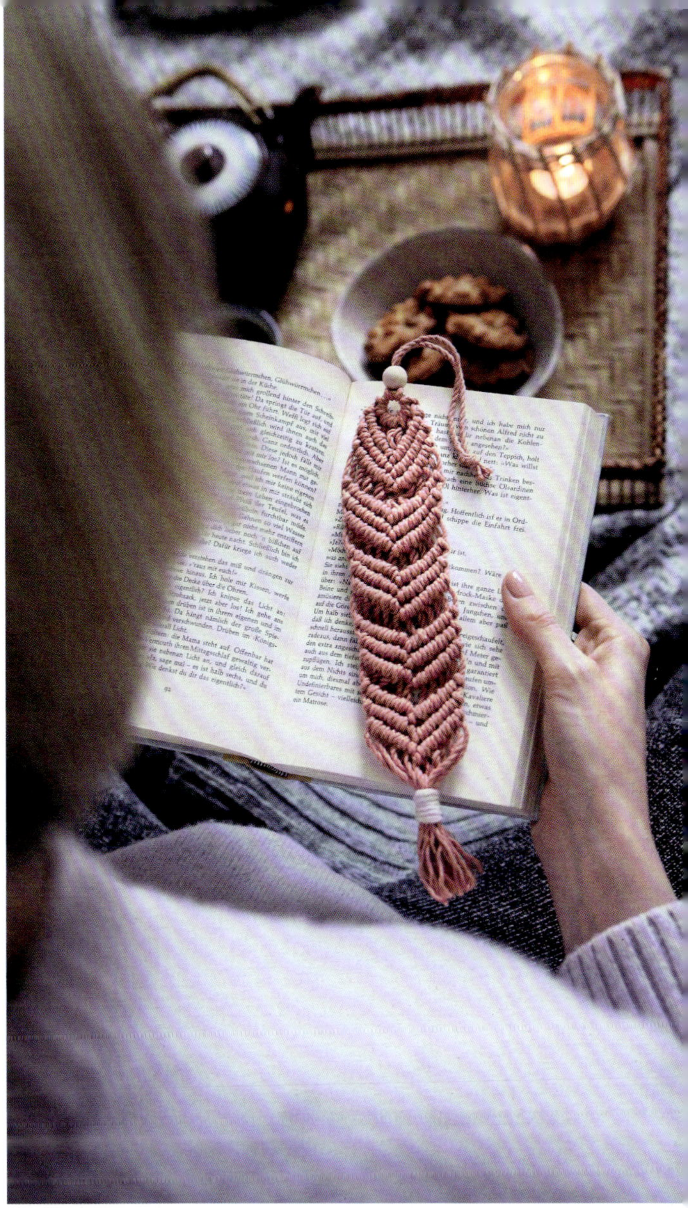

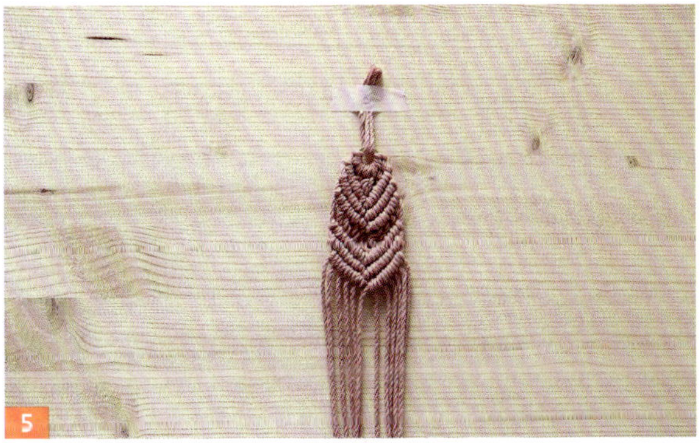

5

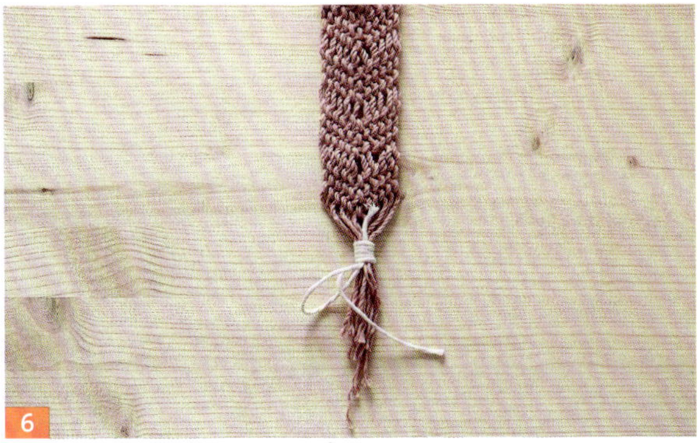

6

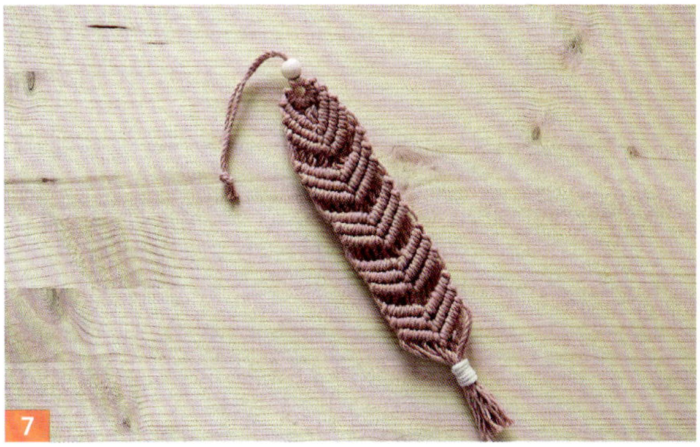

7

Wimpelkette

Den Abschluss der Herbst-DIYs bildet eine Wimpelkette. Auch ein Klassiker in der Makramee-Welt, der sich aber ganz toll individualisieren lässt. Herbstlich wird das Ganze mit Bucheckern, Eicheln und Co., die du an der Wimpelkette befestigen kannst. Du kannst das Ganze so auch prima auf die jeweilige Jahreszeit anpassen – probiere einfach aus, was dir gefällt.

Material:

- 3ply gezwirntes Makrameegarn in Grün, Ø 3 mm
- 3ply gezwirntes Makrameegarn in Weiß, Ø 1,5 mm
- Holzkugeln, Ø 1 cm, Ø 1,5 cm
- Bucheckern, Sternanis und kleine Holzwäscheklammern nach Bedarf

Zuschnitt:

- 1 x 1,20 m vom grünen Garn

pro Wimpel:

- 6 x 60 cm vom grünen Garn
- 2 x 60 cm vom weißen Garn
- 1 x 30 cm vom weißen Garn

Knoten:

- Ankerknoten
- Kreuzknoten
- Wickelknoten

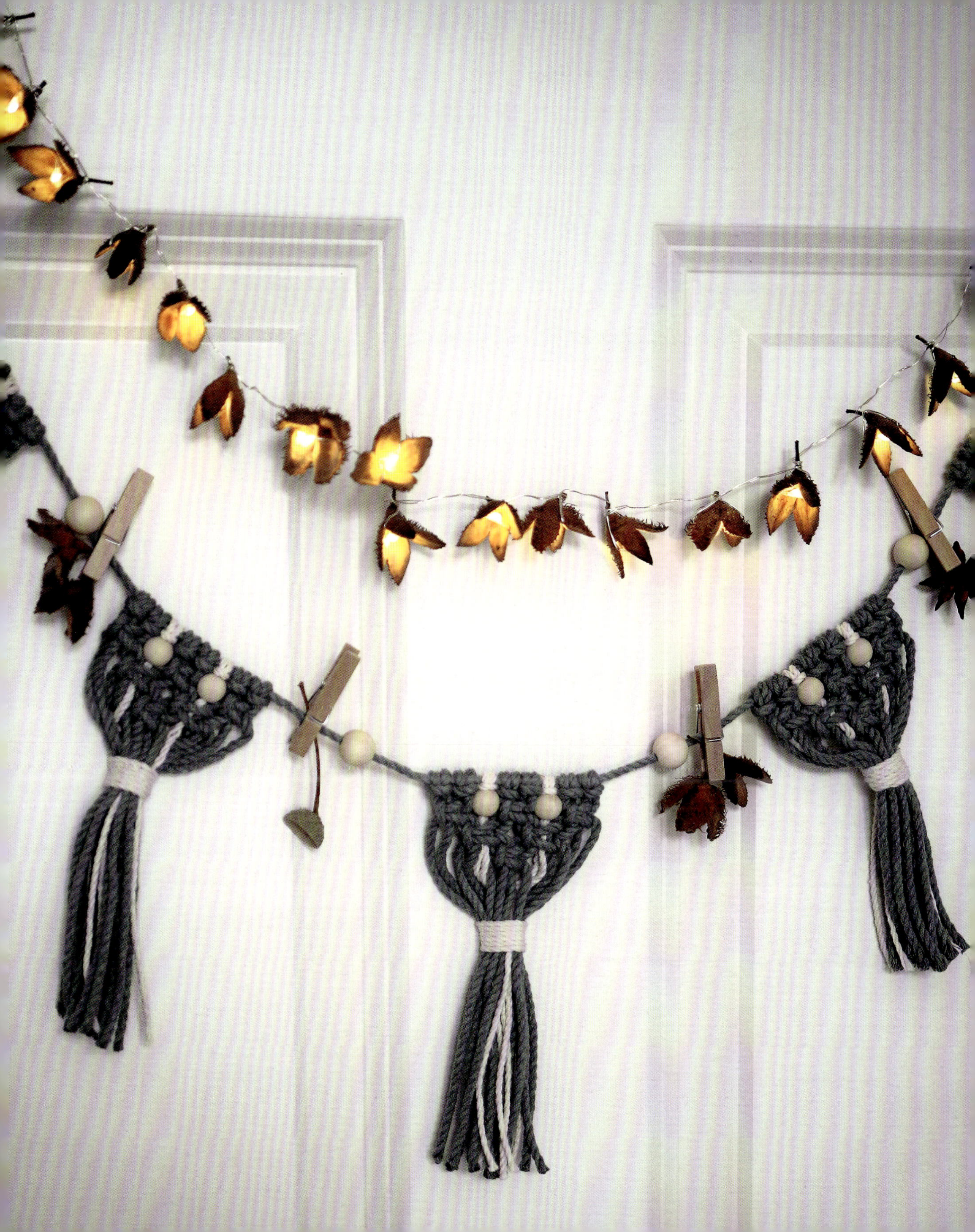

So wird's gemacht:

1 Befestige die sechs grünen Schnüre an der langen Schnur mit dem Ankerknoten. Bring dabei zwischen der zweiten und dritten Schnur sowie zwischen der vierten und fünften (von links) zusätzlich eine weiße Schnur an.

2 Fertige mit den grünen Schnüren eine Reihe Kreuzknoten an. Führe hierzu die linke Schnur über den mittleren Schnüren nach rechts und die rechte Schnur unter den mittleren Schnüren nach links. Gut festziehen!

3 Für den zweiten Teil vom Kreuzknoten führe die linke Schnur unter den mittleren Schnüren nach rechts und die rechte Schnur über den mittleren Schnüren nach links. Gut festziehen!

4 Ziehe die Perlen über die weißen Schnüre und platziere sie zwischen den Kreuzknoten (siehe Tipp Perlen auffädeln Seite 15).

5 Bilde unter der Kugel zwei versetzte Kreuzknoten. Integriere dabei zusätzliche weiße Schnüre als Leitschnüre.

6 Bilde die dritte Reihe mit einem Kreuzknoten.

7 Lege für den Wickelknoten auf der Rückseite das 30 cm lange Stück weiße Schnur zur Schlaufe über die Enden.

8 Umwickle die Schlaufe von oben nach unten und ziehe das Ende durch die Schlaufe. Zieh vorsichtig am oberen Ende, sodass die Schlaufe in der Wicklung verschwindet.

9 Zieh die Schnüre je nach Geschmack zurecht. Ich habe das Ganze hier etwas lockerer

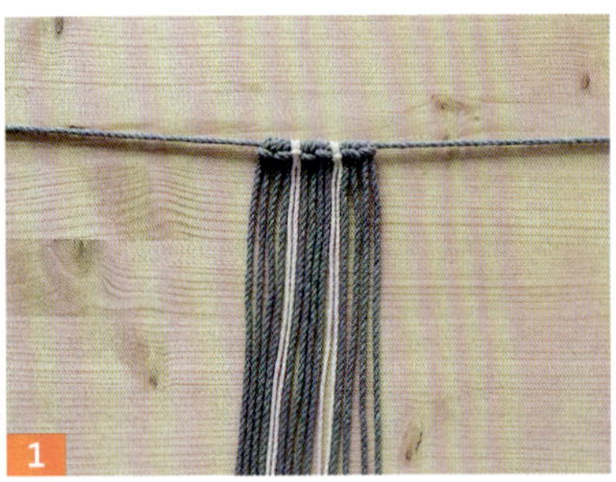
1

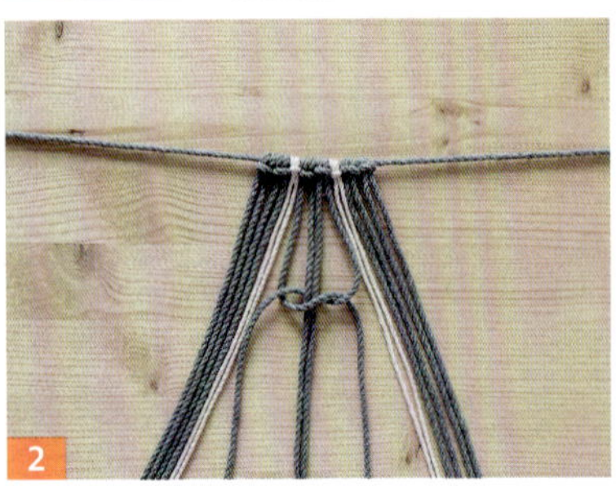
2

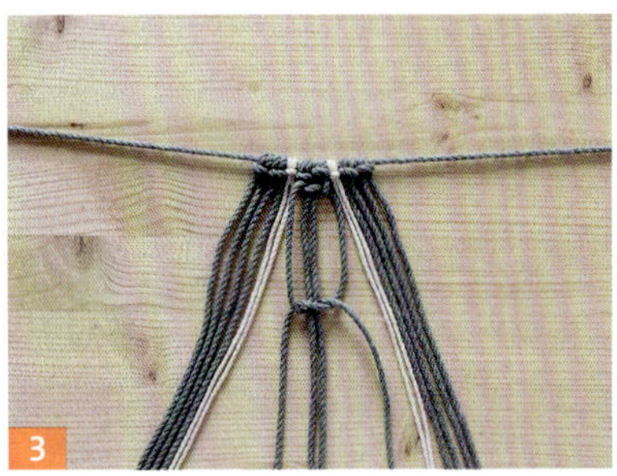
3

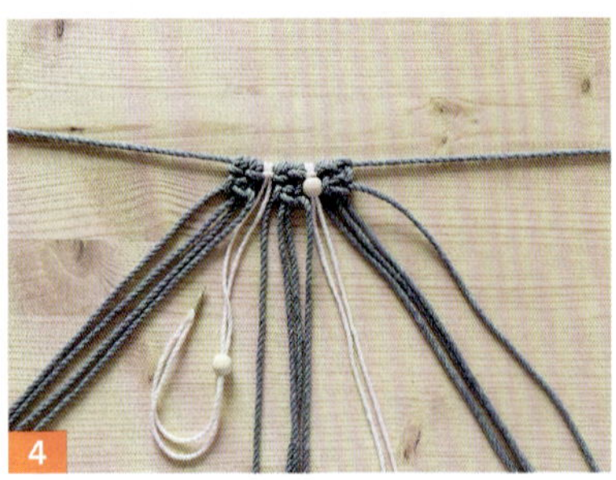
4

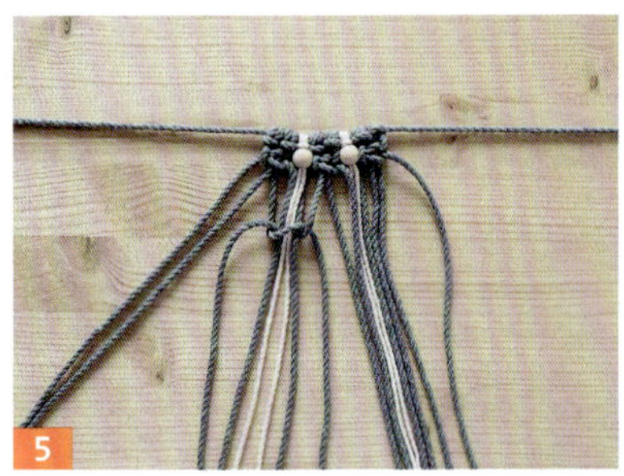
5

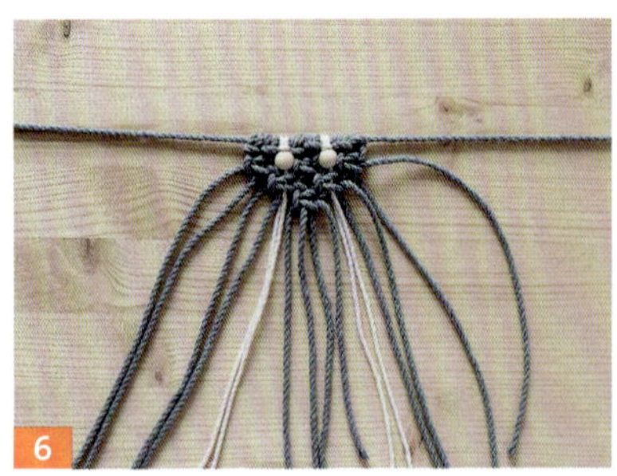
6

gelassen, damit es im Bogen fällt. Kürze die Schnüre auf die gewünschte Länge ein.

10 Ergänze weitere Wimpel und fädle je nach Geschmack zwischendurch Holzkugeln auf.

Zum Schluss können an der Wimpelkette noch kleine Herbstschätze mithilfe von Wäscheklammern befestigt werden. Am besten machst du das, wenn die Wimpelkette schon an ihrem finalen Platz hängt. Auch eine Lichterkette kann integriert werden – ganz wie es dir gefällt!

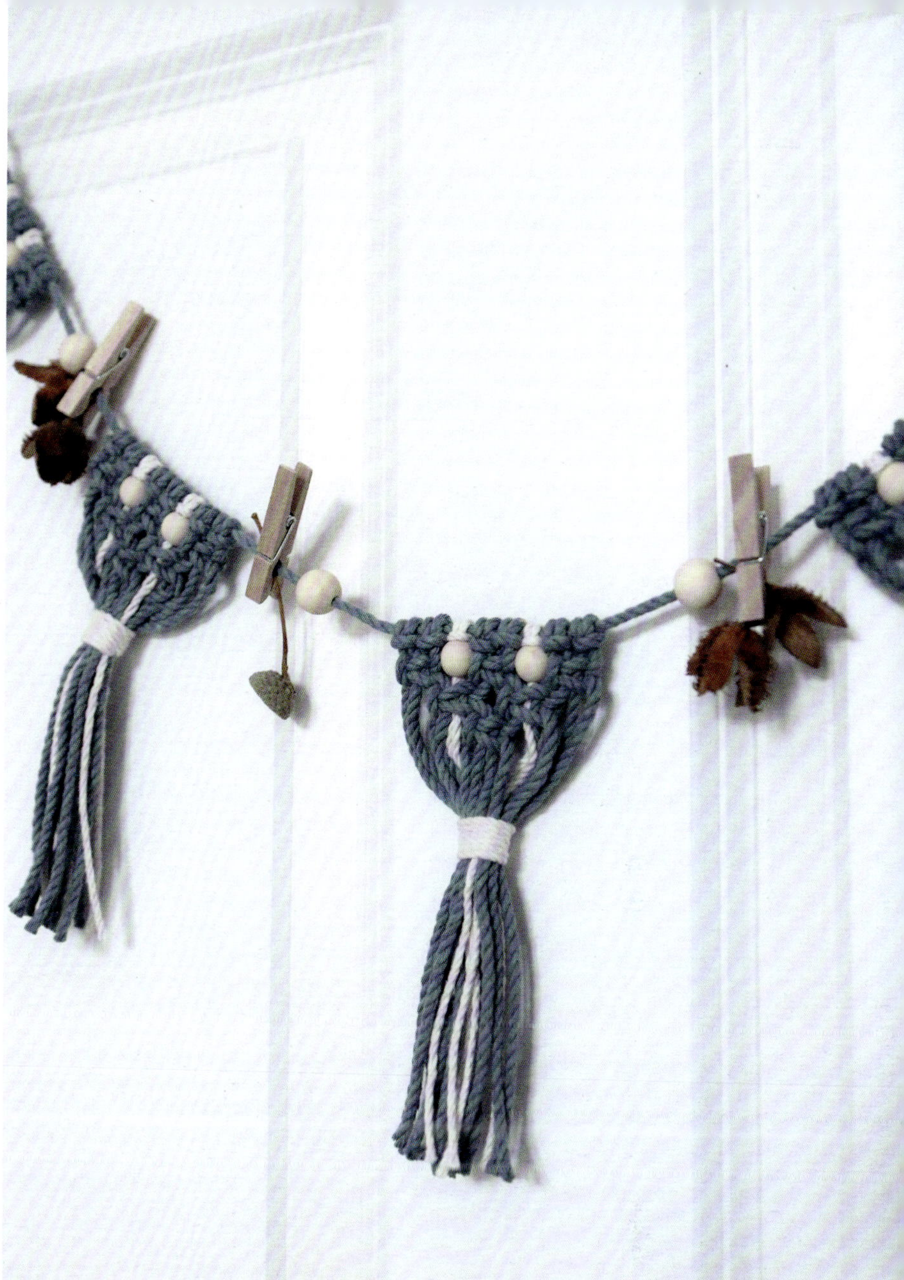

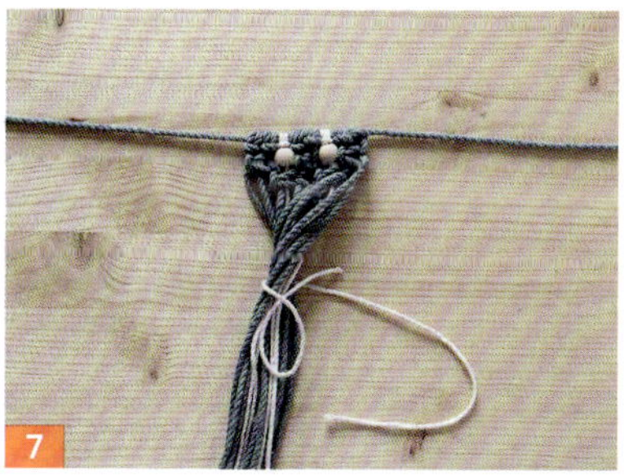

7

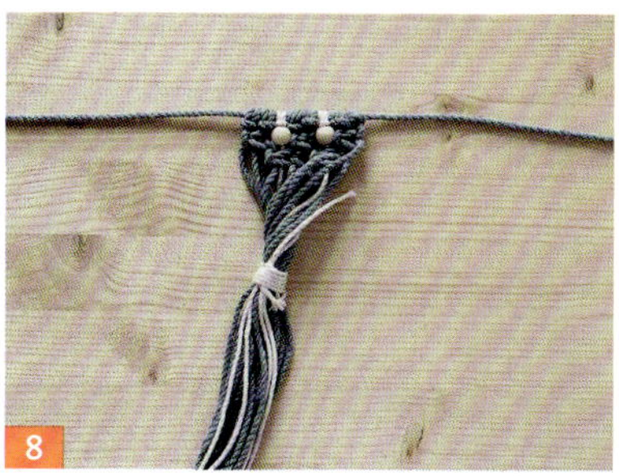

8

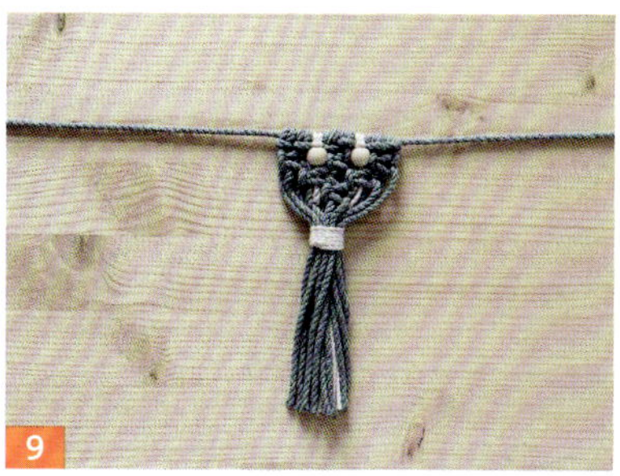

9

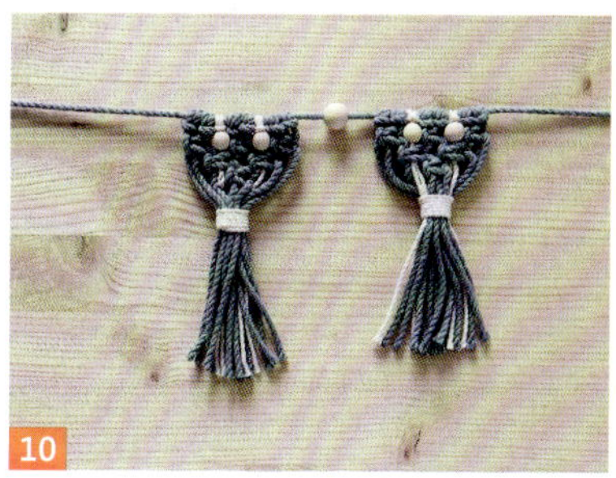

10

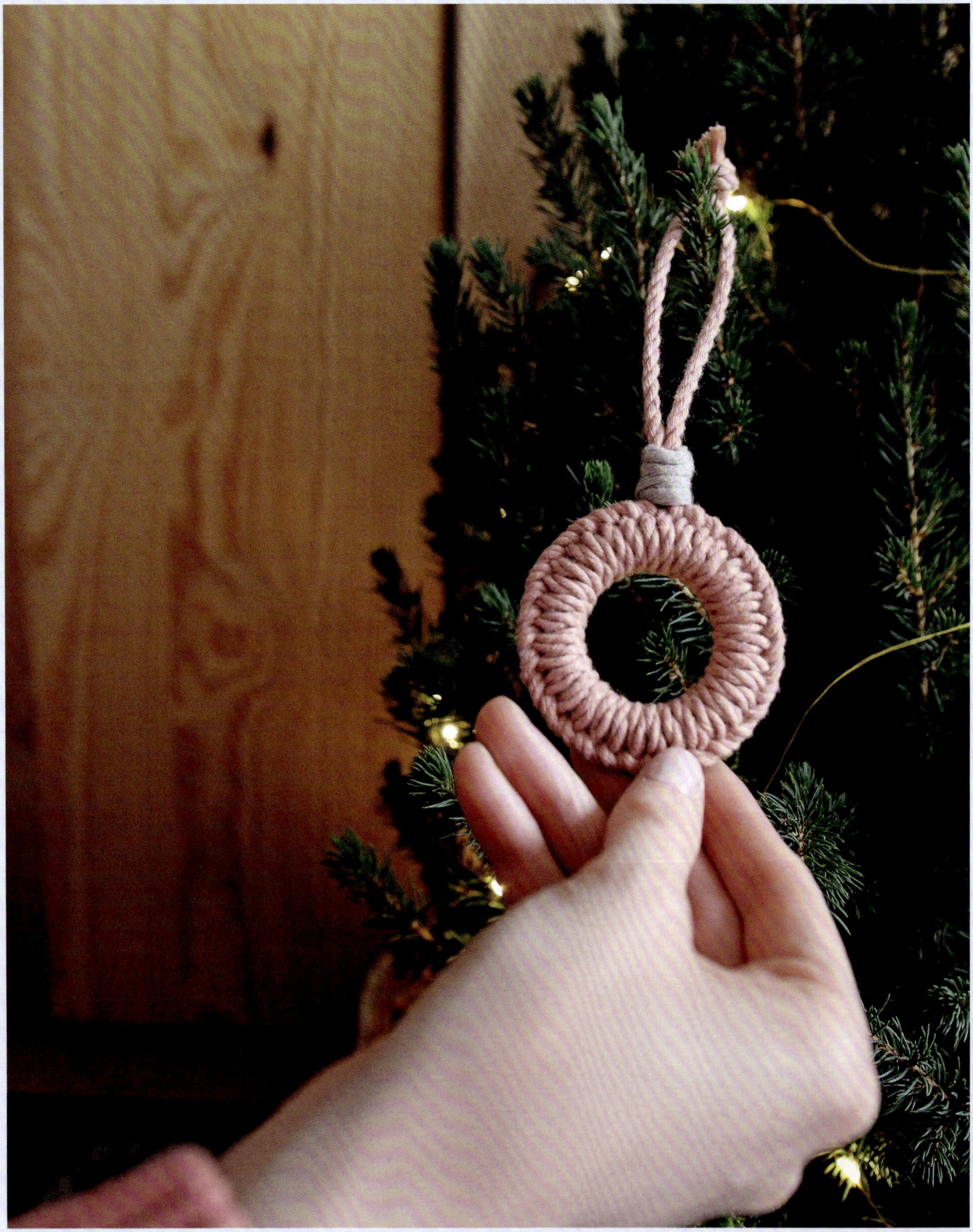

Winter

Kommen wir nun zur Bastelhochsaison: Winter, oder besser gesagt: Weihnachten. In diesen Wochen werkeln viele Menschen gerne und das macht diese Zeit für mich so besonders. Egal, ob schöne Deko fürs Zuhause oder gebastelte Geschenke, etwas Selbstgemachtes darf nicht fehlen. Für mich persönlich ist ein Adventssonntag erst perfekt, wenn es eine Tasse Tee, leckere Plätzchen, Weihnachtsmusik, den angezündeten Adventskranz und ganz wichtig: ein DIY-Projekt gibt. Und das am liebsten in Gesellschaft. In diesem Kapitel sind wir ganz klassisch unterwegs – vom Adventskalender bis zum Weihnachtsbaumschmuck findest du hier kleine bis größere Makramee-Ideen. Also schnapp dir doch ein Heißgetränk deiner Wahl und lass uns gemeinsam knoten!

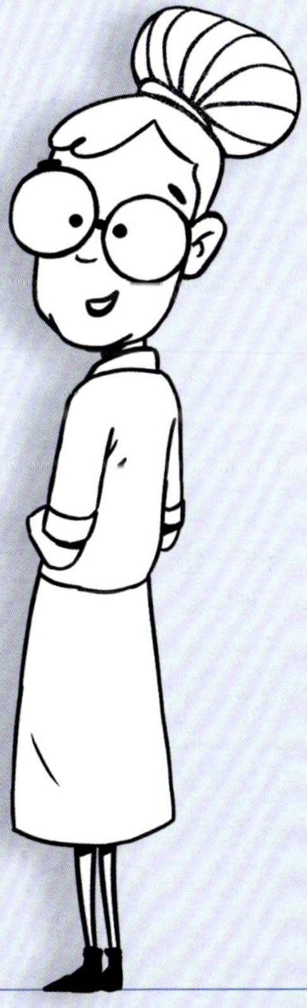

Adventskalender

Der Adventskalender ist klassischerweise das erste Weihnachtsprojekt, da er pünktlich zum ersten Dezember hängen muss. Ich bevorzuge dabei selbstgefüllte Kalender, da man so den Inhalt richtig gut auf den Geschmack seiner Liebsten abstimmen kann. Wir knoten gemeinsam einen kleinen Makramee-Wald, an dem du die Päckchen platzieren kannst. Für diesen kannst du prima Holzreste und übrig gebliebene Essstäbchen verwenden. Ein weiterer Vorteil: Der Kalender kann jedes Jahr aufs Neue genutzt werden.

Material:

- 3ply gezwirntes Makrameegarn in Grün und Weiß, Ø 3 mm
- Holz(-ess)stäbchen
- Holzbrett ca. 6 x 37 x 1 cm (H x B x T)
- Holzleim
- Schraubhaken
- 3ply gezwirntes Makrameegarn, Ø 1,5 mm
- Kartons, Butterbrottüten oder Geschenksäckchen
- Säge

Zuschnitt:

- pro Baum ca. 2,20 - 2,50 m vom 3 mm Garn (ich finde es schön, wenn die Baumgrößen variieren)
- Für die Aufhängung vom 1,5 mm Garn je nach Bedarf

Knoten:

- Einfacher Knoten
- Kreuzknoten

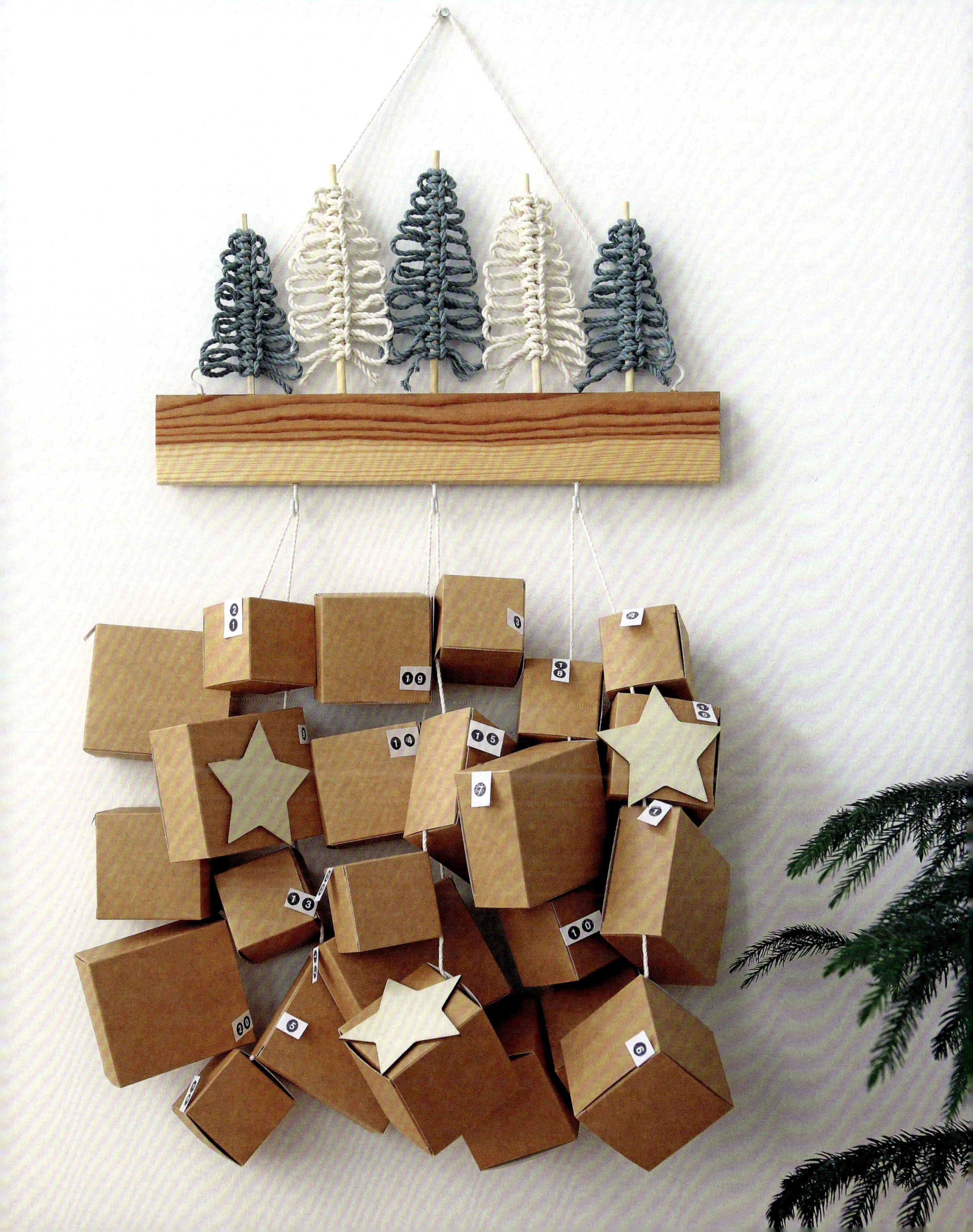
19
14
15
13
10
20
5
6

So wird's gemacht:

1 Befestige das dickere Garn mit einem einfachen Knoten am Holzstäbchen, sodass auf beiden Seiten gleich viel Garn übersteht.

2 Führe für den Kreuzknoten die linke Schnur über dem Holzstab nach rechts und die rechte Schnur unter dem Holzstab nach links. Gut festziehen!

3 Ca. 1 cm unter dem ersten Kreuzknoten bildest du den zweiten. Führe hierfür die linke Schnur unter dem Holzstab nach rechts und die rechte Schnur über dem Holzstab nach links.

4 Führe die linke Schnur über dem Holzstab nach rechts und die rechte Schnur unter dem Holzstab nach links. Gut festziehen!

5 Schiebe den Knoten nach oben an den ersten Kreuzknoten, sodass sich kleinen »Öhrchen« bilden. Diese nennt man auch Picots.

6 Wiederhole die Schritte 3 bis 5, wobei der Abstand zwischen den Kreuzknoten und damit die Picots immer ein kleines Stück größer werden.

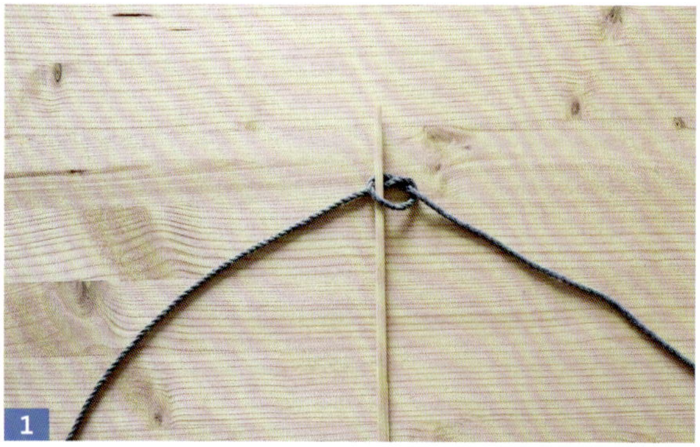

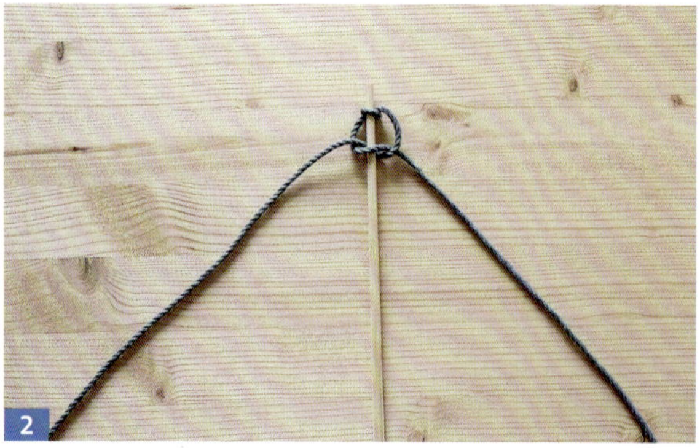

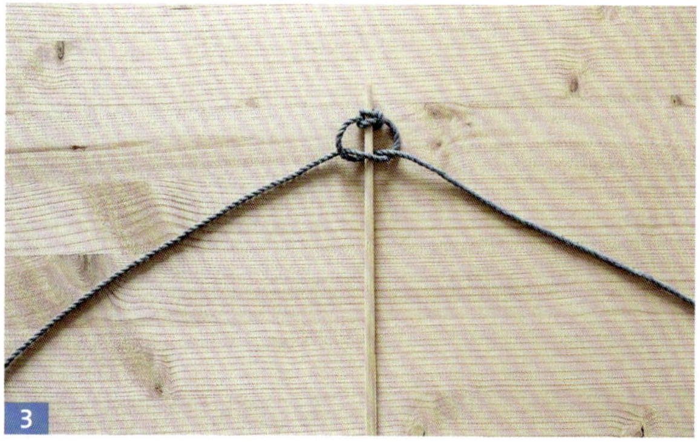

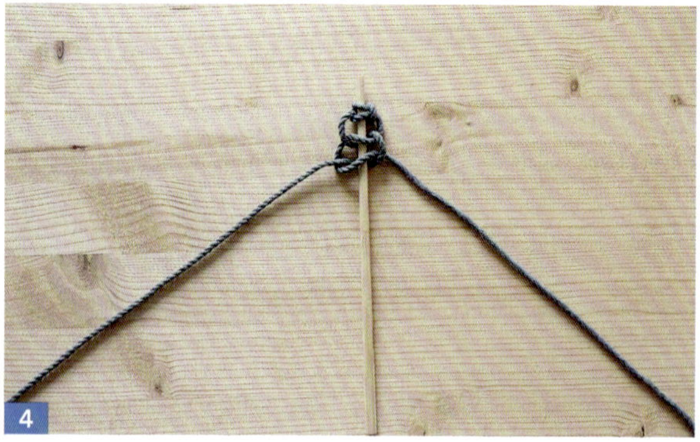

Tipp: Das Holzstäbchen kann etwas glatt sein, was das Knoten nicht immer ganz leicht macht. Mit Klammern kannst du das Ganze fixieren, um dir das Knoten zu erleichtern.

7 Nach zehn Kreuzknoten für den kleinsten Baum, 11 für den mittleren und 12 für den größten Baum, kürze die Schnurenden ein. Säge die Holzstäbchen auf die gewünschte Länge zu.

8 Bringe Haken für die Aufhängung am Holzbrett an und klebe die Bäumchen im regelmäßigen Abstand auf. Es kann dabei sinnvoll sein, eine kleine Vorbohrung vorzunehmen, um einen besseren Halt der Bäume zu erzielen.

Zum Schluss bringe oben eine Aufhängung mit dem dünnen Garn und unten die gefüllten Päckchen an.

Tipp: Die Makramee-Tannenbäume eignen sich auch prima als Geschenk- oder Baumanhänger. Hierfür ersetzt du das Holzstäbchen durch eine Leitschnur. Diese kann als Aufhängung z. B. an einem Holzring befestigt werden.

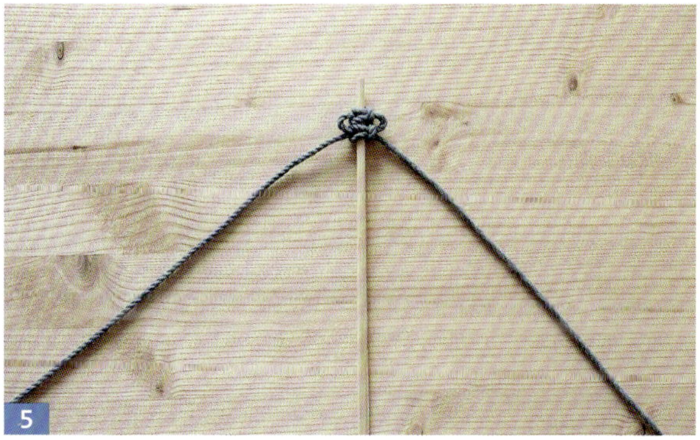
5

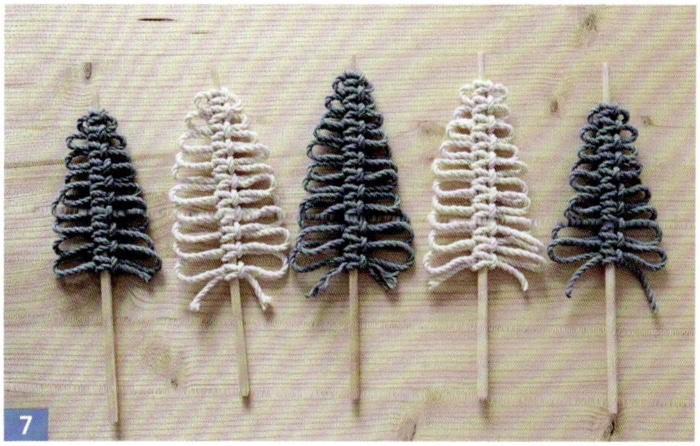
7

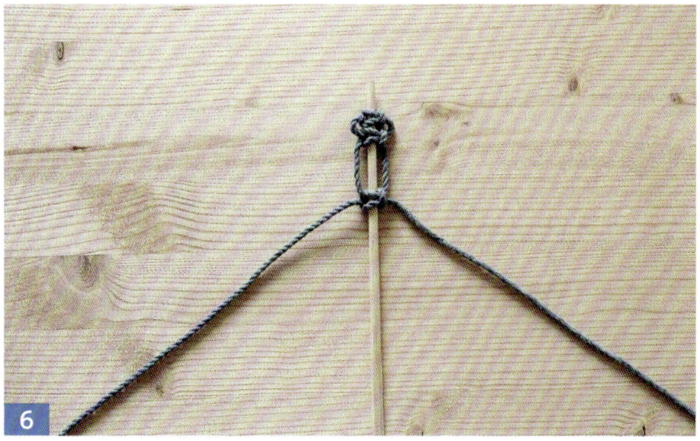
6

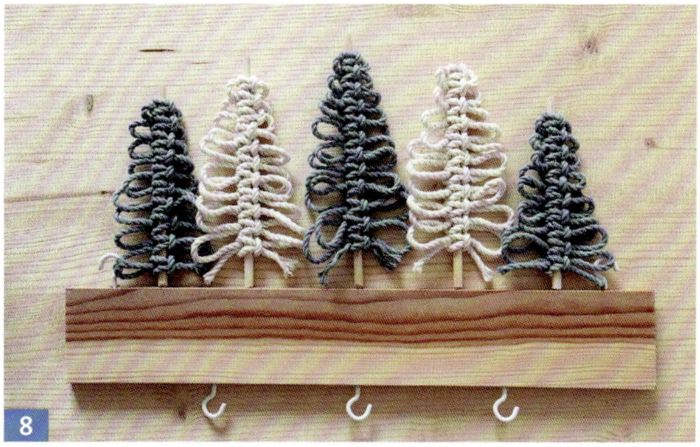
8

Adventskranz

Was in der Weihnachtszeit natürlich auch nicht fehlen darf, ist der Adventskranz. Hierfür knoten wir erst mal einen Basiskranz und ja, das nimmt etwas Zeit in Anspruch. Aber es lohnt sich: Du kannst den Kranz auch toll umdekorieren und zum Beispiel im Sommer als Türkranz verwenden. Mit den passenden Zahlen aus Makramee wird der Adventskranz abgerundet.

Material:

- gezwirntes Makrameegarn, Ø 5 mm
- Kranzrohling, Ø 25 cm
- Kerzenhalter mit Spieß, 4 Stück
- gezwirntes Makrameegarn, Ø 1,5 mm
- Draht
- Holzspieße
- Nadeln und Faden oder Textilkleber

Zuschnitt:

Für den Kranz:

- ca. 25 m vom dicken Garn

Für die Zahlen:

- **für die Eins:** 1 x 20 und 1 x 80 cm vom dünnen Garn, 1 x 10 cm Draht
- **für die Zwei:** 1 x 22 und 1 x 88 cm vom dünnen Garn, 1 x 11 cm Draht
- **für die Drei:** 1 x 30 und 1 x 120 cm vom dünnen Garn, 1 x 15 cm Draht
- **für die Vier:** 1 x 32 und 1 x 128 cm vom dünnen Garn, 1 x 16 cm Draht

Knoten:

- Einfacher Knoten
- Kreuzknoten
- Wellenknoten

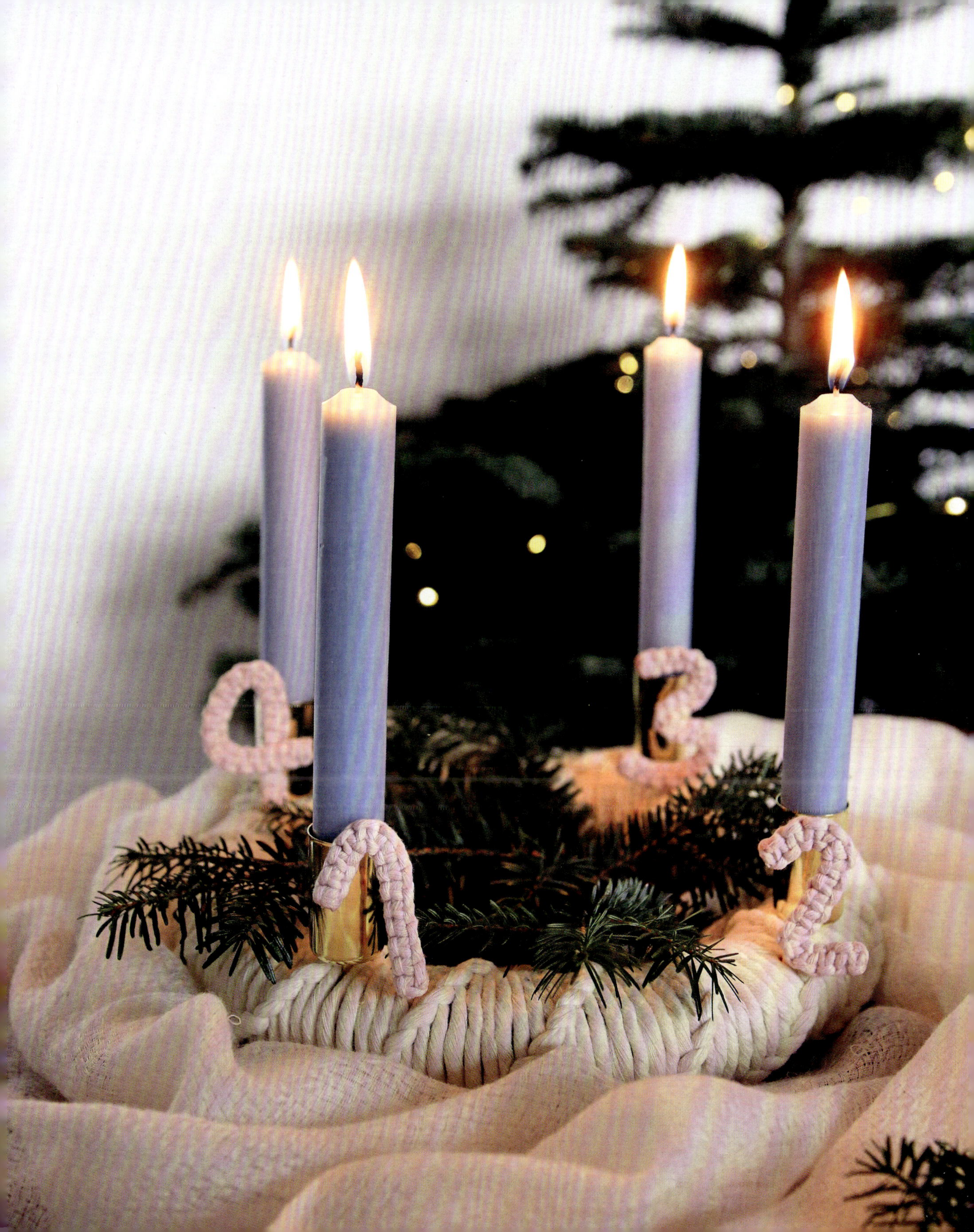

So wird's gemacht:

1 Befestige das dicke Garn mit einem einfachen Knoten am Ring, sodass links und rechts gleich viel Schnur übersteht. Da das Garn sehr lang ist, ist es hilfreich, dieses an beiden Enden aufzuwickeln, und z. B. mit einem Gummiband zu fixieren.

Tipp: Wenn du, wie ich, einen Strohkranz nutzt, solltest du überstehende Strohstücke abschneiden oder den Kranz noch mal mit dünner Schnur oder Draht eng umwickeln. Es kann sonst schnell passieren, dass du mit dem gedrehten Garn hängen bleibst. Wenn du dir das ersparen willst, kannst du auch auf einen Styroporring zurückgreifen.

2 Führe für den Wellenknoten die linke Schnur über dem Kranz nach rechts und die rechte Schnur unter dem Kranz nach links. Gut festziehen!

3 Mache wie in Schritt 2 beschrieben weiter. Die Wellen bilden sich von ganz alleine. Am Anfang wieder angekommen, kürze die Enden ein und fixiere sie mit etwas Kleber oder Nadel und Faden.

4 Befestige die Kerzenhalter mit Spieß am Kranz.

5 Für die Zahlen lege die kurze Schnur zur Schlaufe und befestige die lange Schnur mit einem einfachen Knoten daran. Integriere dabei ein Stück Draht.

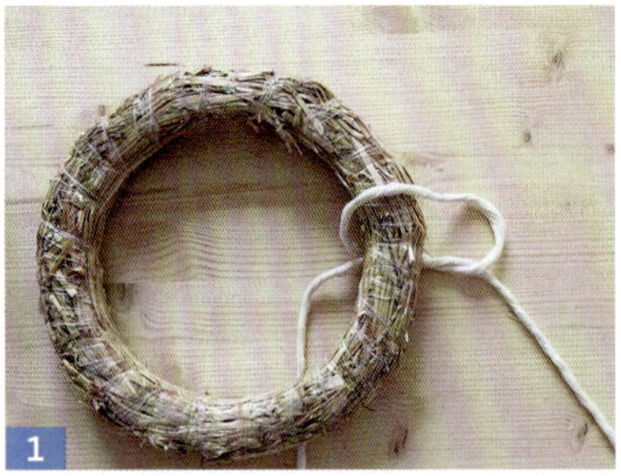
1

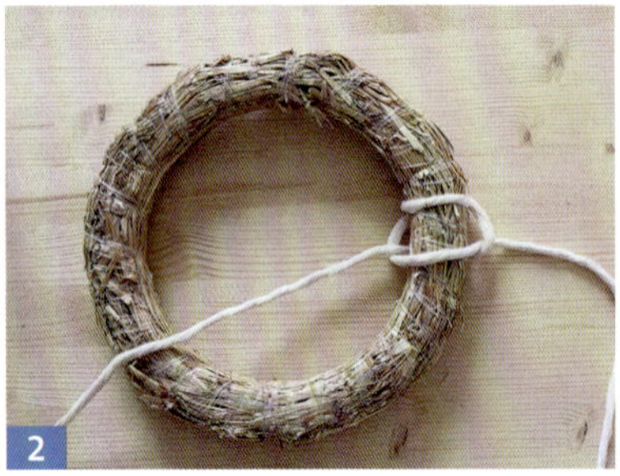
2

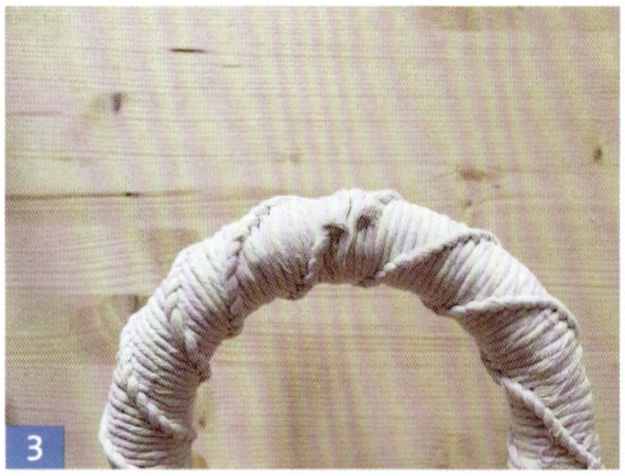
3

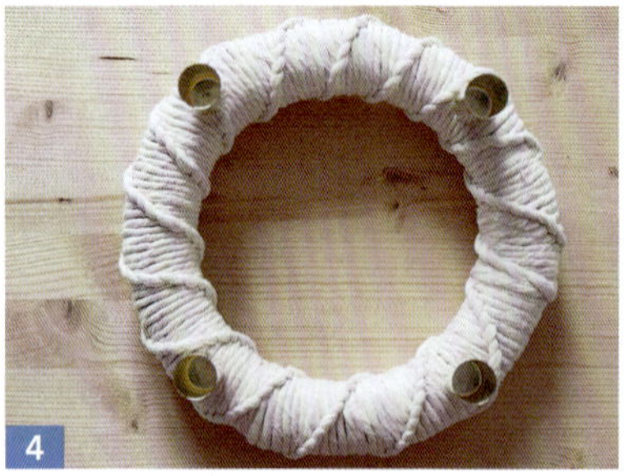
4

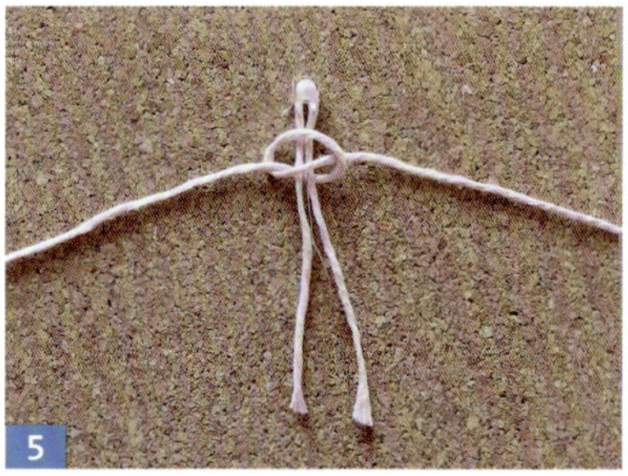
5

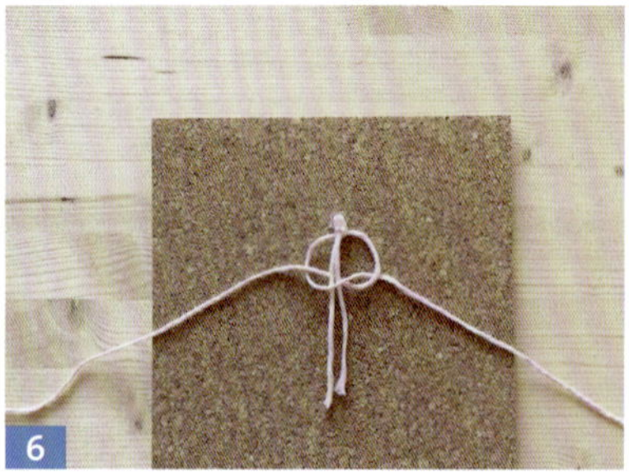
6

6 Für den Kreuzknoten führe die linke Schnur über den Leitschnüren nach rechts und die rechte Schnur unter den Leitschnüren nach links. Gut festziehen!

7 Führe anschließend die linke Schnur unter den Leitschnüren nach rechts und die rechte Schnur über den Leitschnüren nach links.

8 Wiederhole Schritt 6 und 7, bis sich ein Knotenstrang bildet. Biege die Zahlen zurecht, kürze die überstehenden Enden ein und fixiere diese mit etwas Textilkleber.

9 Befestige einen Holzstab an den Zahlen.

10 Stich diese zum Schluss in den Kranz.

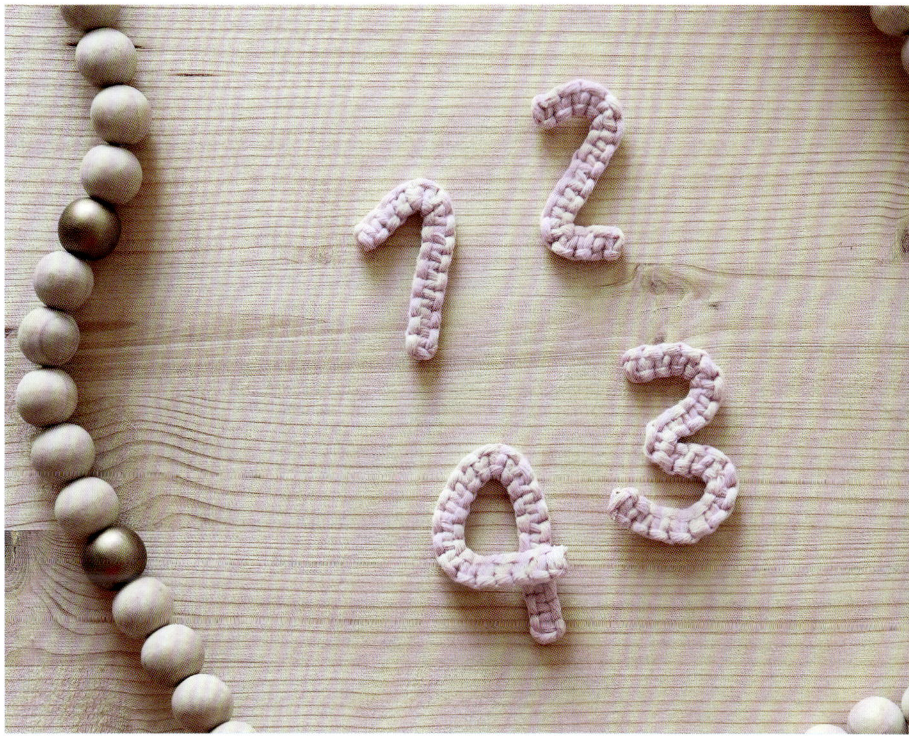

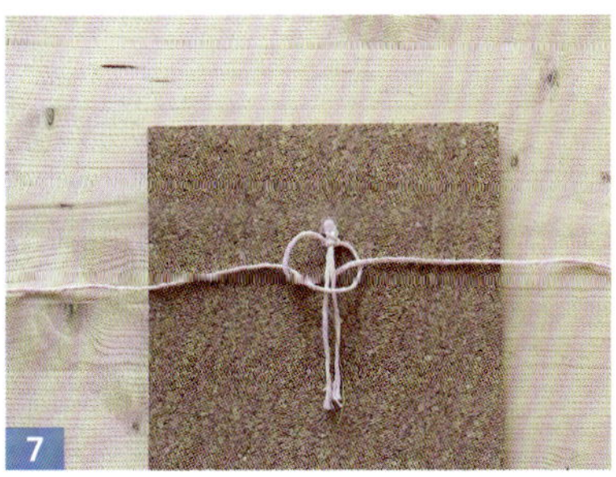

7

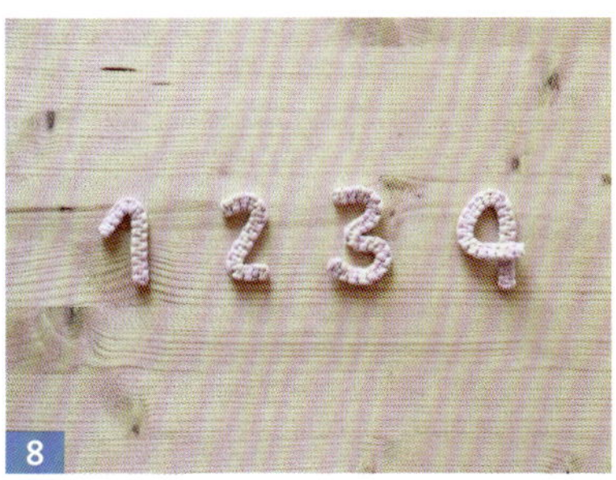

8

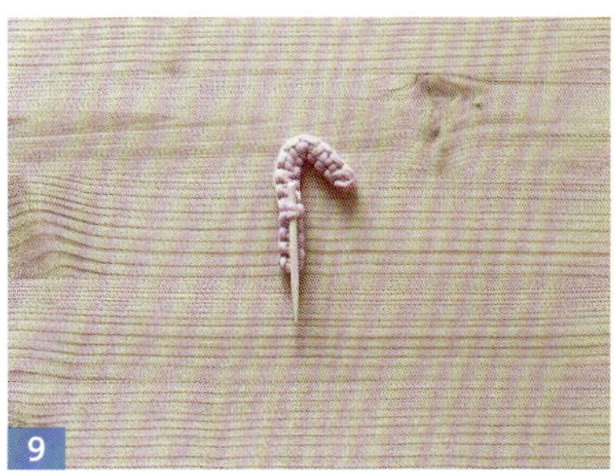

9

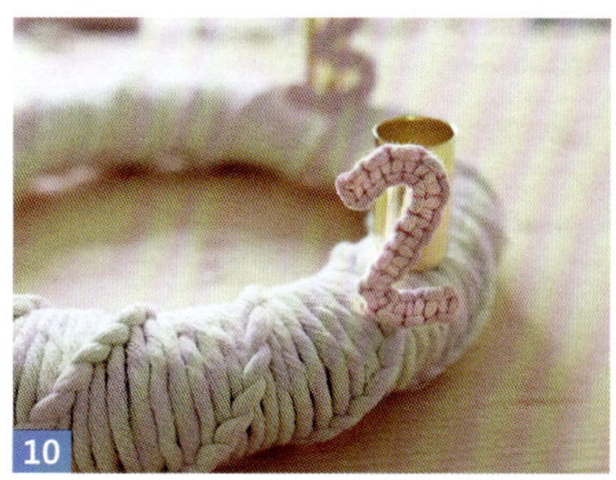

10

(Leucht-)Stern

Sterne gehören für mich zur Weihnachtszeit unbedingt dazu. Wenn sie dann noch leuchten, umso besser ☺. Makramee-Sterne können in verschiedensten Varianten geknotet werden. Ich möchte dir gleich eine etwas größere Version zeigen, die du prima an die Wand oder ins Fenster hängen kannst.

Material:

- 3ply gezwirntes Makrameegarn, Ø 3 mm
- Metallring, Ø 10 cm
- optional: LED-Lichterkette mit Draht

Zuschnitt:

- 18 x 80 cm
- 18 x 70 cm

Knoten:

- Ankerknoten
- Kreuzknoten

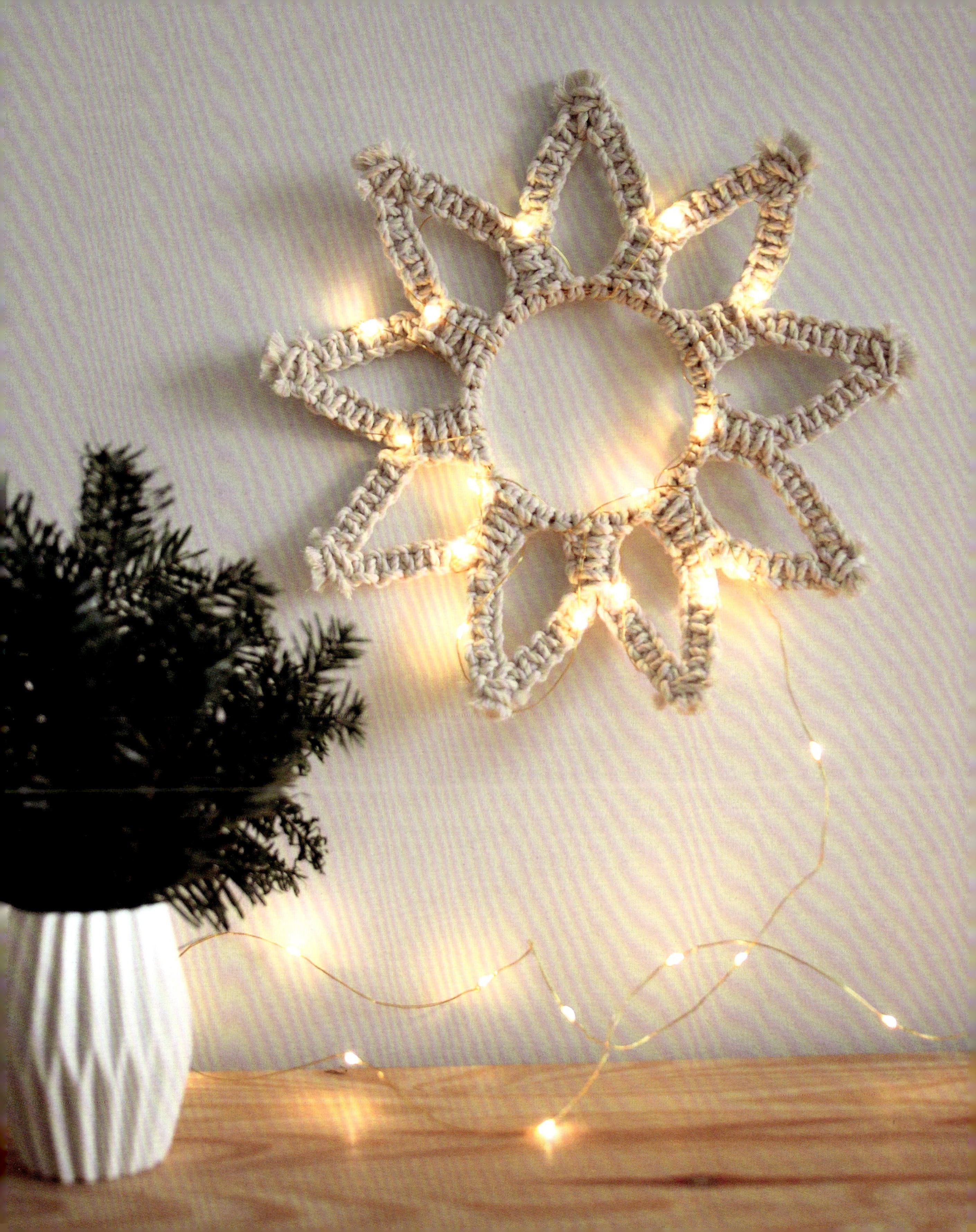

So wird's gemacht:

1 Befestige vier Schnüre mit dem Ankerknoten am Ring. Nutze für den ersten und vierten Knoten die 80 cm langen Schnüre und für die zweiten und dritten Ankernoten die 70 cm langen Schnüre. Ziehe die Schnüre so fest, dass das zweite, dritte, sechste und siebte Schnurende jeweils 20 cm lang ist.

2 Bilde mit den äußeren Schnüren vier wechselnde Kreuzknoten um die restlichen Schnüre.

3 Unterteile die Schnüre in der Mitte und knote zwei Kreuzkontenstränge diagonal nach links bzw. rechts mit jeweils acht wechselnden Kreuzknoten.

4 Wiederhole die Schritte 1 bis 3 und verbinde beide Teile mit einem weiteren großen Kreuzknoten, der wieder um alle Schnüre führt.

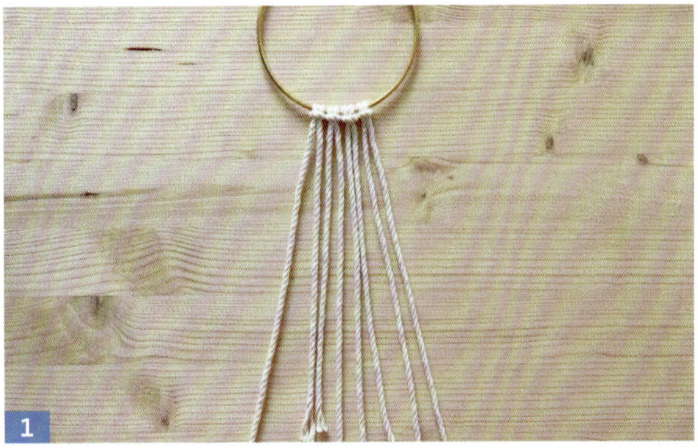

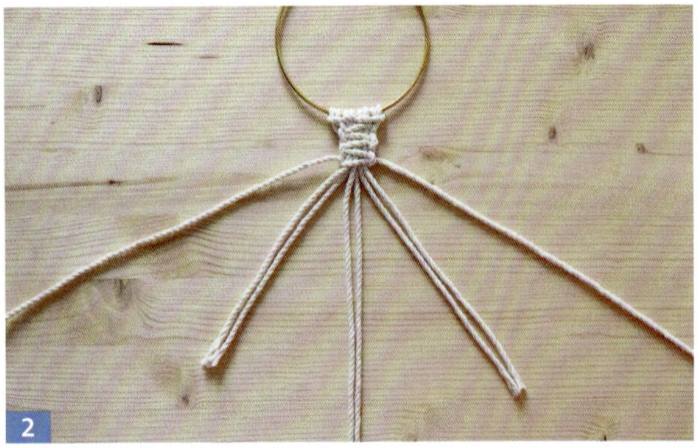

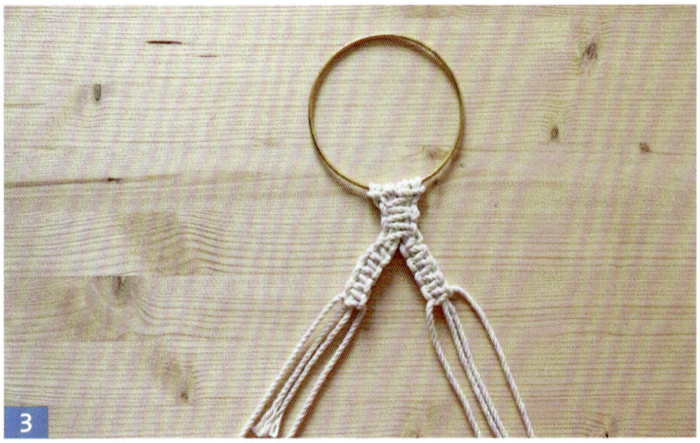

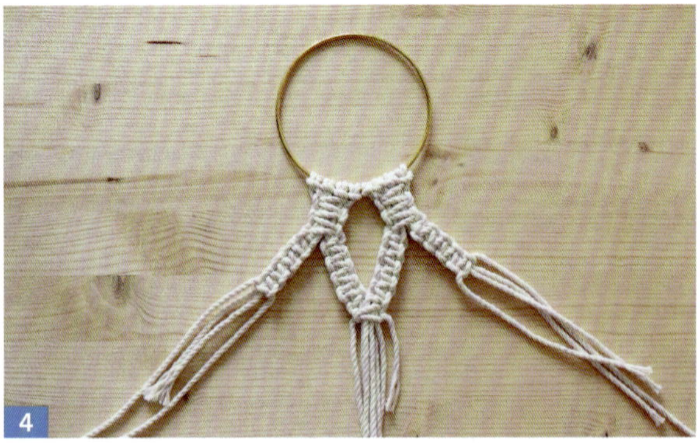

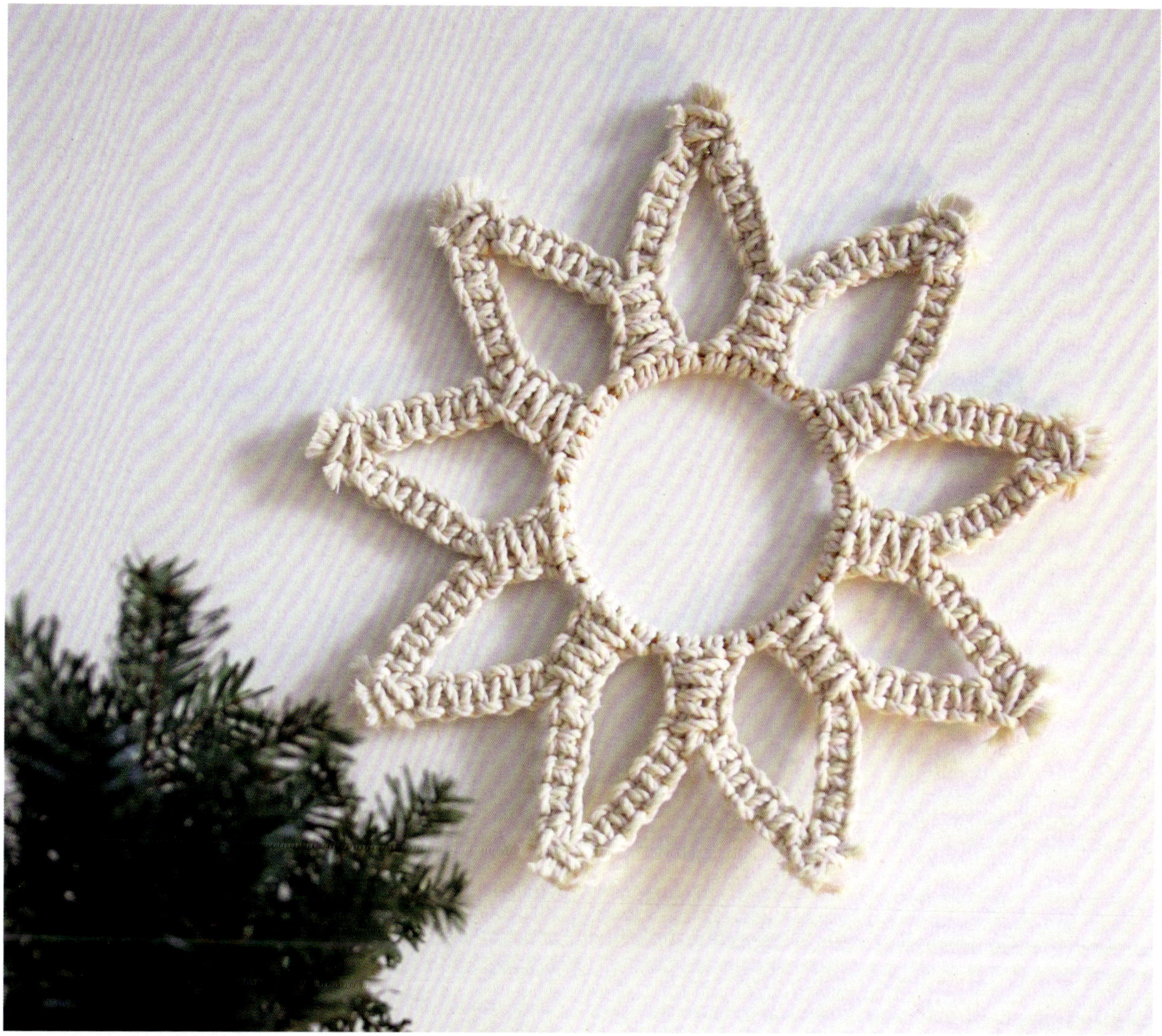

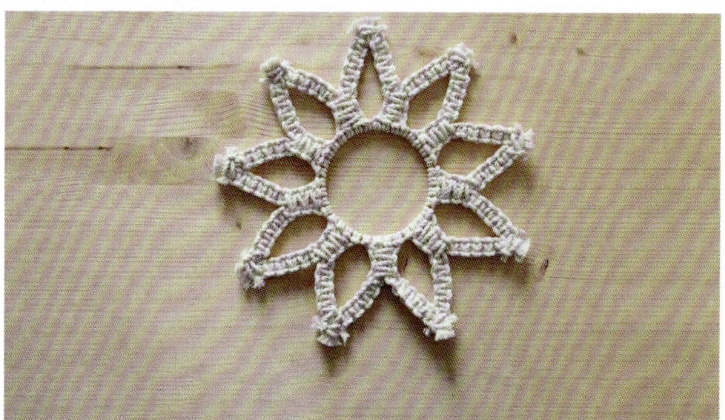

5 So bildest du insgesamt neun Zacken. Die Schnurenden je nach Geschmack einkürzen.

Zum Schluss kannst du den Stern noch mit einer Lichterkette umwickeln, wenn er leuchten soll.

Weihnachtsanhänger

Das Knoten von Anhängern ist eine meiner liebsten Beschäftigungen zur Weihnachtszeit. Warum? Weil es so viele Varianten gibt, man die Anhänger für die eigene Weihnachtsdeko oder prima als Geschenk verwenden kann und sie an einem Adventssonntag fertig geknotet sind (kommt natürlich darauf an, wie viel Stück man machen möchte ☺). Egal, ob als Baum- oder Geschenkanhänger, Makramee-Weihnachtsschmuck ist immer eine gute Idee. Deswegen zeige ich dir auch gleich drei Versionen.

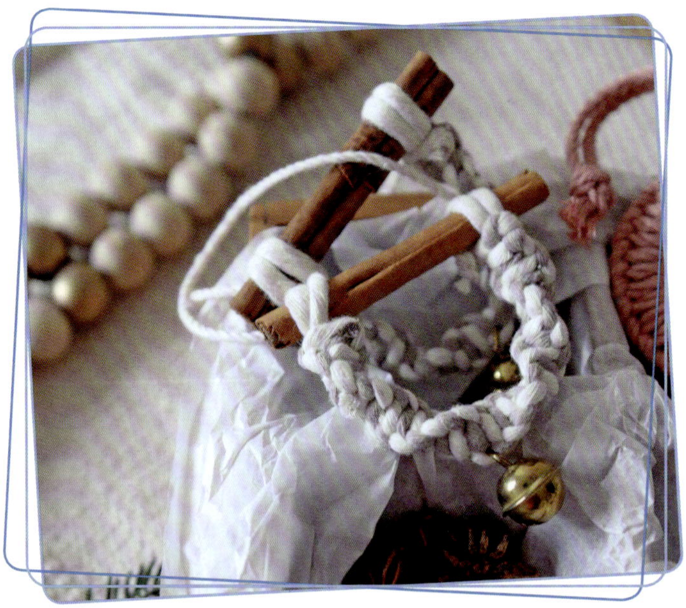

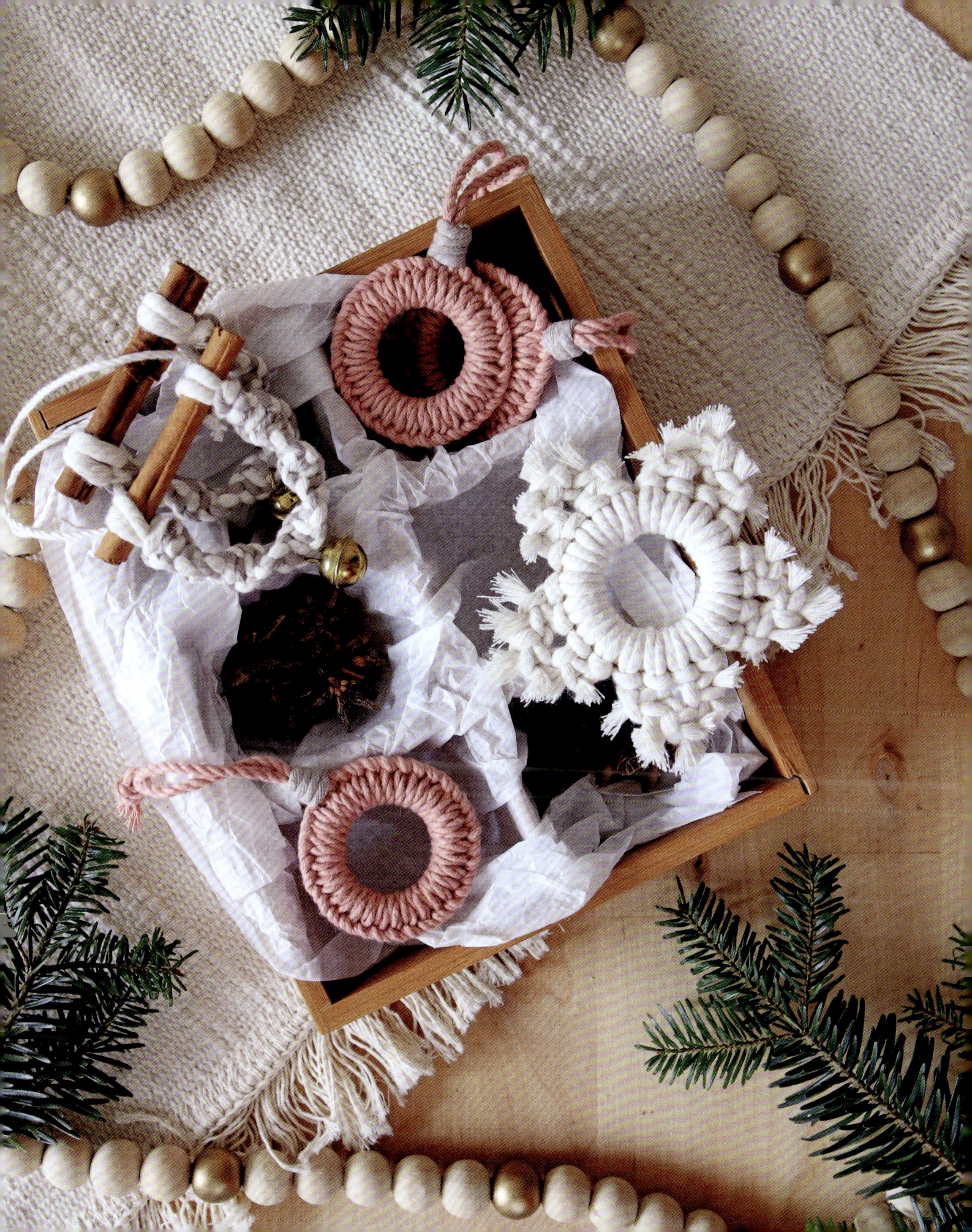

Version Weihnachtskugel

Material:

- 3ply gezwirntes Makrameegarn, Ø 3 mm
- gezwirntes Makrameegarn, Ø 3 mm
- Holzring, Ø 5 cm

Zuschnitt:

- 2 m vom 3ply gezwirnten Makrameegarn
- 30 cm vom gezwirnten Makrameegarn

Knoten:

- Variane des Rippenknotens
- Wickelknoten
- Einfacher Knoten

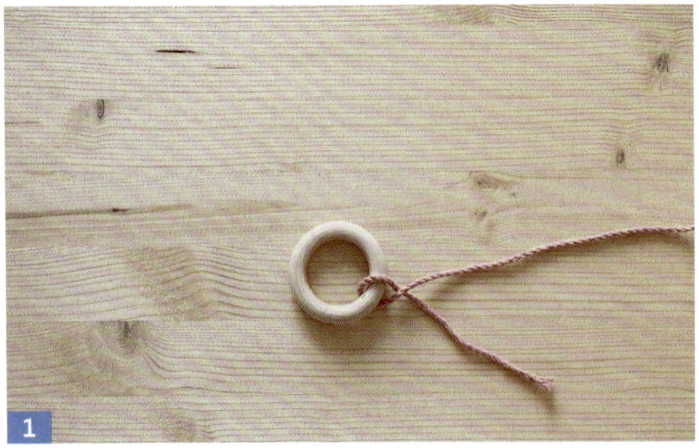
1

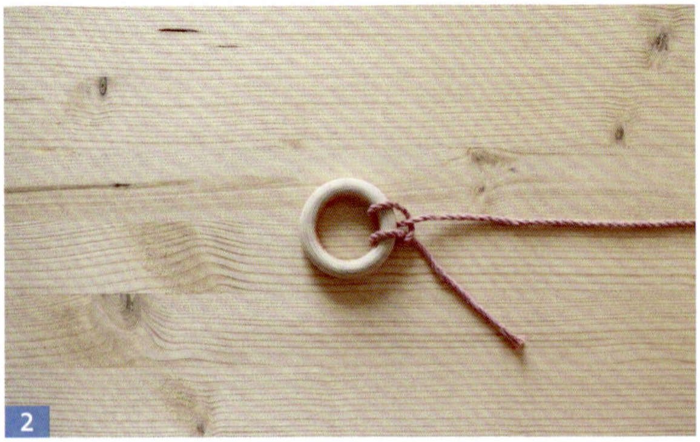
2

So wird's gemacht:

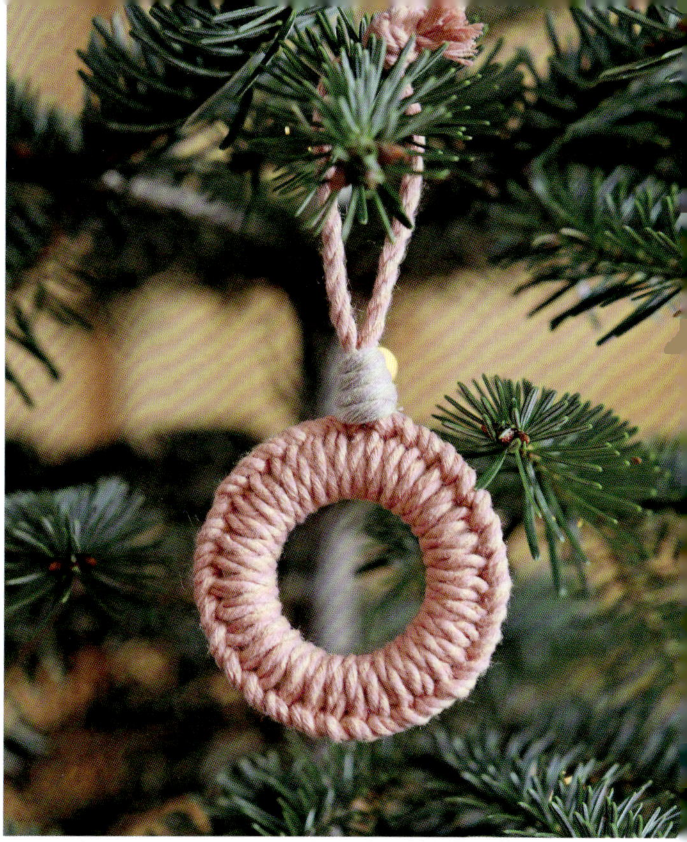

1 Bilde mit der langen Schnur eine Schlaufe um den Holzring, sodass das kurze Ende ca. 10 cm lang ist.

2 Führe das lange Schnurende über dem Holzring nach links und danach unter dem Holzring wieder nach rechts, sodass das Schnurende zwischen der ersten und zweiten Schlaufe ist – gut festziehen!

3 So weitermachen, bis der Ring geschlossen ist. Am oberen Ende fertige einen Wickelknoten an. Lege hierfür die kurze Schnur zur Schlaufe, die nach oben hin offen ist.

4 Wickle die Schlaufe von oben nach unten ein (ca. vier Mal) und ziehe das Schnurende durch die Schlaufe.

5 Kürze die Schnurenden ein und verschließe die Schnur am oberen Ende.

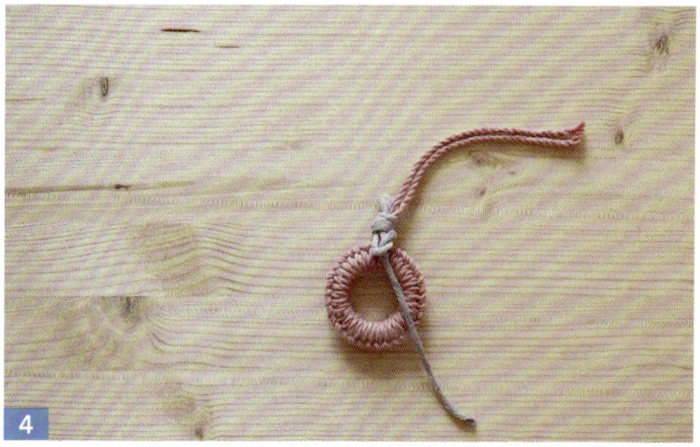

4

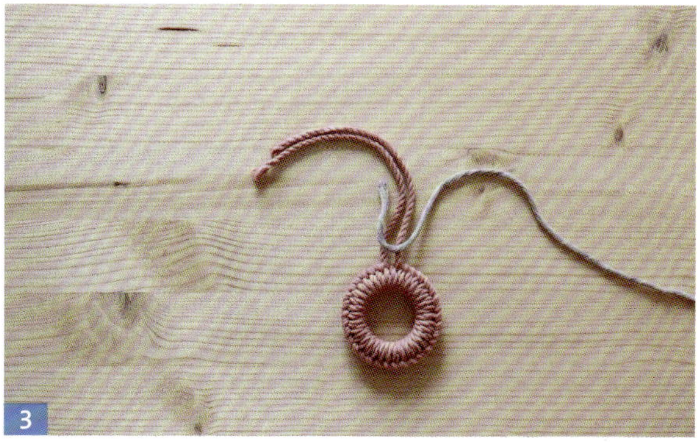

3

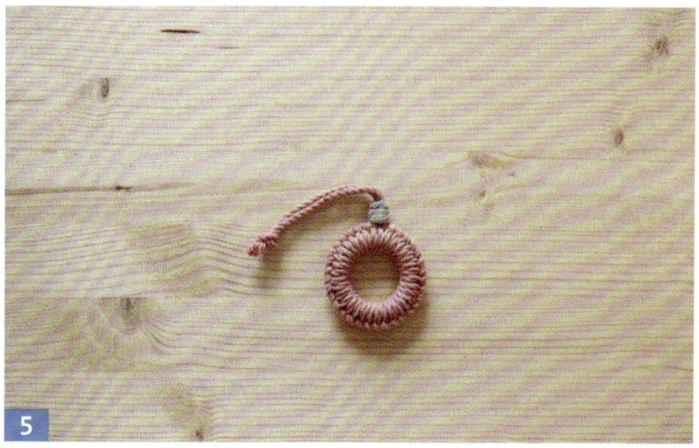

5

Version Stern

Material:
- gezwirntes Makrameegarn, Ø 3 mm
- Holzring, Ø 5 cm

Zuschnitt:
- 20 x 30 cm

Knoten:
- Ankerknoten
- Kreuzknoten

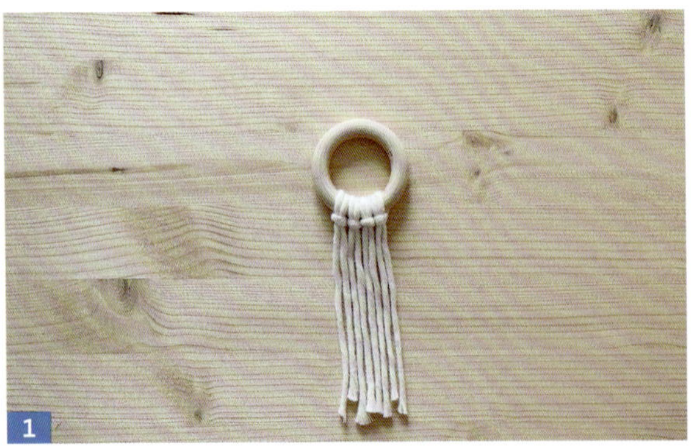
1

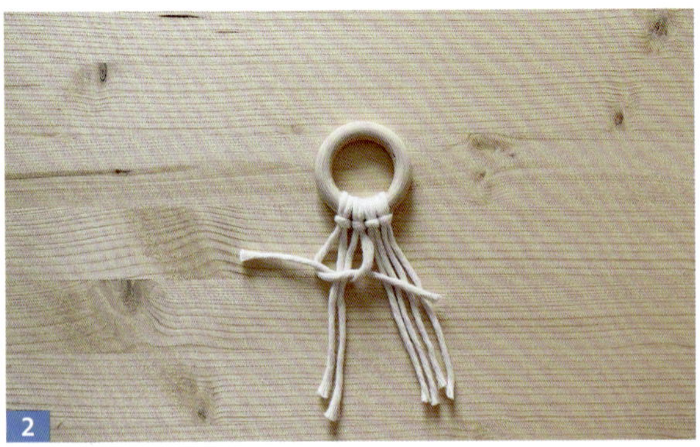
2

So wird's gemacht:

1 Befestige vier Schnüre mit dem Ankerknoten am Ring, sodass ungefähr gleich viel Schnur an allen Enden übersteht.

2 Bilde einen Kreuzknoten. Führe hierzu die linke Schnur über den Leitschnüren nach rechts und die rechte Schnur unter den Leitschnüren nach links. Gut festziehen!

3 Anschließend führe die linke Schnur unter den Leitschnüren nach rechts und die rechte Schnur über den Leitschnüren nach links. Gut festziehen!

4 Nach diesem Prinzip ergänze einen Kreuzknoten in der ersten Reihe und einen weiteren mittig versetzt in der zweiten Reihe. Lass die äußeren Schnüre bei der zweiten Reihe aus.

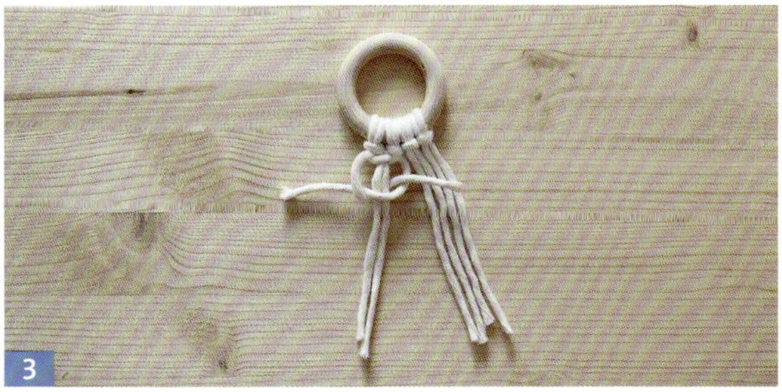

3

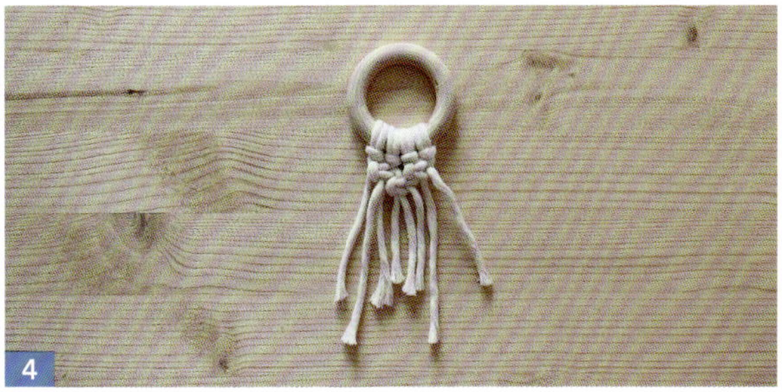

4

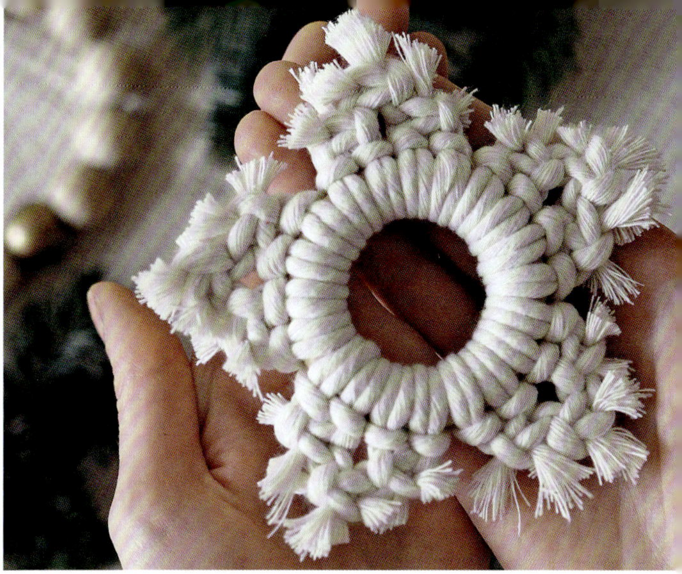

5 Fertige so insgesamt fünf Zacken an und kämme die Enden aus.

6 Schneide die Enden in Form.

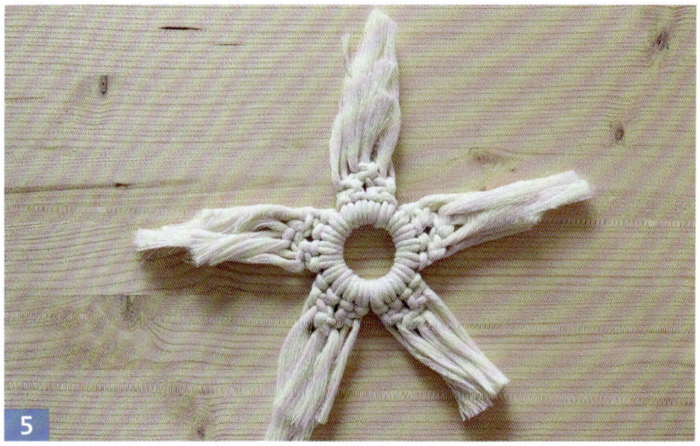

5

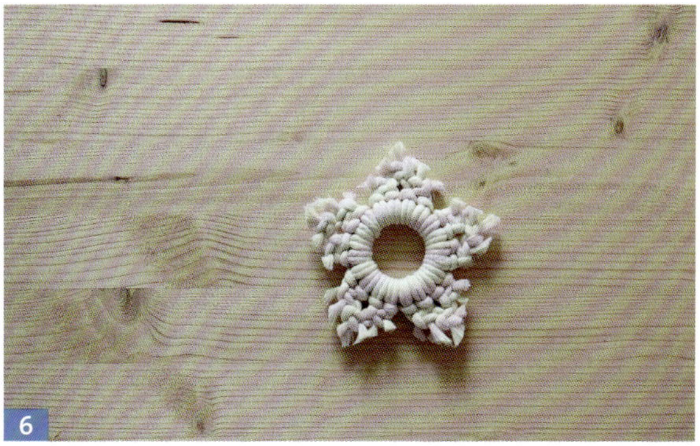

6

Version Weihnachtsornament

Material:
- gezwirntes Makrameegarn, Ø 3 mm in 2 Farben
- Glöckchen
- Zimtstange
- optional dünnere Schnur als Aufhängung

Zuschnitt:
- 1 x 60 cm weiße Schnur
- 1 x 80 cm weiße Schnur
- 1 x 80 cm graue Schnur

Knoten:
- Ankerknoten
- Wellenknoten
- Einfacher Knoten

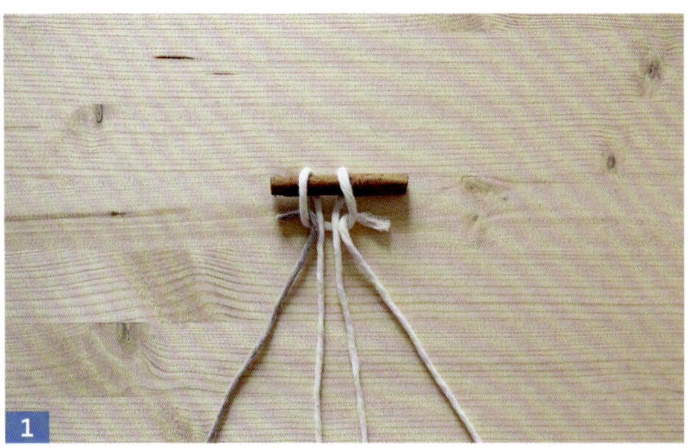

1

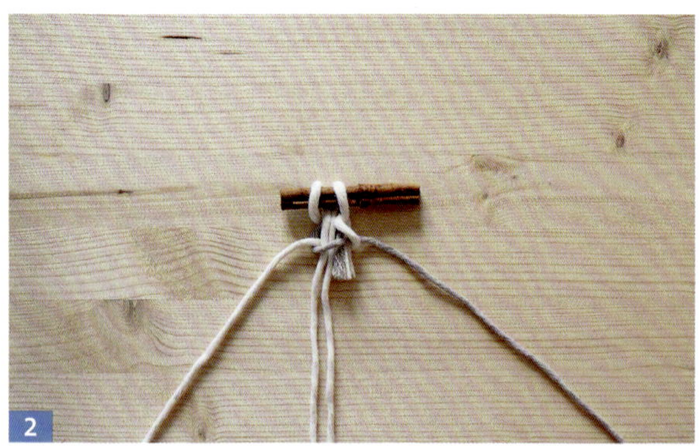

2

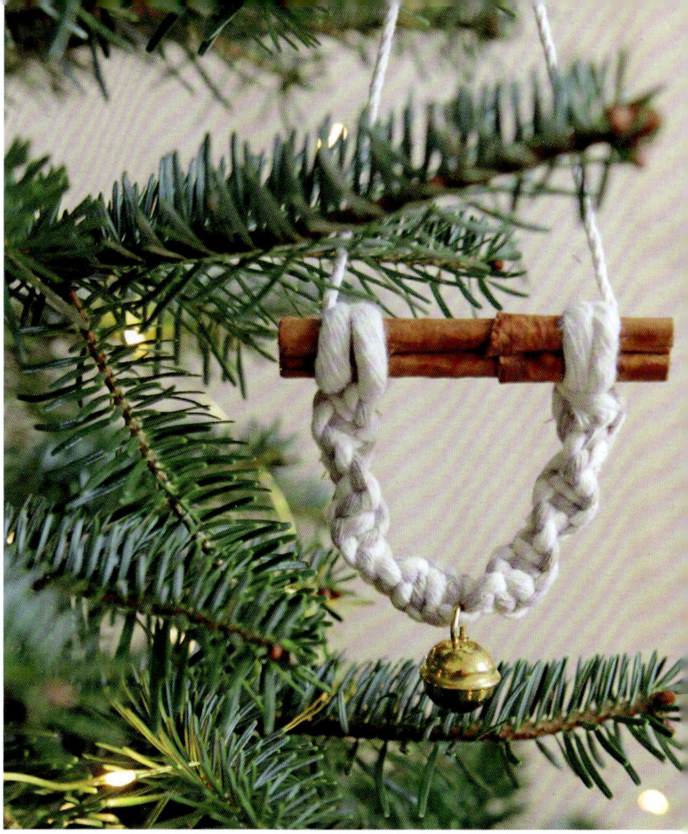

So wird's gemacht:

1 Bilde mit der kürzesten Schnur einen Ankerknoten rückwärts um die Zimtstange. Lege vor dem Festziehen die graue und weiße Schnur links und rechts von den Leitschnüren in die Schlaufe. Dann vorsichtig festziehen.

2 Bilde den Wellenknoten und knote dabei die kurzen Schnurenden ein. Damit sind sie fest gesichert.

3 Knote so ca. 6 cm und ziehe dann das Glöckchen über eine der aktiven Schnüre. Mit den Wellenknoten weitermachen.

4 Wenn noch etwa 1 cm Abstand zur Zimtstange ist, führst du die Leitschnüre von vorne nach hinten um die Zimtstange. Sichere die Enden mit den letzten Wellenknoten, bis die Zimtstange erreicht ist.

5 Kürze die überstehenden Enden ein und bringe eine Aufhängung an.

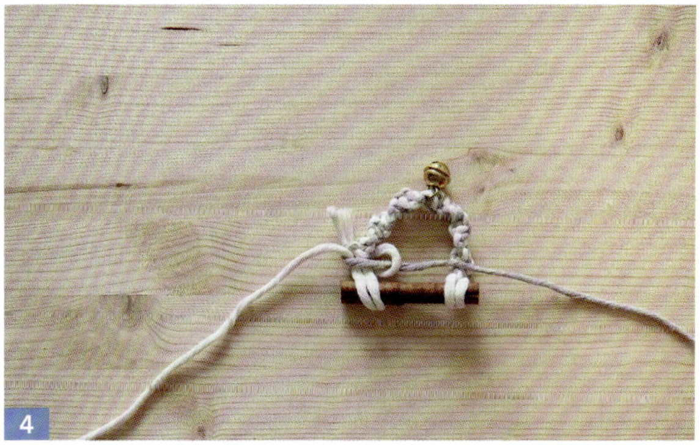

4

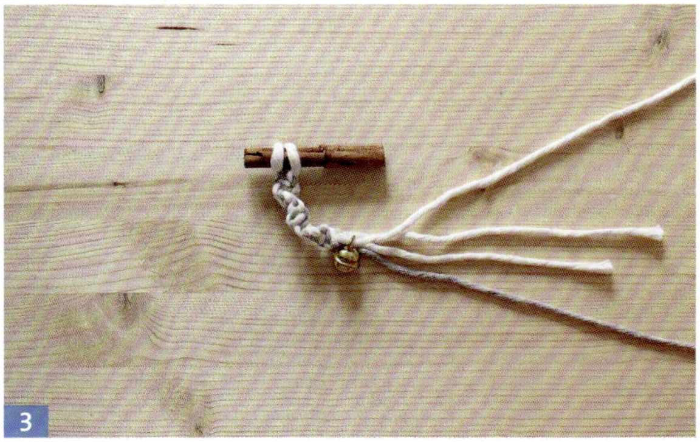

3

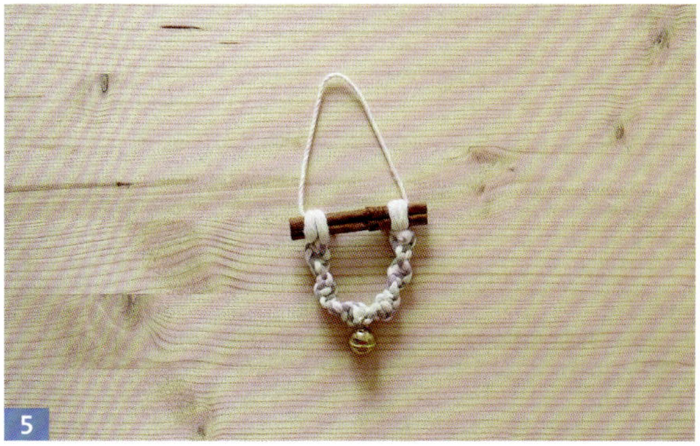

5

Schleifen-Serviettenringe

Jetzt kommen wir auch schon zum letzten Projekt dieses Buchs, seufz. Auch der Tisch will festlich zum Festessen dekoriert werden, und was würde sich dazu besser eignen als ein paar schöne Serviettenringe. Auch hierfür stehen dir zahlreiche Varianten zur Verfügung. Mit Kreuz- oder Wellenknoten kannst du beispielsweise einfach Holzringe umknoten. Wenn du es gerne etwas auffälliger magst, habe ich im Folgenden die passende Version für dich.

Material:

- 3ply gezwirntes Makrameegarn, Ø 3 mm
- gezwirntes Makrameegarn, Ø 1,5 mm
- Toilettenpapier- oder Küchenrolle
- Nadel und Faden oder Textilkleber

Zuschnitt:

Von der 3 mm Schnur:

- 1 x 60 cm
- 1 x 180 cm

Von der 1,5 mm Schnur:

- 1 x 260 cm
- 1 x 30 cm

Knoten:

- Einfacher Knoten
- Kreuzknoten
- Wickelknoten

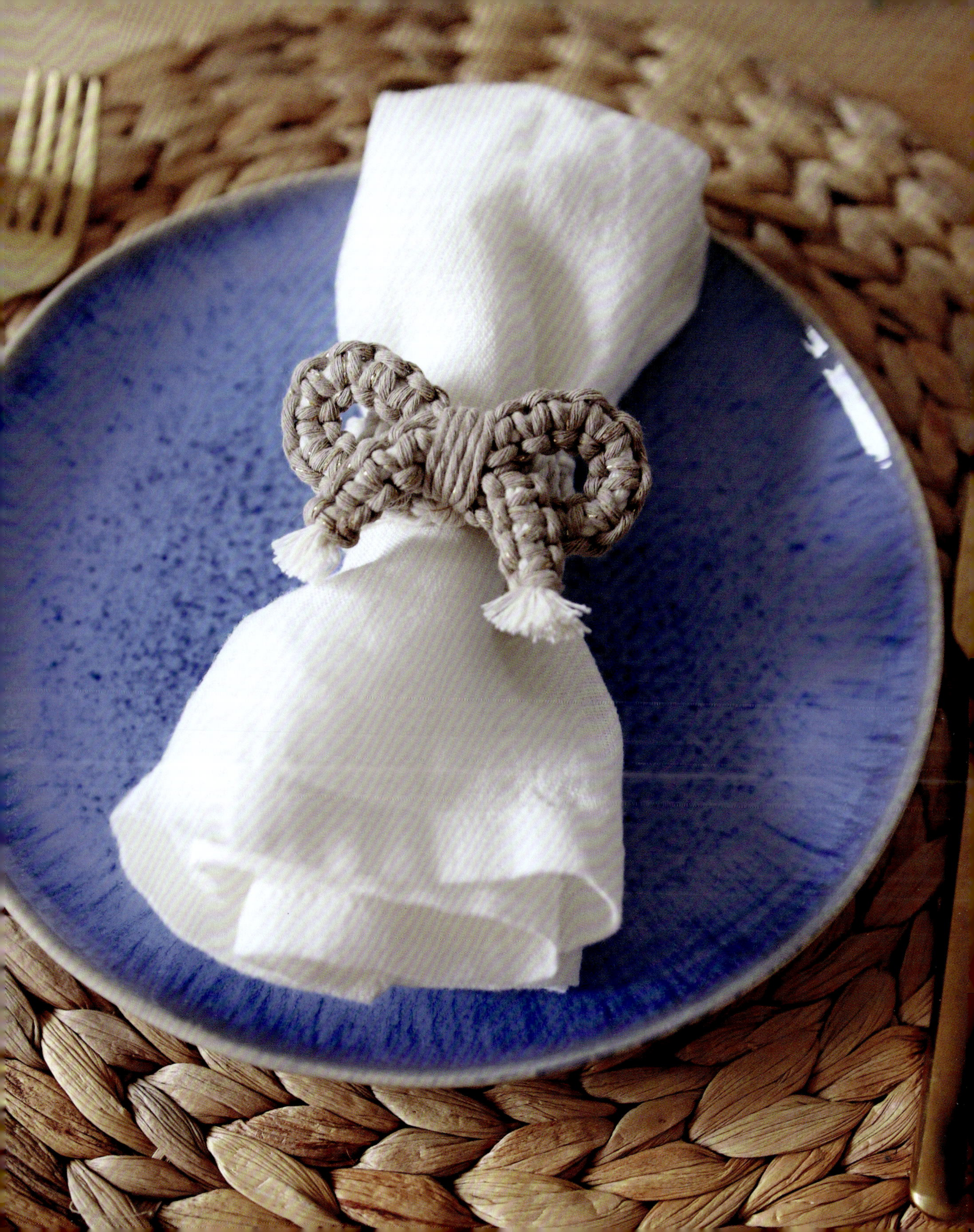

So wird's gemacht:

1 Lege die kurze 3 mm dicke Schnur in der Mitte zur Schlaufe und befestige daran die lange 1,5 mm dicke Schnur mit einem einfachen Knoten.

2 Fertige eine Reihe von wechselnden Kreuzknoten an, bis nur noch wenig Schnur übrig ist.

3 Bilde ein »Ohr« mit dem einen Schleifenende.

4 Lege ein zweites »Ohr« darüber.

5 Drehe die Schleife um und bilde mit dem kurzen Stück der 1,5 mm dicken Schnur einen Wickelknoten um den Kreuzpunkt.

6 Drehe das Ganze wieder um und kürze die Enden ein. Fixiere die Enden vom Kreuzknoten mit etwas Textilkleber und drehe die Enden der weißen Schnur auf.

Tipp: Die Schleife kannst du natürlich auch schön auf Geschenke oder Weihnachtskarten kleben.

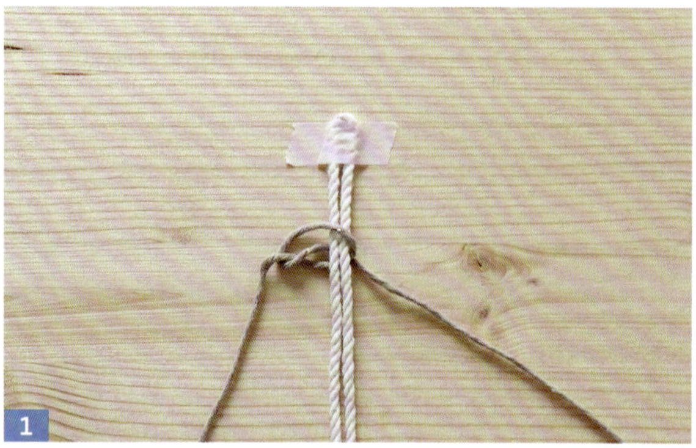
1

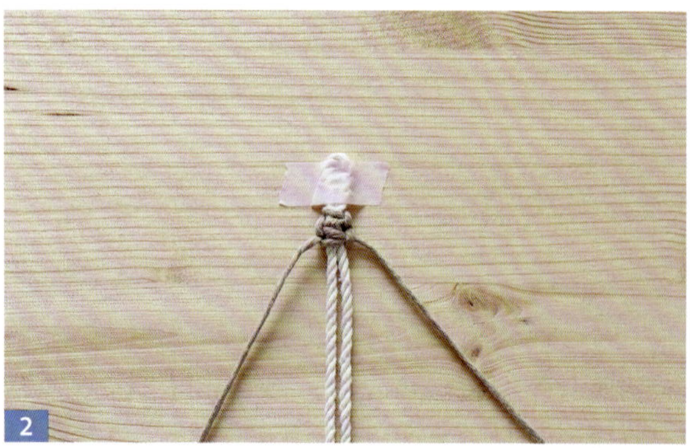
2

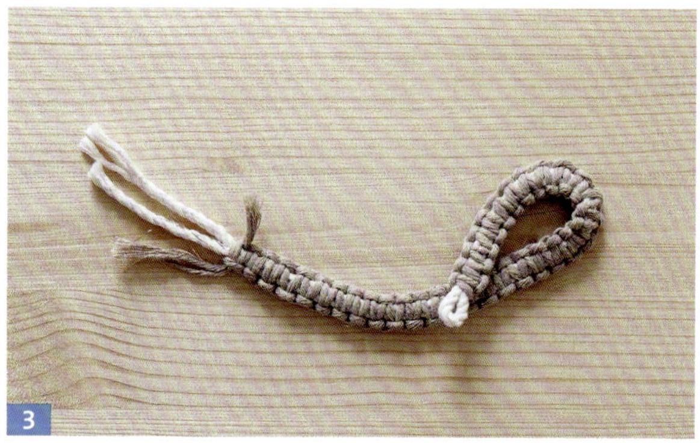
3

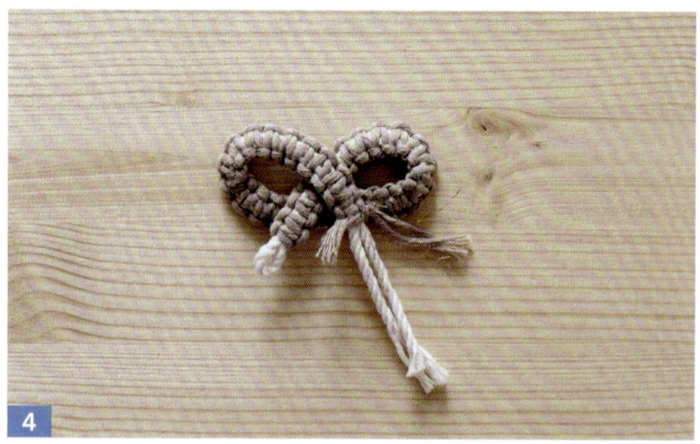
4

7 Schneide für den Ring ca. 2 cm von der Toiletten- oder Küchenrolle ab und befestige dann die lange 3 mm dicke Schnur mit einem einfachen Knoten daran.

8 Bilde wechselnde Kreuzknoten um die Rolle. Ziehe die Knoten dabei mit Gefühl fest, sodass sie einerseits straff sind, aber auch nicht die Papprolle umknicken.

9 Wenn die Rolle umknotet ist, befestige die Schleife mit Nadel und Faden am Ring und fixiere damit gleichzeitig die offenen Enden.

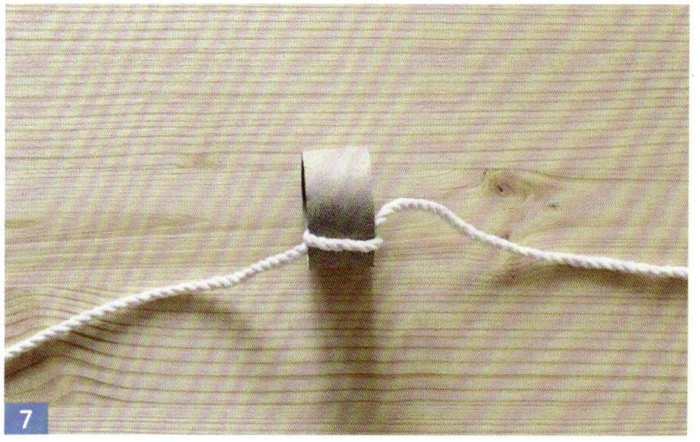
7

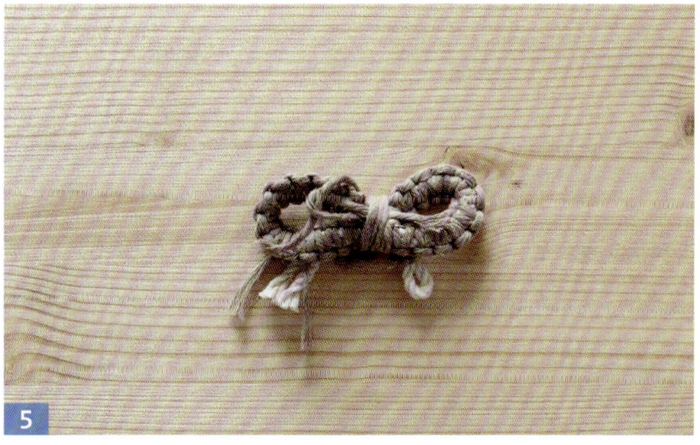
5

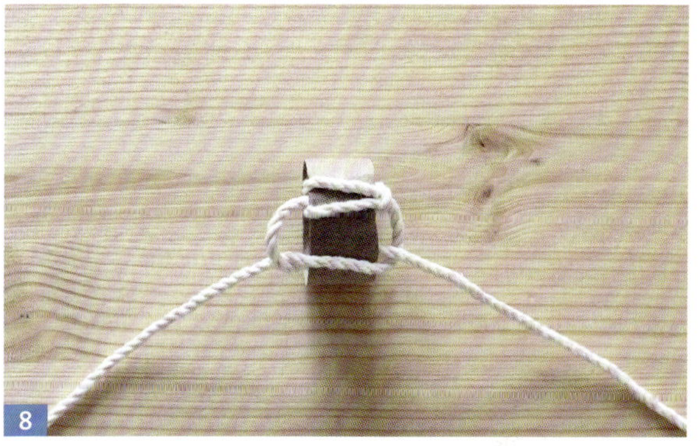
8

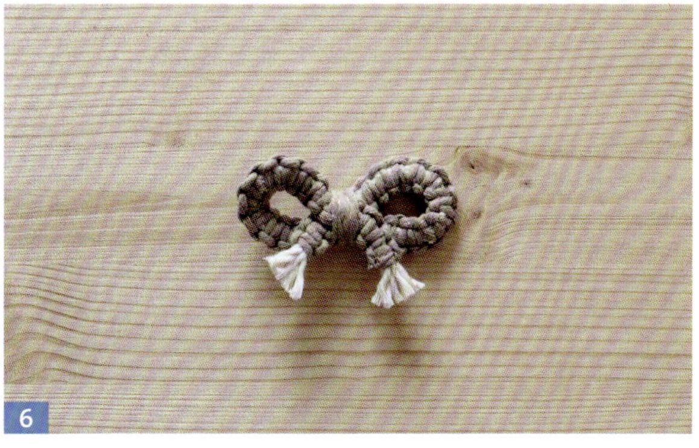
6

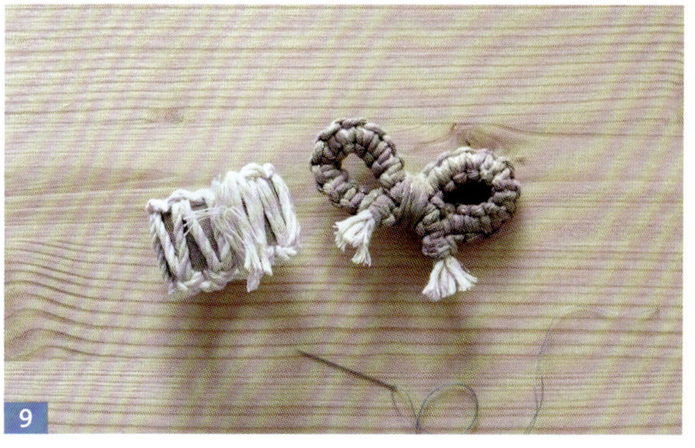
9

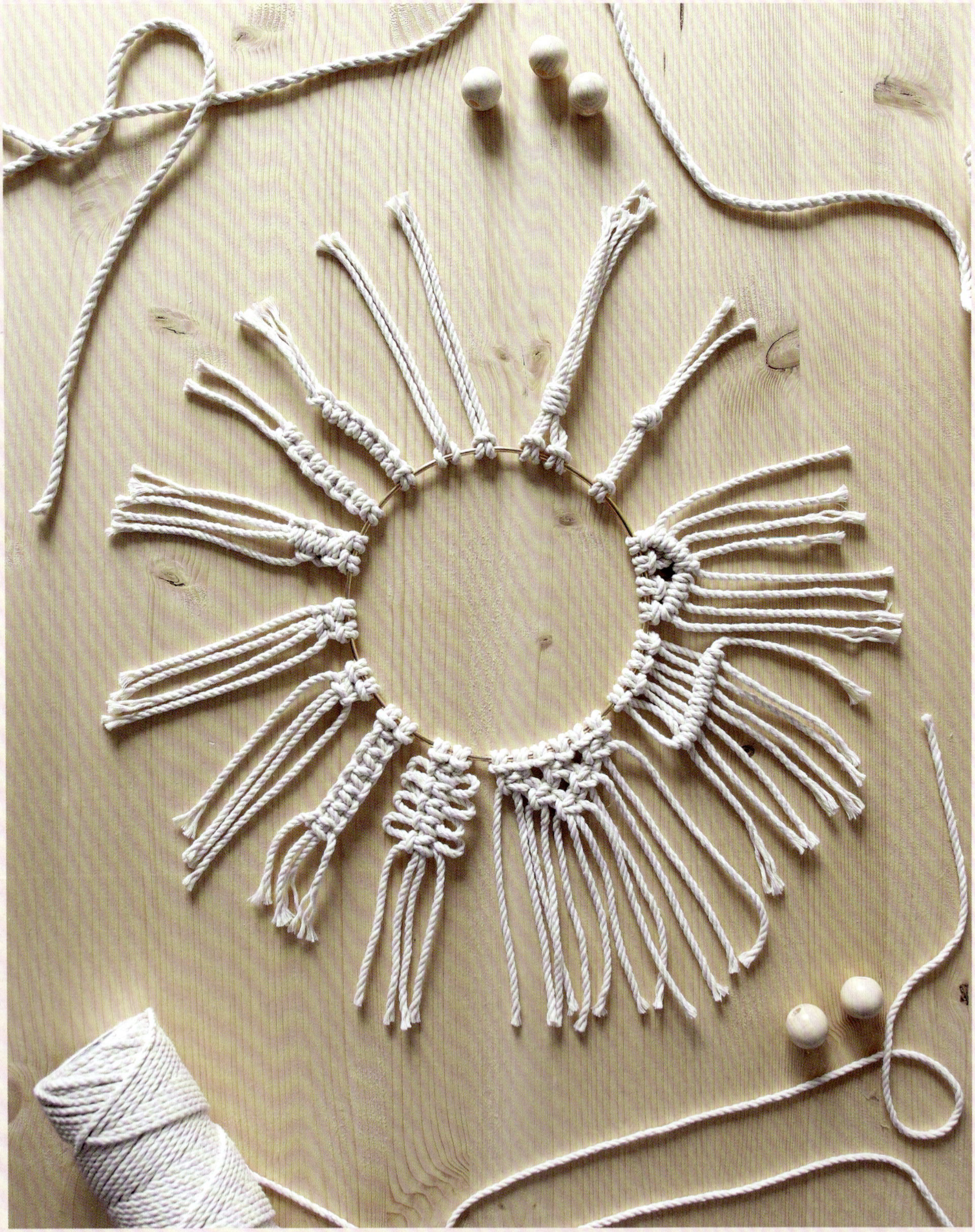

Knotenkunde

FADENFUNKTIONEN: PASSIVE VS. AKTIVE SCHNUR

Beim Makrameeknoten werden aktive und passive Schnüre unterschieden. Eine aktive Schnur, auch Arbeitsfaden genannt, ist eine Schnur, mit der die Schlaufen gebildet werden. Eine passive Schnur, häufig auch Leit- oder Trägerschnur genannt, ist dagegen die Schnur, um die die Schlaufen gebildet werden, sie selbst macht nichts. Sie »trägt« die Knoten und »leitet« die Richtung der Knoten. In diesem Buch ersetze ich die Leitschnüre auch manchmal durch Gegenstände wie Hölzer.

Bei einigen Projekten können passive Schnüre auch zu aktiven Schnüren werden und andersrum.

DIE MAKRAMEEKNOTEN

Im Folgenden werden die Standardknoten ausführlich erklärt und auch ein nicht ganz so klassischer Knoten hat sich eingeschlichen. Mit der Zeit wirst du ganz bestimmt deine ganz eigenen Lieblinge finden. Wichtig bei allen Knoten ist, dass du sie immer gut straffziehst, damit das Ergebnis möglichst gleichmäßig wird.

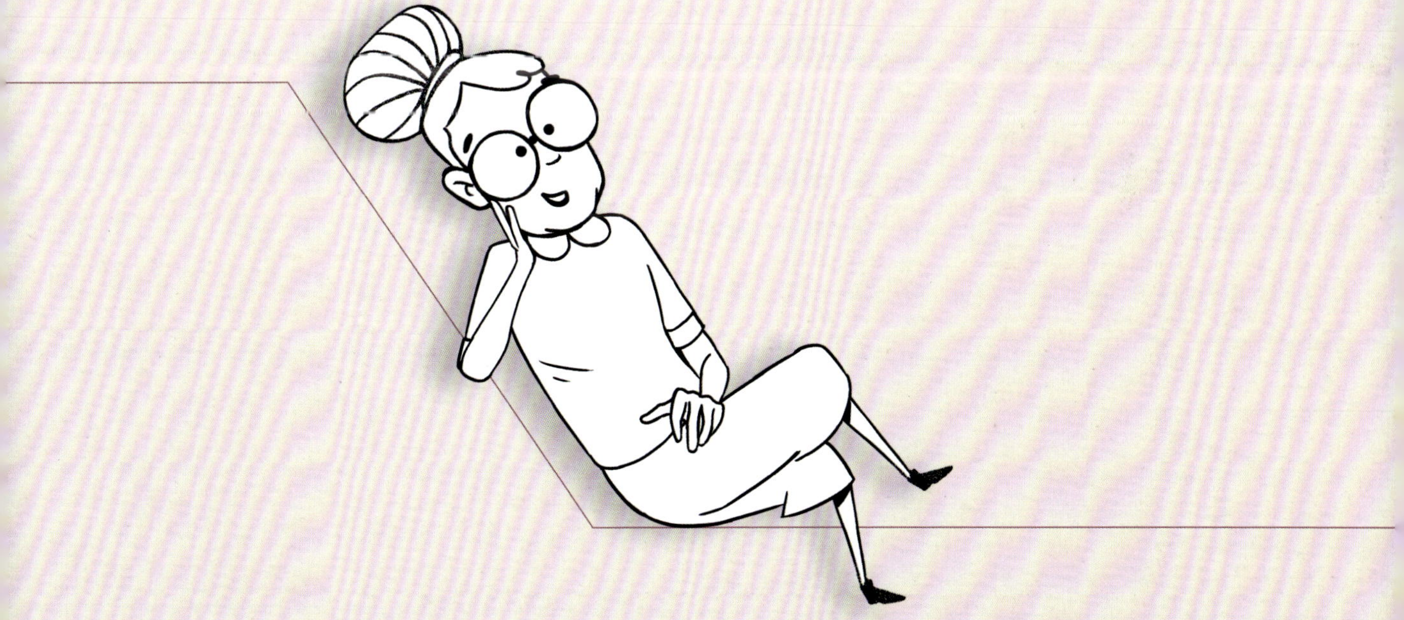

DER ANKERKNOTEN

Der Ankerknoten ist in fast allen Projekten der erste Knoten. Er wird auch Ankerstich oder Lerchenkopfknoten genannt. Du nutzt ihn, um dein Garn an einem Ast, Stab, Ring oder anderem Garnstück zu befestigen. Du kannst ihn vorwärts oder rückwärts knoten.

ANKERKNOTEN VORWÄRTS

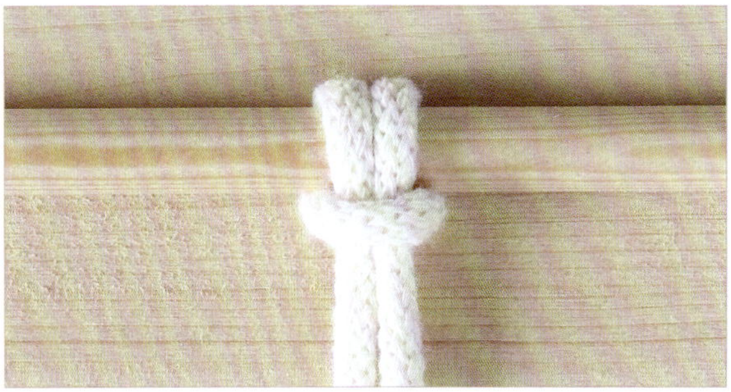

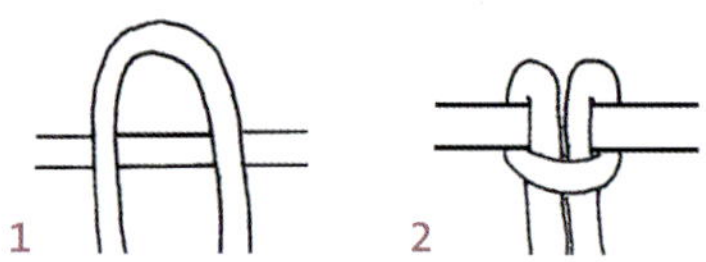

1 Lege deinen Arbeitsfaden doppelt. Die dadurch gebildete Schlaufe legst du vor den Stab.

2 Ziehe die Schlaufe hinten über den Stab. Die zwei Enden deines Arbeitsfadens führst du nun nach hinten durch die Schlaufe und ziehst an den Enden, um den Knoten zu befestigen.

ANKERKNOTEN RÜCKWÄRTS

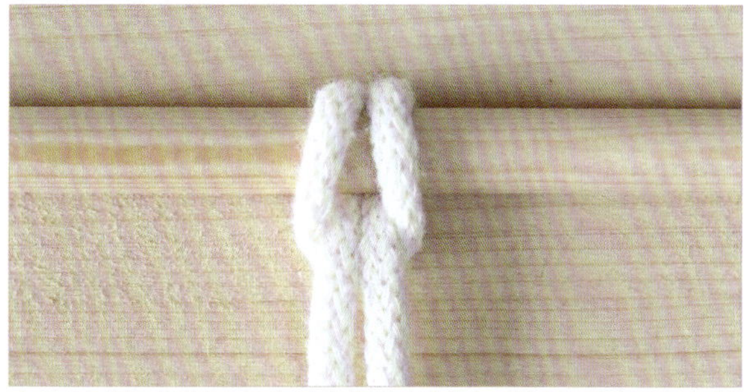

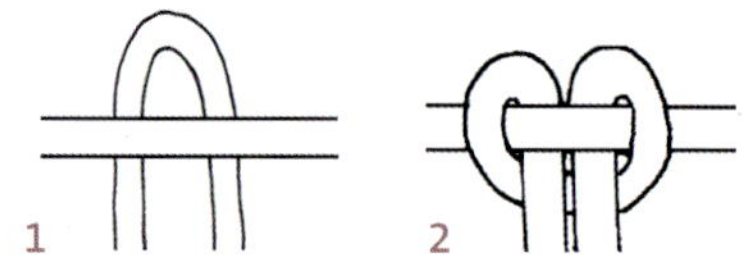

1 Lege deinen Arbeitsfaden doppelt. Die dadurch gebildete Schlaufe legst du hinter den Stab.

2 Ziehe die Schlaufe vorne über den Stab. Die zwei Enden deines Arbeitsfadens führst du nun durch die Schlaufe nach vorne durch und ziehst an den Enden, um den Knoten zu befestigen.

VARIANTE DES ANKERKNOTENS

Wenn du mehrere Ankerknoten aneinanderreihen willst, musst du etwas anders als zuvor beschrieben vorgehen. Diese Variante kann rechts- oder linksgerichtet geknotet werden bzw. nach oben oder nach unten gerichtet, wenn die Leitschnur horizontal liegt, wie bei den Makrameeblumen. Auch wechselnde Ankerknoten sind möglich.

RECHTSGERICHTETE VARIANTE

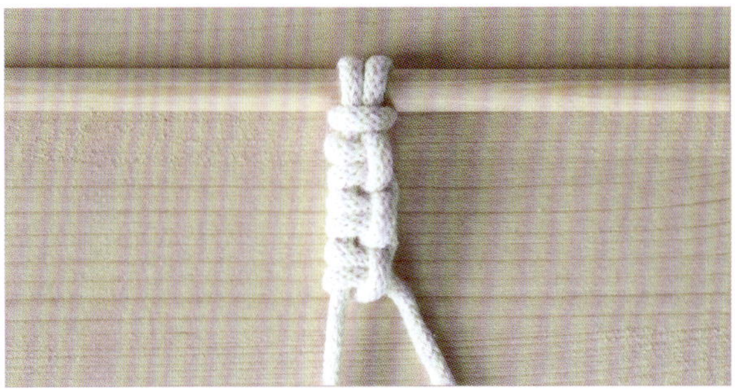

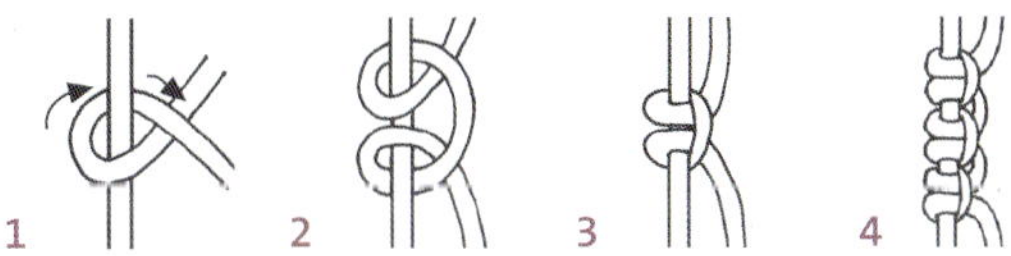

WECHSELNDE VARIANTE

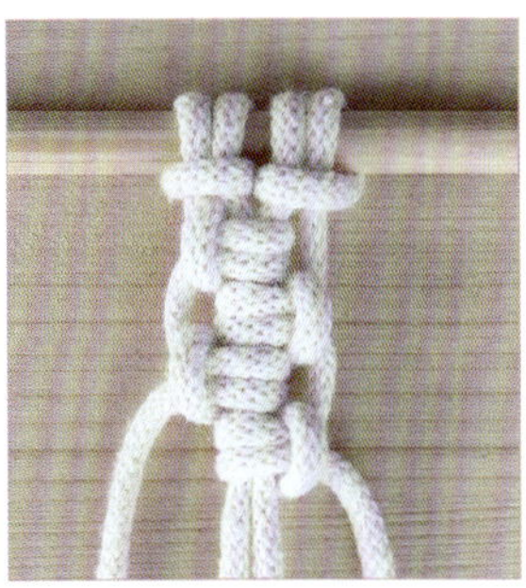

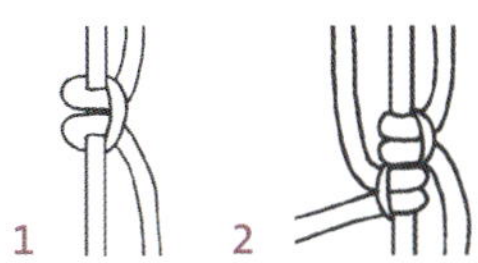

LINKSGERICHTETE VARIANTE:

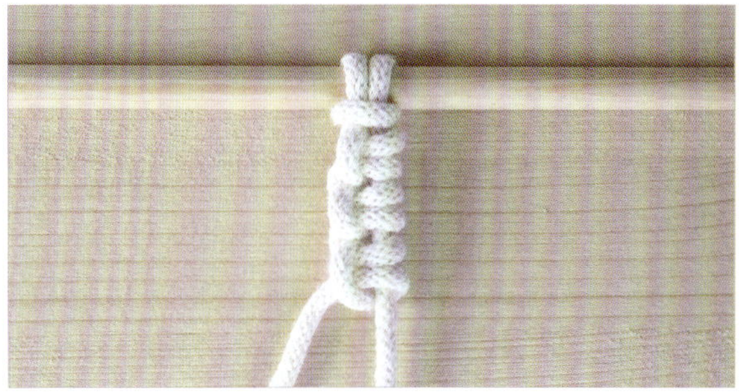

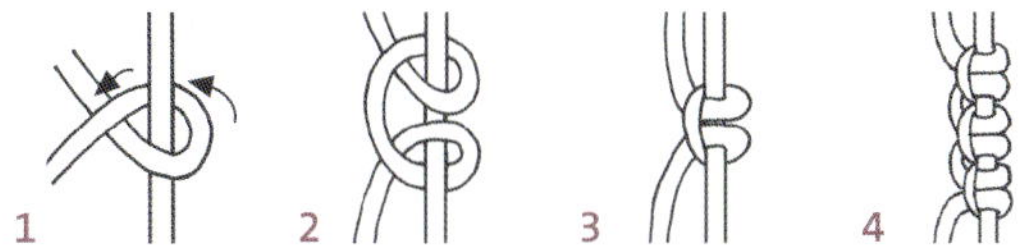

1 Führe den linken Arbeitsfaden über den Leitfaden nach rechts und dann unter dem Leitfaden nach links oben.

2 Nun führe den Arbeitsfaden nach unten. Für die zweite Schlaufe führe den Arbeitsfaden unter dem Leitfaden nach rechts und dann über dem Leitfaden nach oben links durch die Schlaufe.

3 Gut festziehen!

4 Bilde direkt daneben den nächsten Ankerknoten.

KREUZKNOTEN

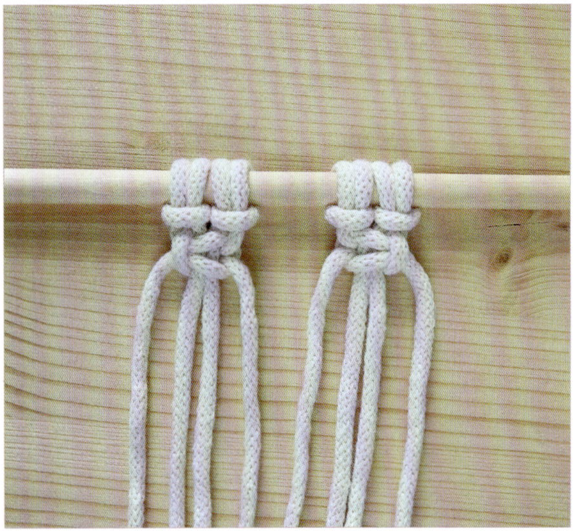

Der Kreuzknoten ist einer der am häufigsten genutzten Knoten. Er kann links- oder rechtsgerichtet geknotet werden. Wenn du einen ganzen Strang knotest, wechseln sich links- und rechtsgerichtete Kreuzknoten ab. Für größere Flächen werden häufig Kreuzknoten versetzt untereinander geknotet. In diesem Buch z. B. das Herz. Klassischerweise knotest du den Kreuzknoten mit zwei passiven mittleren Schnüren (Leitfäden) und zwei äußeren aktiven Schnüren (Arbeitsfäden).

LINKSGERICHTETER KREUZKNOTEN

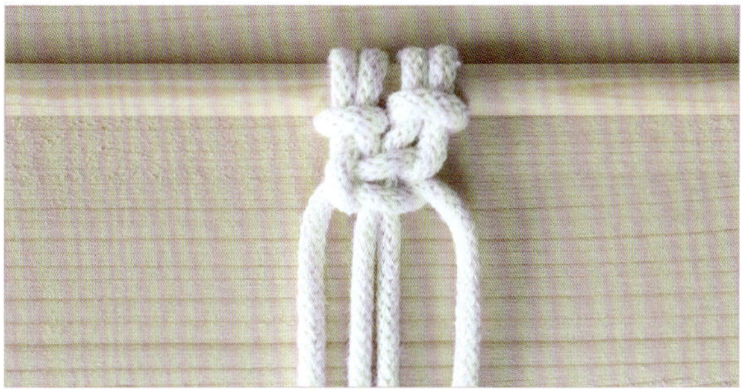

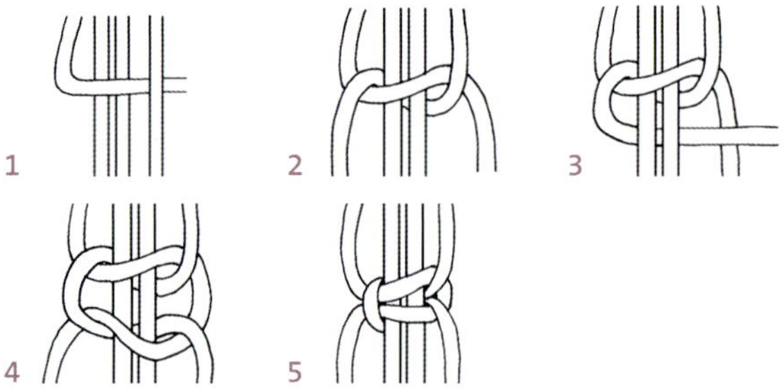

1 Führe den linken Arbeitsfaden über die zwei Leitfäden nach rechts und unter dem rechten Arbeitsfaden hindurch.

2 Nun führst du den rechten Arbeitsfaden unter den beiden Leitfäden nach links und über den linken Arbeitsfaden. Gut festziehen!

3 Führe den links liegenden Arbeitsfaden unter den Leitfäden hindurch und über den rechts liegenden Arbeitsfaden.

4 Den rechts liegenden Arbeitsfaden führst du über die Leitfäden nach links und unter dem linken Arbeitsfaden.

5 Gut festziehen!

RECHTSGERICHTETER KREUZKNOTEN

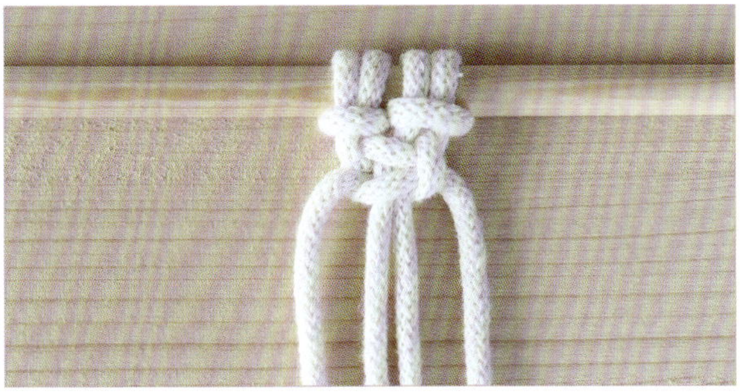

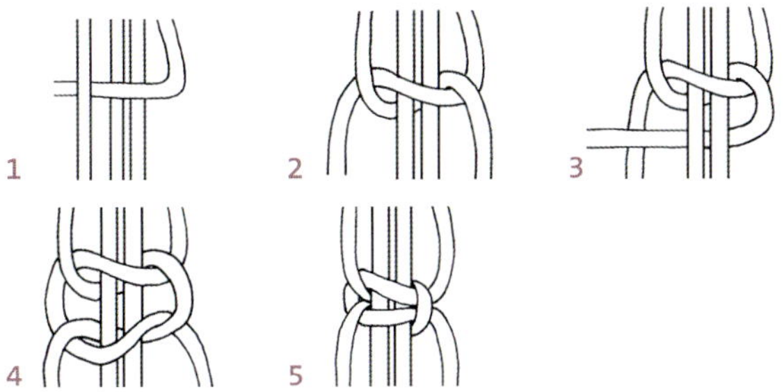

1 Führe den rechten Arbeitsfaden über die zwei Leitfäden nach links und unter dem linken Arbeitsfaden hindurch.

2 Nun führst du den linken Arbeitsfaden unter den beiden Leitfäden nach rechts und über den rechten Arbeitsfaden. Gut festziehen!

3 Führe den rechts liegenden Arbeitsfaden unter den Leitfäden nach links hindurch und über den links liegenden Arbeitsfaden.

4 Den links liegenden Arbeitsfaden führst du über die Leitfäden und unter den rechten Arbeitsfaden.

5 Gut festziehen!

GERADER STRANG AUS KREUZKNOTEN

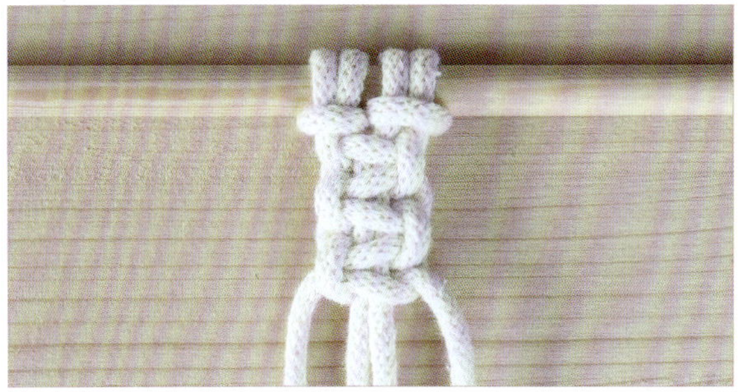

Ein gerader Strang besteht aus untereinander gesetzten Kreuzknoten. Dabei wechselt sich der nach links gerichtete und der nach rechts gerichtete Kreuzknoten ab.

WELLENKNOTEN

Auch beim Wellenknoten knotest du mit zwei passiven mittleren Schnüren (Leitfäden) und zwei äußeren aktiven Schnüren (Arbeitsfäden). Der Wellenknoten kann links- und rechtsdrehend geknotet werden.

RECHTSDREHENDER WELLENKNOTEN

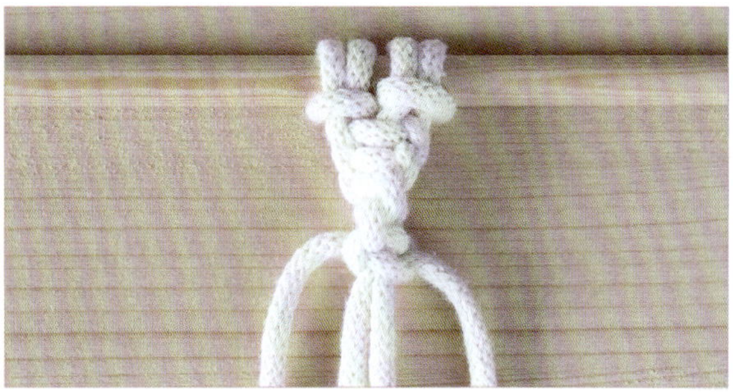

FÜR DEN LINKSDREHENDEN WELLENKNOTEN

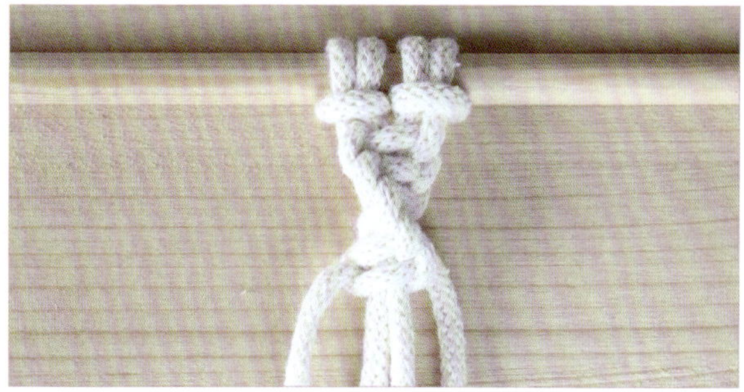

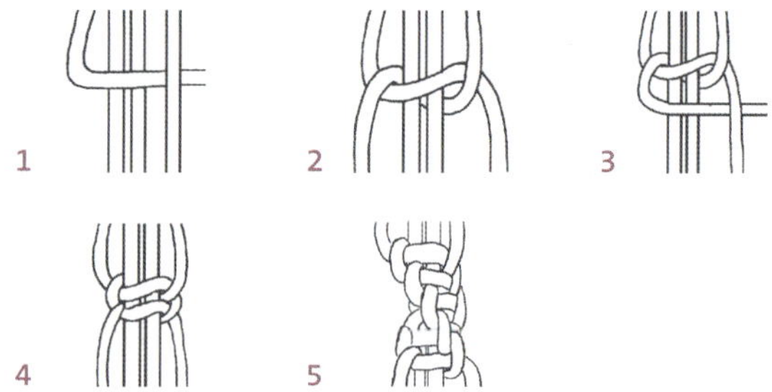

1 Führe den linken Arbeitsfaden über die zwei Leitschnüre nach rechts und unter dem rechten Arbeitsfaden hindurch.

2 Nun führst du den rechten Arbeitsfaden unter den beiden Leitschnüren nach links und über den linken Arbeitsfaden. Gut festziehen!

3 Wiederhole Schritt drei bis fünf. Die Drehung entsteht von selbst.

CROWN KNOT

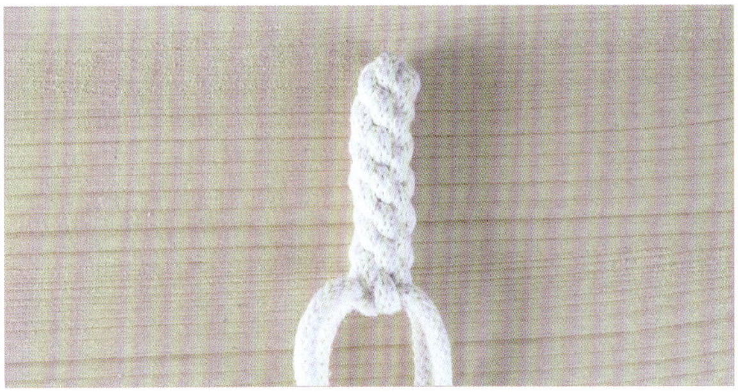

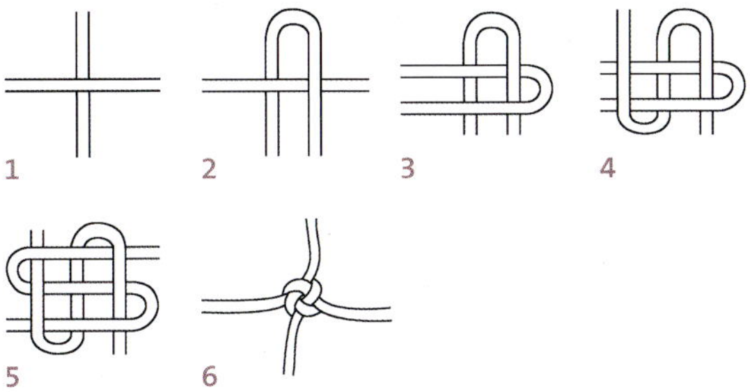

Der Crown Knot ist keiner der Standard- Makrameeknoten. Ich finde ihn aber sehr praktisch, wenn man runde Stränge benötigt. Er eignet sich gut für Schmuck, Schlüsselanhänger, Baumschmuck oder auch Blumenampeln. Deswegen möchte ich dir diese Knotenart nicht vorenthalten. Der Crown Knot ist außerdem ein gutes Beispiel dafür, dass aktive Schnüre gleichzeitig auch passive sein können.

1 Lege zwei Schnüre zum Kreuz, sodass an allen Enden gleich viel Schnur übersteht.

2 Führe die oberste Schnur über die rechte Schnur nach unten, sodass sich ein Halbkreis bildet.

3 Führe die rechte Schnur über die untere Schnur nach links. Dabei wird auch das Schnurende aus dem zweiten Schritt gekreuzt.

4 Führe die unterste Schnur über die linke Schnur nach oben.

5 Führe die linke Schnur über die obere Schnur nach rechts, wobei du das Schnurende durch den ersten Halbkreis ziehst (aus Schritt zwei).

6 Ziehe an allen vier Enden gleichmäßig, bis sich der Knoten festzieht.

Für einen Strang aus Crown Knots wiederhole Schritt zwei bis sechs.

RIPPENKNOTEN

Der Rippenknoten besteht aus zwei halben Schlägen der Arbeitsfäden um den Leitfaden, der die Knüpfrichtung bestimmt. Es gibt viele verschiedene Varianten von diesem Knoten. Du kannst ihn horizontal, diagonal, von links nach rechts, von rechts nach links und rückwärts knüpfen. Es ist daher nicht überraschend, dass der Rippenknoten fast immer in irgendeiner Form genutzt wird.

Wenn du von links nach rechts knotest, ist der äußere linke Faden dein Leitfaden. Wenn du von rechts nach links knotest, ist der äußere rechte Faden dein Leitfaden. Neben dem Leitfaden beginnend knüpfst du mit jedem Arbeitsfaden einen doppelten halben Schlag.

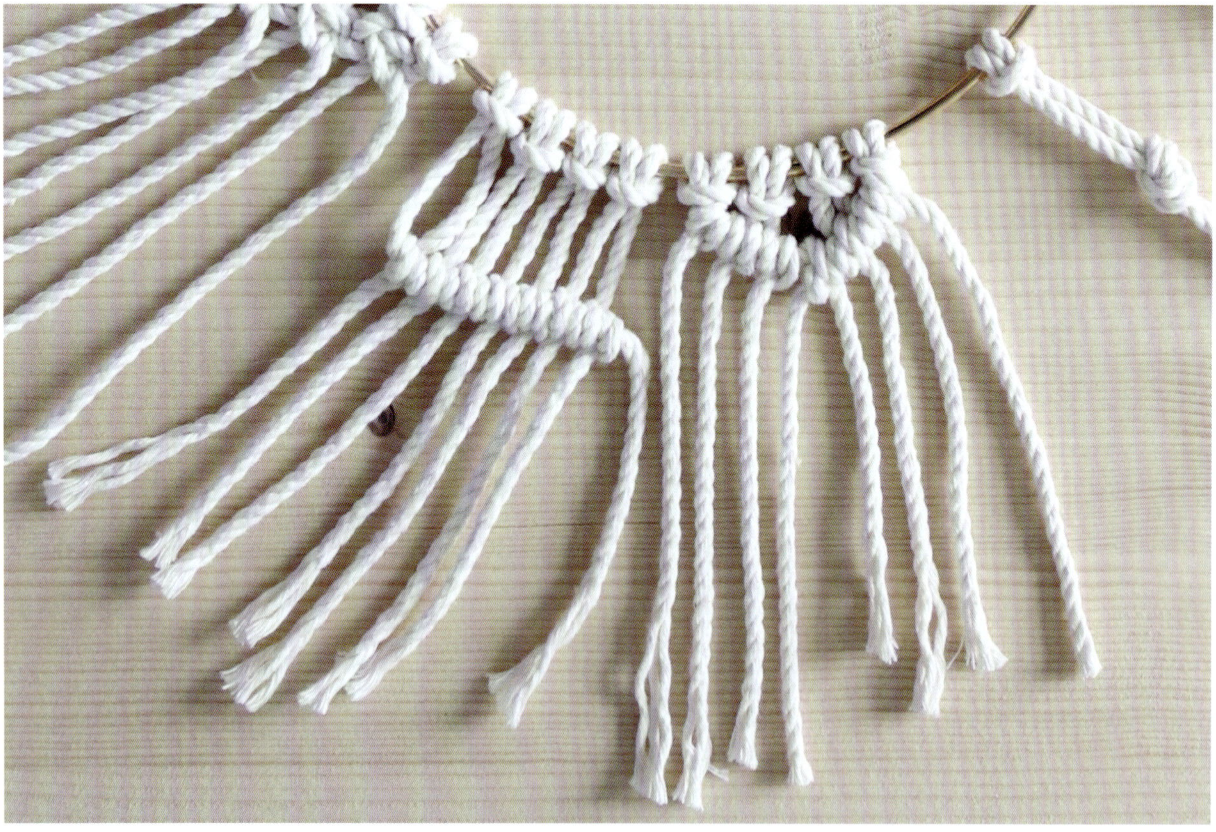

HORIZONTALER RIPPENKNOTEN

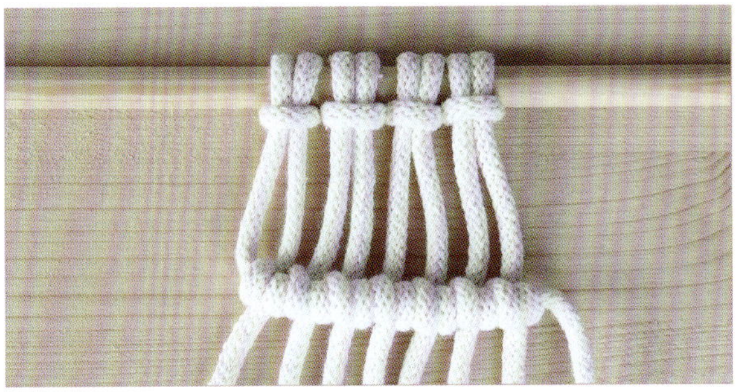

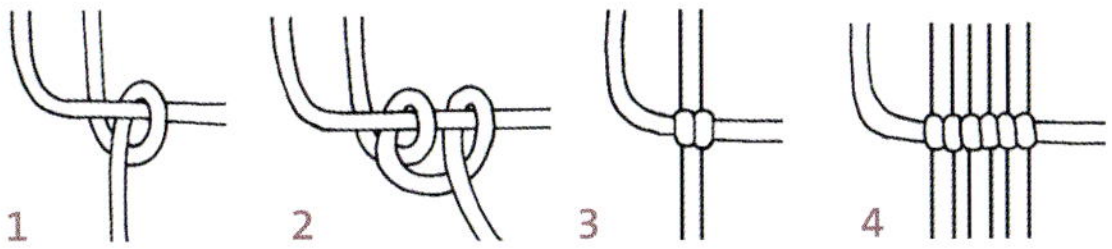

1 Der erste Faden links oder rechts ist dein Leitfaden. Ziehe diesen gerade über deine Arbeitsfäden. Ziehe den ersten Arbeitsfaden unter dem Leitfaden nach vorne und dann hinter deinem Leitfaden herum. Ziehe die Schlaufe fest. Dieses Vorgehen wird auch als halber Schlag bezeichnet.

2 Wiederhole den halben Schlag mit dem selben Arbeitsfaden. Führe diesen um den Leitfaden herum und ziehe ihn dann nach vorne durch die entstandene Schlaufe.

3 Ziehe die Schlaufe gut fest.

4 Die weiteren Rippenknoten werden direkt daneben geknotet. Achte darauf, dass die Knoten ohne Lücken aneinanderliegen und gleich fest angezogen sind.

DIAGONALER RIPPENKNOTEN

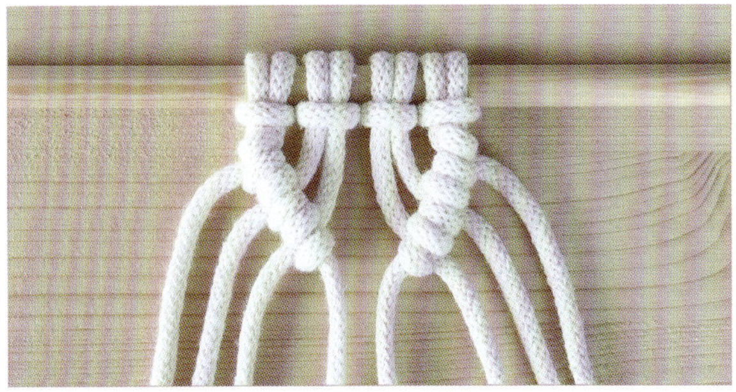

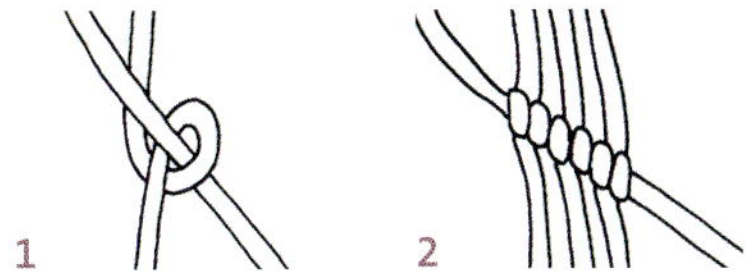

1 Der erste Faden links oder rechts ist dein Leitfaden. Lege diesen nun nicht gerade, sondern diagonal über deine Arbeitsfäden. Beginne mit dem ersten Arbeitsfaden und knote wie bereits im horizontalen Rippenknoten beschrieben.

2 Setze deine Knoten jedoch leicht versetzt unterhalb des Knotens davor, um eine Diagonale zu knüpfen.

WICKELKNOTEN

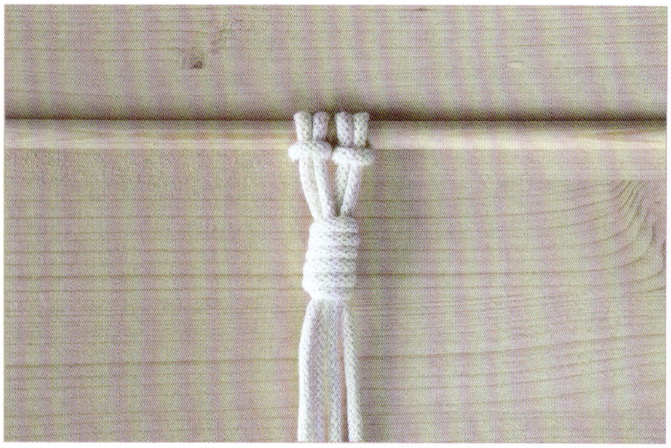

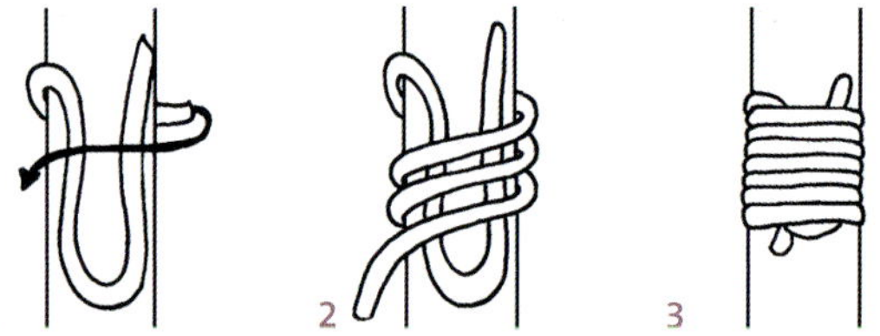

Der Wickelknoten ist ein schöner Abschluss für Projekte, die mit Fransen Enden sollen wie z. B. die Wimpelkette. Außerdem ist er prima geeignet, um Nahtstellen zu kaschieren und mehrere Schnüre zusammenzuführen. Dieser Knoten ist sehr stabil, öffnet sich nicht von alleine und kann individuell angepasst werden.

1 Lege die Schnur zur Schlaufe, die nach oben hin offen ist. Dabei ist das Schlaufenende, mit dem du die Wicklung anfertigst, deutlich länger.

2 Umwickle die Schlaufe von oben nach unten mit der langen Schnur.

3 Wenn du nach mehreren Umrundungen am geschlossenen Schlaufenende angekommen bist, führe die Schnur durch die Schlaufe. Falls du bemerkst, dass die Schnur deutlich länger als das Schnurende ist, kannst du diese etwas einkürzen. Ziehe dann vorsichtig am oberen kurzen Ende, sodass das untere Schnurende in der Wicklung verschwindet. Die Schnurenden einkürzen.

EINFACHER KNOTEN / ÜBERHANDKNOTEN

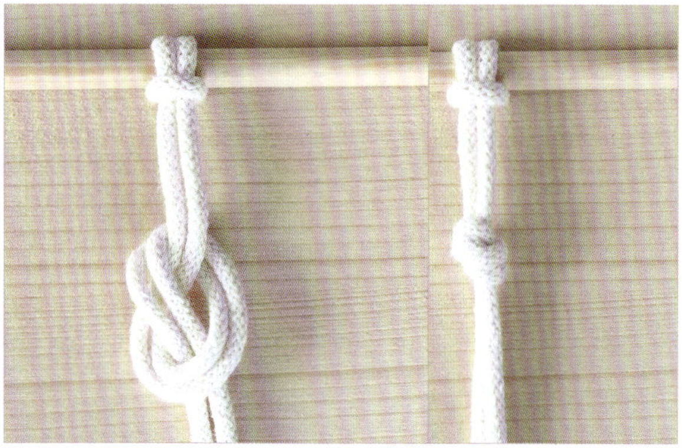

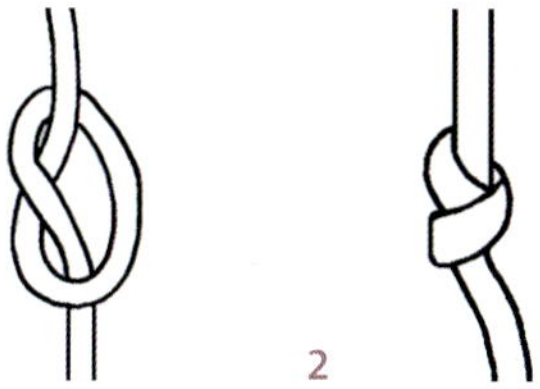

1 2

Der einfache Knoten wird häufig als Abschlussknoten genutzt. Bei den Projekten in diesem Buch verwenden wir ihn häufig als horizontale Variante, um aktive Schnüre an Leitfäden zu befestigen.

1 Führe die Fadenenden nach links hinter die Fäden, um eine Schlaufe zu bilden. Ziehe die Enden von hinten durch diese Schlaufe nach vorne durch.

2 Ziehe den Knoten fest.

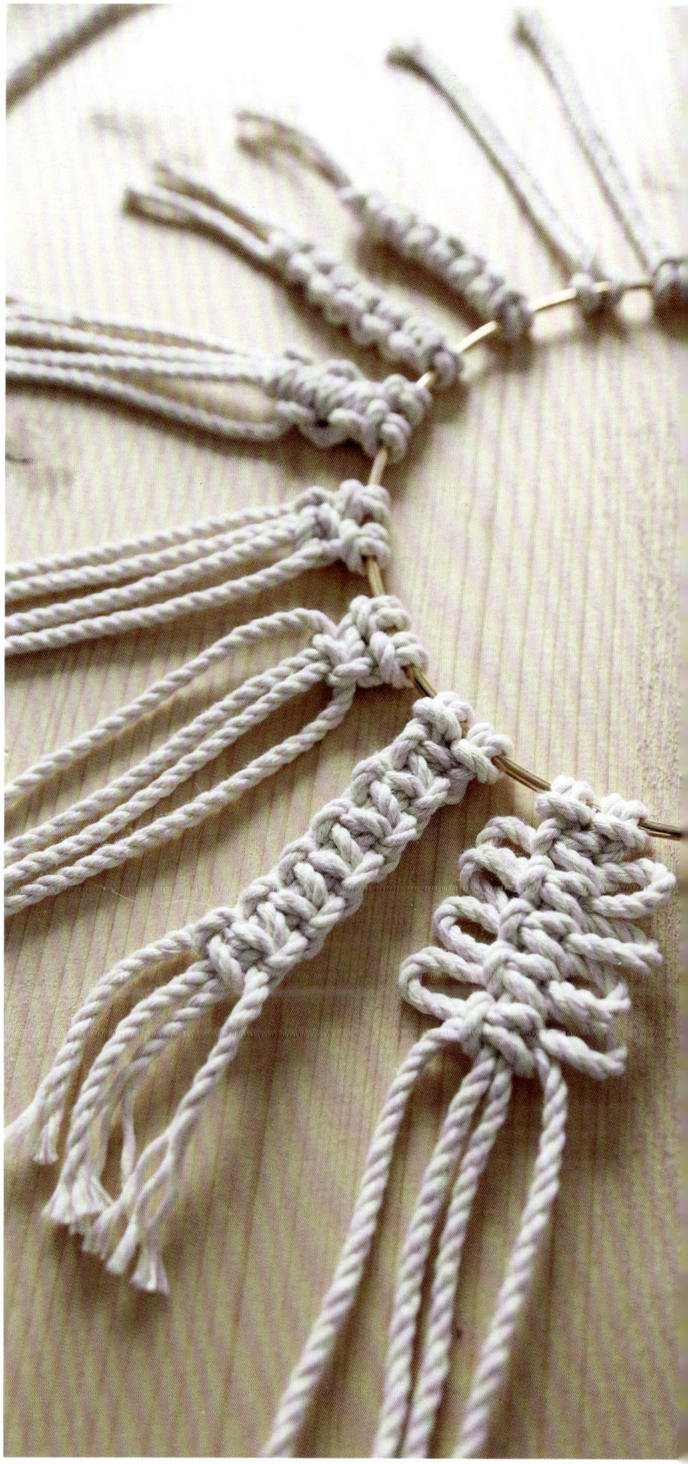

Über die Autorin

Schon als Kind habe ich gerne gebastelt. Ein Highlight war für mich, wenn wir einmal in der Weihnachtszeit zu meiner »Tante« gefahren sind, die eigentlich gar nicht meine richtige Tante war. Sie war eine gute Freundin der Familie, die durch ihren Beruf zahlreiche Bastelsachen zu Hause hatte. So konnten wir uns immer etwas aus einem Bastelbuch aussuchen und sie hatte alles in ihrem »Zauberschrank« und natürlich auch die richtigen Tipps für uns.

Dann kam die Pubertät und ich muss gestehen, das Thema Basteln ist für mich erst mal in den Hintergrund gerückt. Aber während meines Studiums sollte sich das ändern. Ich begann Origami und Bücher zu falten, was mir bis heute großen Spaß macht. Nach und nach kamen immer mehr Techniken und Materialien dazu und auch die Idee, meine kreativen Projekte mit anderen zu teilen.

So ging im Herbst 2016 mein eigener Blog fraufriemel.de online, auf dem ich regelmäßig neue Beiträge zu Deko, Schmuck und Geschenken veröffentliche. Ich liebe es, neue Materialien und Techniken auszuprobieren. Eine langjährige Konstante ist allerdings das Thema Makramee. Das Knoten macht einfach unheimlich viel Spaß, ist enorm vielseitig und begeistert meine Leser*innen und mich.

So, jetzt fragst du dich vielleicht noch, wie es zu dem Namen und der Figur »frau friemel« kam. Das Wort »friemeln« war so passend, weil ich besonders gerne kleine Projekte angehe, Großprojekte wirst du bei mir eher selten finden. Und das Vorbild für die kleine frau friemel war, du kannst es dir vielleicht schon denken, meine liebe Tante. Denn ich möchte meinen Leser*innen mit meinem Blog ebenfalls verständliche Anleitungen, Materialempfehlungen und Basteltipps bieten, sodass das Basteln richtig Spaß macht und zu einem echten Ausgleich zum oftmals hektischen Alltag wird.

Dankeschön

Als erstes möchte ich dir danken, dass du dich für dieses Buch entschieden hast und hoffentlich viel Freude damit haben wirst.

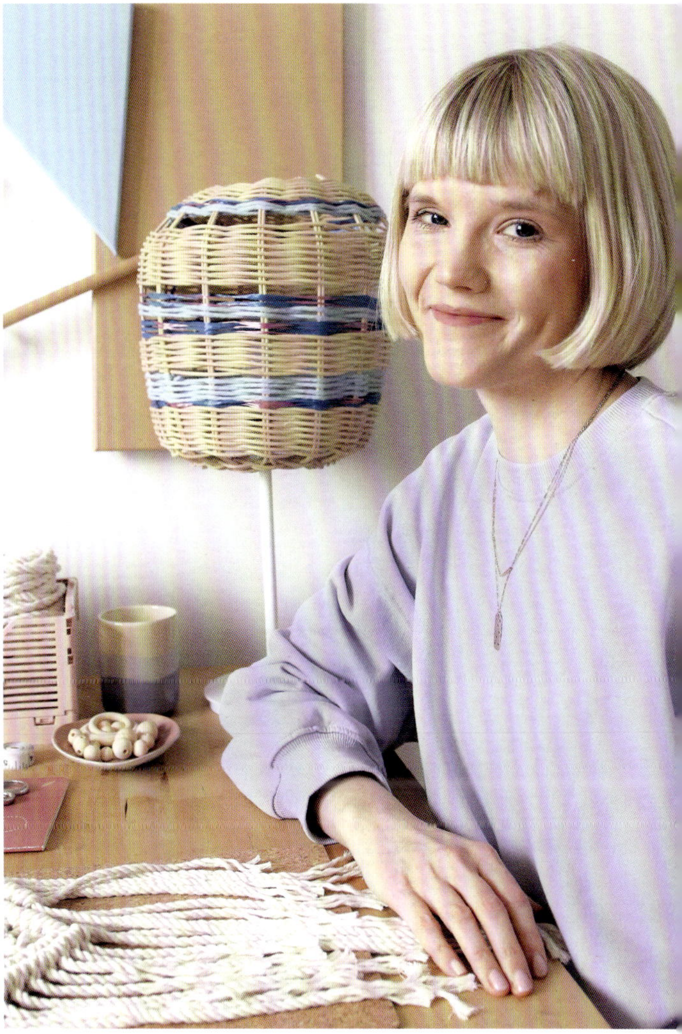

Ich möchte auch meiner Community danken, die mich regelmäßig auf meinem Blog besucht und/oder sich mit mir auf meinen Social-Media-Kanälen austauscht. Ohne euch würden solche Projekte nicht entstehen.

Ein großes Dankeschön geht auch an meinen Partner Claudio, der mir in heißen Arbeitsphasen den Rücken freihält und mich zum Lachen bringt. Meinen Workbuddy Loki möchte ich auch nicht vergessen. Schon alleine den kleinen schlafenden Hund anzuschauen beruhigt mich ☺. Ein Dank geht auch raus an meine Freundin Franzi, die immer ein offenes Ohr für mich hat und ihre Unterstützung anbietet – Bloggen verbindet.

Impressum

Autorin: Liesa König
Fotos & Styling: Liesa König
Illustrationen Knotenkunde: Jimena Real de Azúa de Kuhn
Projektmanagement: Lena Denu
Lektorat: Brigitte Schnock
Korrektorat: Susen Truffel-Reiff
Umschlaggestaltung: Regina Degenkolbe
Satz: Silke Schüler
Repro: LUDWIG:media
Herstellung: Julia Hegele
Printed in Türkyie by Elma Basim

★★★★★

Sind Sie mit diesem Titel zufrieden? Dann würden wir uns über Ihre Weiterempfehlung freuen. Erzählen Sie es im Freundeskreis, berichten Sie Ihrem Buchhändler oder bewerten Sie beim Onlinekauf. Und wenn Sie Kritik, Korrekturen oder Aktualisierungen haben, freuen wir uns über Ihre Nachricht an Christophorus Verlag, Postfach 40 02 09, D-80702 München oder per E-Mail an lektorat@verlagshaus.de.

Unser komplettes Programm finden Sie unter

www.christophorus-verlag.de

Die Deutsche Nationalbibliothek verzeichnet diese Publikation in der Deutschen Nationalbibliografie; detaillierte bibliografische Daten sind im Internet über www.dnb.de abrufbar.

Infanteriestraße 11a
80797 München

ISBN 978-3-8388-3881-6

Kreativ-Service

Sie haben Fragen zu unseren Büchern und Materialien? Wir beraten Sie gern rund um alle Kreativthemen. Rufen Sie uns einfach an. Wir interessieren uns auch für Ihre eigenen Ideen und Anregungen. Sie erreichen uns per E-Mail kreativ-service@c-verlag.de oder unter der Telefonnummer 0049-89-1306 99 577.

Ebenfalls erhältlich ...

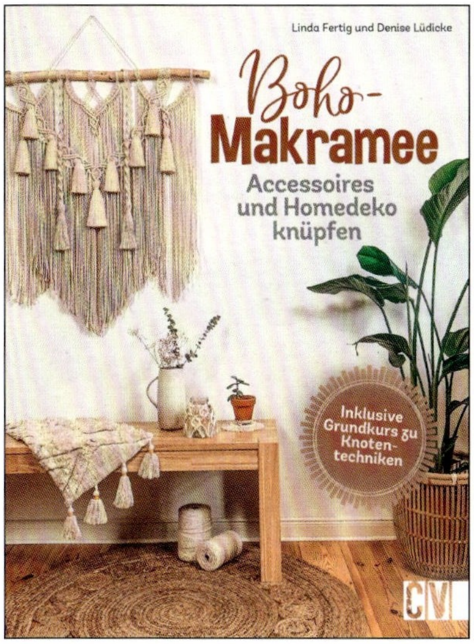

ISBN 978-3-8388-3806-9

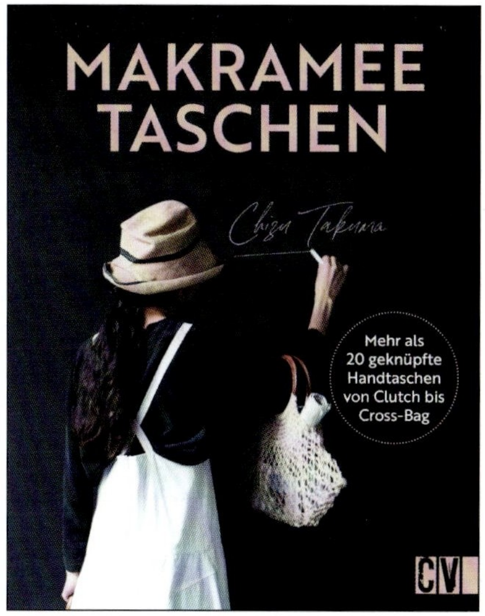

ISBN 978-3-8388-3860-1

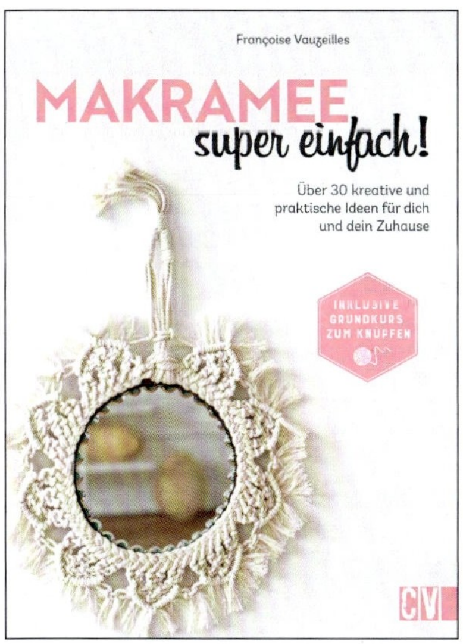

ISBN 978-3-8388-3812-0

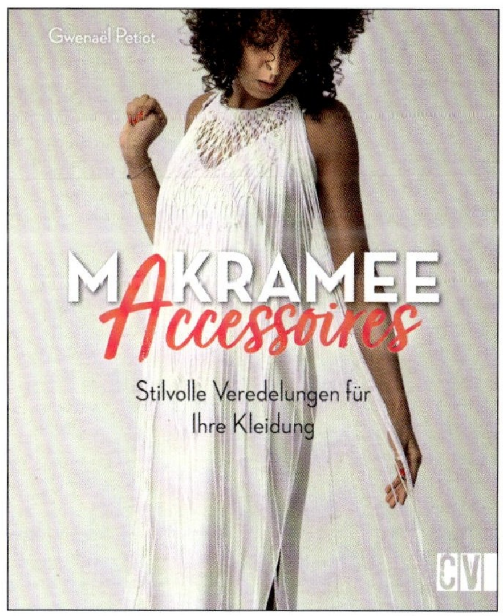

ISBN 978-3-8410-6626-8